Migrants, marchés et maires

L'AFRIQUE EN DÉVELOPPEMENT

Migrants, marchés et maires

Répondre aux défis de l'emploi dans les villes secondaires africaines

Sous la direction de Luc Christiaensen et Nancy Lozano-Gracia

Ouvrage publié conjointement par l'Agence française de développement et la Banque mondiale

1818 H Street NW, Washington, DC 20433
Téléphone : 202-473-1000 ; Internet : www.worldbank.org

1 2 3 4 27 26 25 24

ISBN (imprimé) : 978-1-4648-2083-0
ISBN (digital) : 978-1-4648-2104-2
DOI : 10.1596/978-1-4648-2083-0

Couverture : Bill Pragluski, Critical Stages, LLC
Illustration de couverture : © Leen Boon. Utilisé avec la permission de Leen Boon. Autorisation supplémentaire requise pour la réutilisation.

Numéro de contrôle de la Bibliothèque du Congrès : 2023951047

Collection « L'Afrique en développement »

Créée en 2009, la collection « **L'Afrique en développement** » s'intéresse aux grands enjeux sociaux et économiques du développement en Afrique subsaharienne. Chacun de ses numéros dresse l'état des lieux d'une problématique et contribue à alimenter la réflexion liée à l'élaboration des politiques locales, régionales et mondiales. Décideurs, chercheurs et étudiants y trouveront les résultats des travaux de recherche les plus récents, mettant en évidence les difficultés et les opportunités de développement du continent.

Cette collection est dirigée par l'Agence française de développement et la Banque mondiale. Les manuscrits sélectionnés émanent des travaux de recherche et des activités de terrain des deux institutions. Ils sont choisis pour leur pertinence au regard de l'actualité du développement. En travaillant ensemble dans une perspective de mission commune et dans une visée interdisciplinaire, les deux institutions entendent renouveler les façons d'analyser et de comprendre les réalités du développement en Afrique subsaharienne.

Membres du comité consultatif

Afrique subsaharienne

Source : Banque mondiale.

Titres de la collection « L'Afrique en développement »

2024

**Migrants, Markets, and Mayors: Rising above the Employment Challenge in Africa's Secondary Cities* (2024), *Migrants, marchés et maires : répondre aux défis de l'emploi dans les villes secondaires africaines,* Luc Christiaensen, Nancy Lozano-Gracia (eds.)

2023

Africa's Resource Future: Harnessing Natural Resources for Economic Transformation during the Low Carbon Transition (2023), James Cust, Albert Zeufack (eds.)

**L'Afrique en communs. Tensions, mutations, perspectives* (2023), *The Commons: Drivers of Change and Opportunities for Africa* (2023), Stéphanie Leyronas, Benjamin Coriat, Kako Nubukpo (eds.)

2021

Social Contracts for Development: Bargaining, Contention, and Social Inclusion in Sub-Saharan Africa (2021), Mathieu Clouthier, Bernard Harborne, Deborah Isser, Indhira Santos, Michael Watts

**Industrialization in Sub-Saharan Africa: Seizing Opportunities in Global Value Chains* (2021), *L'industrialisation en Afrique subsaharienne : saisir les opportunités offertes par les chaînes de valeur mondiales* (2022), Kaleb G. Abreha, Woubet Kassa, Emmanuel K. K. Lartey, Taye A. Mengistae, Solomon Owusu, Albert G. Zeufack

2020

**Les systèmes agroalimentaires en Afrique. Repenser le rôle des marchés* (2020), *Food Systems in Africa: Rethinking the Role of Markets* (2021), Gaelle Balineau, Arthur Bauer, Martin Kessler, Nicole Madariaga

* *The Future of Work in Africa: Harnessing the Potential of Digital Technologies for All* (2020), *L'avenir du travail en Afrique : exploiter le potentiel des technologies numériques pour un monde du travail plus inclusif* (2021), Jieun Choi, Mark A. Dutz, Zainab Usman (eds.)

2019

All Hands on Deck: Reducing Stunting through Multisectoral Efforts in Sub-Saharan Africa (2019), Emmanuel Skoufias, Katja Vinha, Ryoko Sato

**The Skills Balancing Act in Sub-Saharan Africa: Investing in Skills for Productivity, Inclusivity, and Adaptability* (2019), *Le développement des compétences en Afrique subsaharienne, un exercice d'équilibre : Investir dans les compétences pour la productivité, l'inclusion et l'adaptabilité* (2020), Omar Arias, David K. Evans, Indhira Santos

**Electricity Access in Sub-Saharan Africa: Uptake, Reliability, and Complementary Factors for Economic Impact* (2019), *Accès à l'électricité en Afrique subsaharienne : adoption, fiabilité et facteurs complémentaires d'impact économique* (2020), Moussa P. Blimpo, Malcolm Cosgrove-Davies

2018

**Facing Forward: Schooling for Learning in Africa* (2018), Perspectives : l'école au service de l'apprentissage en Afrique (2019), Sajitha Bashir, Marlaine Lockheed, Elizabeth Ninan, Jee-Peng Tan

Realizing the Full Potential of Social Safety Nets in Africa (2018), Kathleen Beegle, Aline Coudouel, Emma Monsalve (eds.)

2017

**Mining in Africa: Are Local Communities Better Off?* (2017), *L'exploitation minière en Afrique : les communautés locales en tirent-elles parti?* (2020), Punam Chuhan-Pole, Andrew L. Dabalen, Bryan Christopher Land

**Reaping Richer Returns: Public Spending Priorities for African Agriculture Productivity Growth* (2017), *Obtenir de meilleurs résultats : priorités en matière de dépenses publiques pour les gains de productivité de l'agriculture africaine* (2020), Aparajita Goyal, John Nash

2016

Confronting Drought in Africa's Drylands: Opportunities for Enhancing Resilience (2016), Raffaello Cervigni, Michael Morris (eds.)

2015

**Africa's Demographic Transition: Dividend or Disaster?* (2015), *La transition démographique de l'Afrique : dividende ou catastrophe ?* (2016), David Canning, Sangeeta Raja, Abdo Yazbech

Highways to Success or Byways to Waste: Estimating the Economic Benefits of Roads in Africa (2015), Ali A. Rubaba, Federico Barra, Claudia Berg, Richard Damania, John Nash, Jason Russ

Enhancing the Climate Resilience of Africa's Infrastructure: The Power and Water Sectors (2015), Raffaello Cervigni, Rikard Liden, James E. Neumann, Kenneth M. Strzepek (eds.)

The Challenge of Stability and Security in West Africa (2015), Alexandre Marc, Neelam Verjee, Stephen Mogaka

**Land Delivery Systems in West African Cities: The Example of Bamako, Mali* (2015), *Le système d'approvisionnement en terres dans les villes d'Afrique de l'Ouest : L'exemple de Bamako* (2015), Alain Durand-Lasserve, Maÿlis Durand-Lasserve, Harris Selod

**Safety Nets in Africa: Effective Mechanisms to Reach the Poor and Most Vulnerable* (2015), *Les filets sociaux en Afrique : méthodes efficaces pour cibler les populations pauvres et vulnérables en Afrique subsaharienne* (2015), Carlo del Ninno, Bradford Mills (éds.)

2014

Tourism in Africa: Harnessing Tourism for Growth and Improved Livelihoods (2014), Iain Christie, Eneida Fernandes, Hannah Messerli, Louise Twining-Ward

**Youth Employment in Sub-Saharan Africa* (2014), *L'emploi des jeunes en Afrique subsaharienne* (2014), Deon Filmer, Louise Fox

2013

Les marchés urbains du travail en Afrique subsaharienne (2013), *Urban Labor Markets in Sub-Saharan Africa* (2013), Philippe De Vreyer, François Roubaud (éds.)

Enterprising Women: Expanding Economic Opportunities in Africa (2013), Mary Hallward-Driemeier

Securing Africa's Land for Shared Prosperity: A Program to Scale Up Reforms and Investments (2013), Frank F. K. Byamugisha

The Political Economy of Decentralization in Sub-Saharan Africa: A New Implementation Model (2013), Bernard Dafflon, Thierry Madiès (eds.)

2012

Empowering Women: Legal Rights and Economic Opportunities in Africa (2012), Mary Hallward-Driemeier, Tazeen Hasan

Financing Africa's Cities: The Imperative of Local Investment (2012), *Financer les villes d'Afrique : l'enjeu de l'investissement local* (2012), Thierry Paulais

**Structural Transformation and Rural Change Revisited: Challenges for Late Developing Countries in a Globalizing World* (2012), *Transformations rurales et développement : les défis du changement structurel dans un monde globalisé* (2013), Bruno Losch, Sandrine Fréguin-Gresh, Eric Thomas White

**Light Manufacturing in Africa: Targeted Policies to Enhance Private Investment and Create Jobs* (2012), *L'industrie légère en Afrique : politiques ciblées pour susciter l'investissement privé et créer des emplois* (2012), Hinh T. Dinh, Vincent Palmade, Vandana Chandra, Frances Cossar

**Informal Sector in Francophone Africa: Firm Size, Productivity, and Institutions* (2012), *Les entreprises informelles de l'Afrique de l'Ouest francophone : taille, productivité et institutions* (2012), Nancy Benjamin, Ahmadou Aly Mbaye

2011

Contemporary Migration to South Africa: A Regional Development Issue (2011), Aurelia Segatti, Loren Landau (éds.)

Challenges for African Agriculture (2011), Jean-Claude Deveze (ed.)

L'économie politique de la décentralisation dans quatre pays d'Afrique subsaharienne : Burkina Faso, Sénégal, Ghana et Kenya (2011), Bernard Dafflon, Thierry Madiès (eds.)

2010

Gender Disparities in Africa's Labor Market (2010), Jorge Saba Arbache, Alexandre Kolev, Ewa Filipiak (eds.)

**Africa's Infrastructure: A Time for Transformation* (2010), *Infrastructures africaines, une transformation impérative* (2010), Vivien Foster, Cecilia Briceño-Garmendia (eds.)

Challenges for African Agriculture (2011), Jean-Claude Deveze (ed.)

*Disponibles en français

Tous les ouvrages de la collection L'Afrique en développement publiés conjointement par l'Agence française de développement et la Banque mondiale sont disponibles gratuitement à l'adresse suivante : http://hdl.handle.net/10986/2150.

Sommaire

Encadrés

Graphiques

Cartes

Tableaux

Avant-propos

Dans un monde qui s'urbanise rapidement, les gouvernements locaux considèrent souvent les migrants comme une charge. En effet, les maires présentent comme des défis insolubles les pressions supplémentaires qu'ils font peser sur des services de base déjà mis à rude épreuve, ainsi que la concurrence accrue qu'ils génèrent sur les marchés du travail locaux. À l'encontre de ces perceptions, la présente recherche démontre que la contribution des migrants à la croissance de la population urbaine est en diminution, et que le potentiel des migrants – ruraux et urbains – peut être mobilisé afin de favoriser le développement économique des villes, en particulier dans les villes secondaires. Les données collectées indiquent que les migrants viennent souvent renforcer le dynamisme économique et l'offre de main-d'œuvre de ces villes, soit parce qu'ils sont plus jeunes et plus instruits, soient parce qu'ils présentent des compétences complémentaires avec la main-d'œuvre existante, renforçant ainsi la densité économique globale des villes. L'adoption de mesures proactives destinées à faciliter l'intégration des migrants dans la ville peut permettre d'améliorer la qualité de vie générale de l'ensemble des citadins.

Réalisé avec le soutien de Cities Alliance, *Migrants, marchés et maires* explore en profondeur les défis urbains posés par la migration, en se concentrant sur les villes secondaires, un domaine de recherche rarement abordé. En effet, les données existantes se concentrent essentiellement sur les grandes métropoles. Or, comme le montre ce rapport, plus de 97 % des centres urbains africains se composent de moins de 300 000 habitants, tandis que de nombreux migrants finissent par s'établir dans des villes plus petites situées en périphérie de ces centres. Par ailleurs, cette recherche ne se limite pas aux migrations rurales-urbaines à destination des grandes métropoles, mais vise à mieux comprendre la nature des flux migratoires en fonction de la taille de la ville de destination, ce qui inclut les migrations entre deux aires urbaines. Les études de cas réalisées dans quatre environnements urbains différents – Jijiga en Éthiopie, Jinja en Ouganda, et Jendouba et Kairouan et Tunisie – permettent de fournir un bon aperçu des caractéristiques spécifiques aux villes, aux migrants et aux marchés du travail urbains du continent africain.

En guise de conclusion, ce rapport fournit une série de méthodes pratiques pour permettre aux décideurs politiques, tant à l'échelon local que national, de rendre les villes plus vivables et plus productives en mobilisant le potentiel présenté par les migrants. Il démontre notamment qu'afin d'exploiter au mieux la contribution des migrants à la ville et faciliter leur intégration, il est important de dépasser le cadre strict des politiques du marché du travail et des stratégies concernant exclusivement les migrants. Les *maires* doivent adopter une approche holistique des *migrants* et des *marchés*, et se concentrer de façon plus générale sur la planification et la gestion des villes, en intégrant des actions prenant en compte les migrants dans leurs décisions clés en matière de développement urbain.

Iffath Anwar Sharif
Directeur mondial, Protection sociale et travail
Banque mondiale

Bernice K. Van Bronkhorst
Directrice mondiale, Développement urbain, gestion du risque de catastrophe, résilience et foncier
Banque mondiale

Remerciements

Ce volume fait partie du Programme d'études régionales africaines, une initiative de la vice-présidence de la région Afrique de la Banque mondiale. Cette collection d'études vise à associer rigueur analytique et pertinence politique, et à les appliquer à différents sujets de première importance pour le développement social et économique de l'Afrique subsaharienne. L'AFRCE (Office of the Chief Economist in the African Region) est en charge des contrôles qualitatifs et de la supervision.

Le présent rapport a été rédigé par une équipe dirigée par Luc Christiaensen et Nancy Lozano-Gracia. Ses principaux contributeurs sont Mohamed Amara, Tom Bundervoet, John Driscoll, Soraya Goga, Kirsten Hommann, Michael Keenan, Lana Salman, Barbara Summers et Dinkneh Tefera.

L'équipe souhaite remercier Mehdi Barouni, Sayahnika Basu, Meline Juliette Agathe Antoinette Fulda, Tania Evelyn Sanchez Hernandez, Valerie Mueller, Salim Rouhana, Su Jung Song et Christina Wieser pour leurs contributions précieuses à ce rapport. Thomas Farole, Somik Lall, Forhad Shilpi et Martin Rama ont fourni des commentaires et des suggestions de grande valeur dans le cadre de leur relecture.

L'équipe a également grandement bénéficié des échanges menés avec Ravi Kanbur, ainsi qu'avec Brigitte Hoermann, Nazek Ben Jannet et Hendrik von Schlieben, de Cities Alliance.

Nous tenons par ailleurs à remercier Michal Rutkowski, Sameh Wahba et Ian Walker pour leurs recommandations stratégiques. Notre gratitude va également à Patricia Bernedo, Narjes Nerbi et Voahangy Harifera Raobelison pour leur précieux accompagnement administratif. Le processus éditorial a été assuré par Sherrie Brown, Ann O'Malley et Jeremy White. L'illustration de couverture est le fruit du travail de Leen Boon. L'équipe exprime toute sa gratitude à Cities Alliance pour le soutien financier qui lui a été accordé.

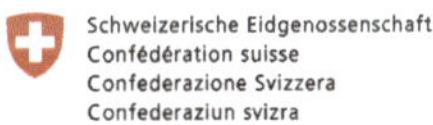

À propos des éditeurs et des contributeurs

Éditeurs et contributeurs

Luc Christiaensen est directeur du centre de l'emploi et de la mobilité de la main d'œuvre de la Banque mondiale, situé à Rome. Il est l'auteur de nombreuses publications et est un contributeur régulier aux discussions politiques sur les problématiques relatives à l'emploi et à la pauvreté, à la transformation structurelle et à l'urbanisation, ainsi qu'aux impacts des chocs et la gestion des risques en Afrique, en Asie de l'Est et en Europe. En 2009-2010, il était également enseignant-chercheur à l'institution UNU-WIDER de Helsinki. Il est titulaire d'un doctorat en économie de l'agriculture décerné par l'université de Cornell.

Nancy Lozano-Gracia, économiste spécialiste au Bureau du directeur régional de la Banque mondiale pour le développement durable en Amérique latine et aux Caraïbes, dispose de plus de vingt années d'expérience en économie appliquée et en développement international. Elle codirige également le Groupe pour des solutions globales de développement territorial et spatial. Depuis qu'elle a rejoint la Banque mondiale en 2009, elle a abondamment travaillé sur la conception et la livraison d'analyses clés pour l'ensemble des régions. Elle est titulaire d'un doctorat en économie appliquée de l'université de l'Illinois, ainsi qu'un Master en économie des ressources naturelles, de l'agriculture et de l'environnement de l'université du Maryland et de la Universidad de los Andes, en Colombie.

Contributeurs et contributrices

Mohamed Amara est maître de conférences en économie quantitative à l'université de Tunis et chercheur au Forum de recherche économique.

Tom Bundervoet est économiste spécialiste au pôle mondial « Pauvreté et équité » de la Banque mondiale, avec une spécialisation dans l'Afrique de l'Est.

John Driscoll est un spécialiste des questions d'urbanisme, ainsi que conseiller et professeur en la matière. Disposant d'expériences dans la conception et la mise en œuvre de programmes hautement collaboratifs de développement urbain et d'améliorations des communautés, il est membre fondateur de l'Institute for International Urban Development de Cambridge, dans le Massachusetts.

Soraya Goga est spécialiste des questions d'urbanisme au sein du pôle « Gestion des risques de catastrophe, résilience et foncier » pour la région Afrique de l'Est et australe. Elle a accumulé une expérience globale de vingt ans sur les questions de concurrence et d'emploi en milieu urbain, de gouvernements locaux et de la prestation de services, ainsi que de la fragilité urbaine, des conflits et de la violence.

Kirsten Hommann est économiste senior au sein de la division consacrée aux indicateurs du développement dans le monde, à la vice-présidence de la Banque mondiale chargée de l'économie du développement. Elle dispose de vingt ans d'expérience dans les secteurs du milieu urbain, de l'eau et de l'environnement en Afrique, en Europe de l'Est et en Asie du Sud.

Michael Keenan est un économiste du développement vivant à Nairobi, au Kenya. Il est actuellement enseignant-chercheur à l'Institut international de recherche sur les politiques alimentaires.

Lana Salman est spécialiste du développement international et des politiques locales. Elle est titulaire d'un doctorat en planification urbaine et régionale de la University of California de Berkeley, et actuellement post-doctorante dans le cadre du programme Marie Sklodowska-Curie de l'université de Ghent, au sein du département d'études des conflits et du développement.

Barbara Summers est chercheuse en urbanisme et en adaptation au climat, et directrice de la plateforme Community Planning for the Collaborative Media Advocacy à Port Harcourt, au Nigeria.

Dinkneh Tefera est spécialiste des questions urbaines à la Banque mondiale et se concentre sur l'Éthiopie et l'Afrique de l'Est. Codirecteur du programme éthiopien de développement des institutions et des infrastructures urbaines, il contribue activement à plusieurs études.

Principaux messages

1. **L'urbanisation de l'Afrique : préjugés et réalités**
   a. La population africaine continue à croître rapidement (5,4 % par an).
   b. L'attention des politiques s'est essentiellement focalisée sur les grandes métropoles du continent, alors que 60 % de la population urbaine africaine réside dans des villes petites, moyennes et secondaires, dont le nombre est en augmentation rapide.
   c. Les migrations rurales-urbaines sont souvent considérées comme le principal facteur de croissance démographique des villes africaines, ainsi que des mauvaises performances des aires urbaines.

2. **De nouveaux constats sur les migrants urbains**
   a. Les migrants urbains représentent en général au moins un tiers de la main-d'œuvre urbaine ; la moitié d'entre eux environ se sont établis depuis moins de trois ans, et entre un tiers et la moitié d'entre eux proviennent d'une autre aire urbaine.
   b. Les migrants urbains sont plus jeunes, disposent de moins de personnes à charge et sont plus instruits que les résidents urbains plus anciens ; ces écarts sont plus importants lorsque l'on se concentre sur les migrants urbains-urbains, et diminuent à mesure que la taille de la ville augmente.

3. **Migrants et marchés du travail**
   a. Dans l'ensemble, les migrants, et tout particulièrement les migrants qui s'établissent dans des villes petites, moyennes et secondaires, s'intègrent bien dans les marchés du travail urbains, indépendamment de la durée de leur séjour.

b. La croissance démographique des villes africaines est de plus en plus alimentée par l'accroissement naturel, et non par la migration ; la contribution des migrants à la rapidité de l'expansion urbaine, et donc à la congestion, est ainsi réduite, tout particulièrement en dehors de l'Afrique de l'Est et dans les petites villes.

c. Certaines preuves empiriques encore embryonnaires tendent à confirmer que les migrants apportent une contribution positive à la productivité du travail et au bien-être en milieu urbain, essentiellement liée à l'augmentation de la densité urbaine.

4. Établir des politiques pour tirer profit de la migration urbaine : le pouvoir d'action du maire

a. Les approches politiques doivent être holistiques et dépasser le cadre strict des politiques relatives au marché du travail et aux migrants, pour se concentrer plutôt sur la planification et la gestion des villes de façon plus générale.

b. Les marchés urbains doivent bénéficier de davantage d'informations concernant les flux migratoires, réduire les démarches administratives pour les entreprises, et mieux anticiper leur planification, afin de proposer des infrastructures, des services et des emplois de meilleure qualité en milieu urbain.

c. Les gouvernements nationaux peuvent contribuer à renforcer la capacité des maires à répondre aux besoins des citadins via des financements et des compétences renforcées, ainsi que par un meilleur engagement des citoyens.

d. Lorsque les divisions sont importantes, il est recommandé de mettre en œuvre des interventions focalisées sur les migrants, bien que cela doit prendre la forme de mesures destinées à améliorer le niveau de vie de l'ensemble de la population.

Sigles et acronymes

CGLU	Cités et gouvernements locaux unis
COVID-19	coronavirus
CSA	*Central Statistics Agency* (Agence centrale de statistique, Éthiopie)
CSAO	Club du Sahel et de l'Afrique de l'Ouest
DAES	Département des affaires économiques et sociales de l'ONU
ID	identifiant
OC	organisation communautaire
OCDE	Organisation de coopération et de développement économiques
OIM	Organisation internationale pour les migrations
ONG	organisation non gouvernementale
ONU	Organisation des Nations Unies
PIB	produit intérieur brut
PME	petites et moyennes entreprises
PUN	politique urbaine nationale

Présentation

La migration, un levier potentiel pour le développement urbain

Dans un monde où l'urbanisation est rapide et où deux habitants sur trois devraient vivre dans des villes d'ici 2050, les migrations internes sont souvent considérées comme une source potentielle de sous-développement urbain[1]. Au cours des prochaines décennies, l'urbanisation devrait être particulièrement rapide en Asie et en Afrique, où la part de la population urbaine dans la population totale est encore nettement inférieure à celle des autres régions. Par le passé, les migrations internes ont fortement accéléré les dynamiques d'urbanisation. Or, les migrants sont fréquemment perçus comme des personnes dont l'intégration dans le marché du travail urbain est plus difficile que pour les non-migrants urbains, du fait de leur faibles niveaux d'instruction, de réseautage et de soutien familial dans les agglomérations. Par conséquent, on estime souvent que, dans la majorité des cas, ces personnes viendront grossir les rangs des personnes sans emploi ou en situation de sous-emploi dans le secteur du travail informel – ou bien, lorsqu'elles trouvent du travail, qu'elles viendront priver les citoyens des rares emplois disponibles. Par ailleurs, les migrants seraient à l'origine d'une hausse des loyers et des coûts, tout en faisant peser une charge supplémentaire sur des infrastructures et des services publics déjà fragiles dans de nombreux centres urbains, freinant ainsi leur développement économique. Les migrants originaires des régions rurales sont tout particulièrement ciblés comme étant responsables de cette situation. Ces opinions largement répandues, influencées par le développement de bidonvilles dans les grandes agglomérations, suscitent la crainte d'un sous-développement urbain, notamment en Afrique, où la pauvreté globale est de plus en plus concentrée (Beegle et Christiaensen, 2019) ; parallèlement, les politiques se concentrent davantage sur des stratégies destinées à limiter les migrations (Todaro, 1997)[2], ce qui peut se traduire par un abandon des établissements informels par les institutions (Fox, 2014).

En revanche, d'autres estiment que les migrants n'ont pas de niveau de vie plus bas que les aux non-migrants, et que les migrants apportent en réalité une contribution positive à l'économie locale dans de nombreux domaines. « L'opposition entre le 'migrant pauvre, peu éduqué et employé dans le secteur informel' et le 'non-migrant plus aisé, éduqué et employé dans le secteur formel' ne se vérifie pas dans les faits » (Beauchemin et Bocquier, 2004, p. 2261). Certains réfutent l'idée selon laquelle les migrants urbains ne travaillent pas. Ils ne peuvent pas, en effet, se permettre de ne pas trouver de travail – ou bien, lorsque cela est le cas, préfèrent retourner dans leur lieu de résidence d'origine. Par ailleurs, du fait de la sélectivité migratoire, les migrants font souvent partie des personnes les plus dynamiques et les plus éduquées au sein des populations rurales (Young, 2013). On constate que durant les années 1980 et 1990, les migrants internes des centres urbains francophones d'Afrique de l'Ouest n'étaient pas désavantagés par rapport aux non-migrants. Par ailleurs, en provoquant une augmentation de la superficie de la ville et de sa densité de population, les migrants peuvent également permettre des économies d'agglomération, ce qui constitue un facteur important de croissance économique dans les zones urbaines. En outre, l'arrivée de migrants qualifiés peut permettre d'agrandir le vivier de compétences, tandis que les migrants peu qualifiés peuvent venir compléter les compétences des travailleurs urbains qualifiés, ce qui génère dans les deux cas des externalités positives en matière de capital humain. Même les travailleurs urbains peu qualifiés peuvent bénéficier des migrations, dans la mesure où elles peuvent accélérer leur transition professionnelle, comme cela a été soigneusement documenté en Chine (Combes et coll., 2020), ou bien dans les cas où l'accroissement de la demande de main d'œuvre peu qualifiée consécutif à des économies d'agglomération provoquées par les migrations est supérieur aux pressions à la baisse sur les salaires ainsi qu'aux pertes d'emploi consécutives à leur remplacement par des travailleurs migrants peu qualifiés.

Quelle est aujourd'hui la situation sur le continent africain ? Il est difficile de déterminer *a priori* comment interagissent les différentes forces économiques à l'œuvre (économies et déséconomies d'agglomération, complémentarité et substituabilité du travail), et leurs effets spécifiques sont difficiles à identifier de façon empirique. Les résultats agrégés peuvent également varier en fonction des différents segments de population (qualifiés ou peu qualifiés ; migrants ou non-migrants). D'autres facteurs sont susceptibles d'affecter ces résultats : s'agit-il d'une simple bourgade ou d'une agglomération plus importante ? Son économie connaît-elle une croissance rapide ou stagnante ? Les marchés fonciers et la prestation de services peuvent-ils répondre à l'afflux de nouveaux arrivants ? Enfin, ces derniers ont-ils migré pour fuir une situation intenable dans leur région d'origine, ou bien ont-ils été attiré par le dynamisme de leur destination (Busso, Chauvin et Herrera, 2021) ? Les conditions sur le continent africain, par ailleurs, diffèrent nettement de celles de la Chine (ainsi que de celles du continent africain dans les années 1980 et 1990). La croissance démographique y est bien plus rapide, tandis que la mobilité des travailleurs quittant une zone rurale pour une zone urbaine y est bien moins restreinte qu'en Chine ; en outre, la croissance du PIB par habitant sur le continent, dans l'ensemble, a été caractérisée par des besoins en main d'œuvre moindres (reposant davantage sur les ressources naturelles que sur les exportations d'une industrie manufacturière exigeant une main-d'œuvre importante). En réalité, lorsqu'on observe la situation actuelle de l'Afrique, on constate que la majorité de ses villes sont surpeuplées, déconnectées et onéreuses (Lall, Henderson et Venables, 2017), et donc qu'elles peinent à jouer un rôle moteur dans la croissance économique et la réduction de la pauvreté. Dès lors, comment mobiliser au mieux la migration et l'urbanisation ?

Pour cela, il convient de déployer sur trois niveaux la réflexion sur la migration et le développement urbain. Les débats sur la migration et le développement urbain peuvent parfois être réducteurs, voire trompeurs. Tout d'abord, ceux-ci se concentrent majoritairement sur les agglomérations les plus grandes (le plus souvent uniquement sur la capitale), ainsi que sur les dynamiques de migration rurales-urbaines. Par conséquent, les défis auxquels font face la plupart des centre urbains africains, ainsi que la majorité de leur population, ne sont jamais abordés. Environ 97 % des centres urbains ou des agglomérations d'Afrique ne dépassent pas 300 000 habitants ; les agglomérations urbaines inférieures à 1 million d'habitants représentent 60 % de la population urbaine du continent, répartie sur plus de 7500 centres urbains (OCDE/SWAC, 2020). De plus en plus d'éléments tendent à confirmer le fait que le développement des agglomérations de taille moyenne et des villes secondaires peut également être plus efficace pour réduire la pauvreté que le développement des grandes métropoles (Christiaensen et Kanbur, 2018). En outre, une part conséquente des migrants urbains provient d'autres aires urbaines. En ignorant ce segment, on exclut de l'analyse une facette importante de la dynamique de la migration et du développement urbain. Une approche plus holistique et plus dynamique est nécessaire, intégrant les flux migratoires dans la hiérarchie urbaine globale ainsi que dans la migration urbaine-urbaine, afin de mieux comprendre les dynamiques migratoires et mieux les mobiliser afin de favoriser le développement des villes.

Deuxièmement, les mesures politiques destinées à répondre aux défis de l'emploi en Afrique se sont souvent concentrées sur des programmes en faveur de l'emploi des jeunes en milieu urbain, caractérisés au mieux par des résultats inégaux, ainsi que par une absence de différenciation entre les besoins des migrants et ceux des non-migrants urbains (Kluve et coll., 2019). Si les migrants s'intègrent en général bien dans les marchés du travail urbains, une panoplie de politiques plus variées et plus différenciées est nécessaire pour améliorer les perspectives offertes par le marché urbain pour l'ensemble des citoyens, qu'ils soient migrants ou non.

Cette panoplie doit dépasser le cadre des politiques du marché du travail pour inclure des instruments de politiques urbaines répondant aux contraintes institutionnelles et réglementaires susceptibles de provoquer un mauvais appariement des terres et des emplois dans les villes, une fragmentation du développement des infrastructures, ainsi qu'une limitation de la productivité.

Troisièmement, comme certains gouvernements se sont par trop focalisés sur le taux d'urbanisation (un indicateur politique clé du point de vue national) au détriment de la croissance de la population urbaine (la préoccupation majeure des gouvernements des agglomérations urbaines), ils en sont venus à considérer la migration comme le principal facteur de la croissance démographique des villes. Tandis que la migration constitue depuis longtemps un élément moteur de la croissance urbaine des pays développés, l'accroissement naturel de la population urbaine a toujours bien davantage pesé sur la croissance urbaine que la migration ; les prévisions indiquent d'ailleurs que son importance devrait diminuer davantage encore au cours des prochaines décennies. C'est pourquoi il convient de ne pas se limiter aux stricts facteurs migratoires, mais d'initier diverses interventions sur les populations urbaines (et rurales) afin de mieux gérer le taux de croissance urbaine et favoriser le développement urbain.

Le présent rapport détaille les moyens dont disposent les villes secondaires africaines afin de mieux préparer et mieux gérer la migration économique interne des travailleurs, tant dans l'intérêt des villes que des migrants. Cette étude, financée par le programme « Villes et migrations » de l'Alliance pour l'avenir des villes (Cities Alliance), se concentre sur les migrations économiques et l'intégration dans le marché du travail urbain[3]. Dans le cadre de ce programme, quatre villes secondaires cibles, situées dans trois pays africains s'inscrivant dans des contextes extrêmement différents, ont été sélectionnées pour faire l'objet d'études de cas : Jijiga, en Éthiopie ; Jinja, en Ouganda ; ainsi que Jendouba et Kairouan, en Tunisie (encadré O.1). Jijiga est la capitale régionale de la région Somali, en Éthiopie. Elle constitue un centre d'échanges essentiel sur l'axe commercial reliant l'Éthiopie, la Somalie et le Djibouti. Sa croissance rapide est essentiellement la conséquence de l'arrivée de migrants en quête de meilleurs opportunités, l'accès aux services municipaux étant régi par un système de permis de séjour, de même que dans le reste du pays. La commune de Jinja, qui a récemment acquis le statut de « cité » (*city*), se situe à 80 kilomètres de la capitale, Kampala. Elle présente elle aussi un potentiel économique important, et un nombre conséquent d'habitants des villages avoisinants s'y rendent quotidiennement pour le travail. Enfin, les municipalités de Jendouba et de Kairouan, en Tunisie, sont des villes intermédiaires situées dans les deux gouvernorats les plus pauvres du pays ; toutes deux sont confrontées à des défis pour assurer l'inclusion socioéconomique de leurs habitants, tout particulièrement de leurs migrants ruraux, et font souvent office d'étape clé dans la trajectoire de migration avant d'atteindre les villes littorales les plus dynamiques.

ENCADRÉ O.1

Différentes villes, différents environnements

Jijiga (Éthiopie)

La ville éthiopienne de Jijiga est la capitale de la région Somali. Située à un emplacement stratégique sur l'axe commercial reliant l'Éthiopie, la Somalie et le Djibouti, elle se caractérise par des interactions et des échanges commerciaux dynamiques (carte BO.1.1). Comme de nombreuses autres villes d'Éthiopie, Jijiga connaît une croissance rapide, tant sur le plan du bâti (carte BO.1.2) que de la démographie, du fait de l'arrivée de migrants à la recherche de meilleures opportunités. Sa population était estimée à 221 000 habitants en 2020, ce qui en faisait la dixième ville du pays. Le pays ayant été caractérisé par une mobilité faible, le principal type de migration était celui

Carte BO.1.1 Jijiga, un emplacement stratégique sur les routes commerciales avec la Somalie et le Djibouti

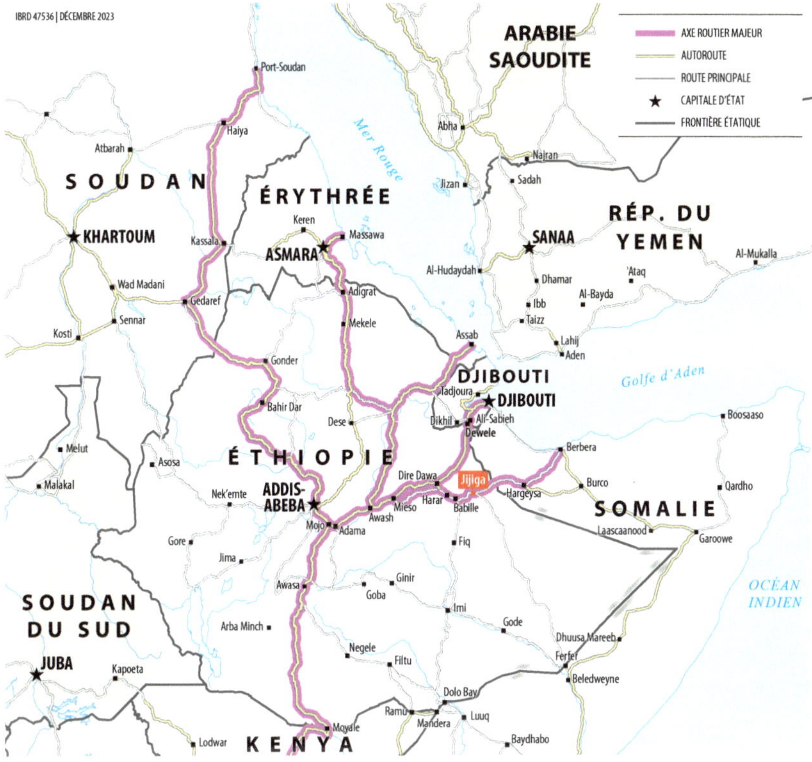

Source : Banque mondiale.

(suite page suivante)

Encadré O.1 Différentes villes, différents environnements (suite)

Carte BO.1.2 Croissance de Jijiga, 1990-2015

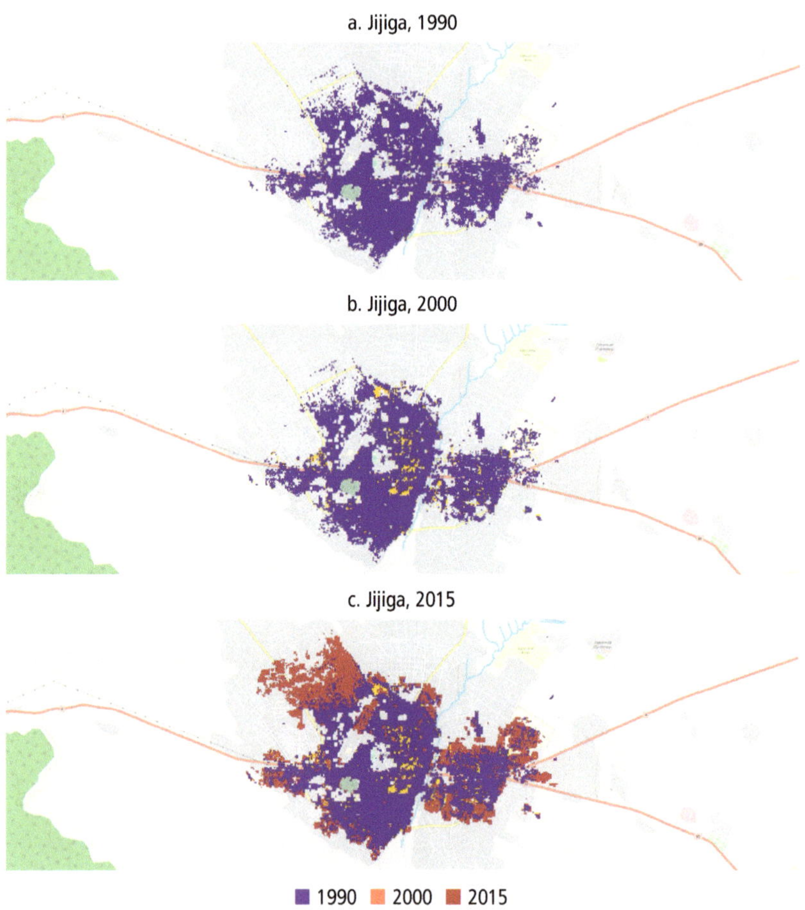

Source : Banque mondiale, fondé sur la World Settlement Footprint, 2015. Jeu de données Figshare : https://doi.org/10.6084/m9.figshare.10048412.v1 (Marconcini et coll., 2020).

qui s'effectuait depuis les zones rurales vers les zones urbaines, une trajectoire concentrant 33 % des migrants en 2013. La région qui entoure Jijiga est essentiellement aride et faiblement peuplée ; la majorité de ses habitants sont des bergers semi-nomades. Des migrants arrivent cependant de toute l'Éthiopie, quand bien même la région Somali est différente sur les plans culturel et linguistique du centre du pays (on y parle

(suite page suivante)

Encadré O.1 Différentes villes, différents environnements (suite)

en effet le somali et la religion majoritaire y est l'Islam plutôt que le christianisme orthodoxe). Si le taux de chômage, qui s'établissait à environ 20 % en 2018, est comparable à celui des autres villes éthiopiennes, la situation y est moins bonne pour la population féminine, le taux de chômage des femmes y étant nettement plus élevé (31 %, contre 26 % dans le reste du pays).

Jinja, Ouganda

Jinja est une ville secondaire présentant un potentiel économique élevé et dont la croissance démographique est essentiellement liée à l'accroissement naturel. Elle se caractérise également par une importante mobilité pendulaire. Située sur la rive du lac Victoria, dans un couloir de routes commerciales majeures et à 80 kilomètres de la capitale Kampala, Jinja est considérée comme une ville à fort potentiel économique, se classant en quatrième position sur un panel de 32 villes analysées (Hobson, 2019). Tandis que la migration compte pour 31 % de la croissance de Kampala, ce chiffre atteint seulement 13 % dans le reste des zones urbaines du pays. La croissance démographique des villes secondaires est essentiellement le résultat de l'accroissement naturel (60 %), et bien moins de la migration (16 %) ou de l'étalement urbain (14 %). Parmi ces villes secondaires, la municipalité de Jinja a acquis le statut de « cité » (*city*) en juillet 2020. La ville héberge depuis longtemps des industries manufacturières. En outre, elle attire un grand nombre de travailleurs pendulaires : de jour, sa population est cinq fois supérieure à sa population nocturne (Cities Alliance, 2016). À cet égard, elle constitue un environnement intéressant pour étudier la géographie des établissements humains ainsi que les dynamiques de travail.

Jendouba et Kairouan, Tunisie

Situées dans les deux gouvernorats les plus pauvres de Tunisie, les villes intermédiaires de Jendouba et de Kairouan font essentiellement office de tremplins pour les migrants ruraux dans leur trajectoire vers les villes les plus dynamiques du littoral. Dépourvues d'héritage industriel et entourées par des territoires qui dépendent encore fortement de l'agriculture, les deux villes sont confrontées à un chômage endémique. Néanmoins, elles ont continué à s'accroître et à attirer des migrants provenant des régions à l'intérieur des terres, tout en voyant une partie de leur population – souvent les habitants les plus entreprenants et les plus fortunés – quitter l'agglomération pour rejoindre les régions et les villes plus prospères du littoral. Des municipalités telles que Jendouba et Kairouan apparaissent ainsi comme des villes-tremplins dans les trajectoires de migration vers les centres urbains. De manière plus générale, dans la mesure où près des deux tiers de la population nationale résident déjà dans des zones urbaines, et avec une croissance démographique légèrement supérieure à 1 %, les flux de population dans les villes tunisiennes sont bidirectionnels, les agglomérations connaissant à la fois des dynamiques d'immigration et d'émigration.

Trois perspectives ont été adoptées : celle du migrant, celle du marché et celle du maire. L'objectif, dans les grandes lignes, est de rendre compte de la situation des migrants sur le marché, de leur impact sur la productivité urbaine agrégée, ainsi que des moyens dont disposent les municipalités pour mobiliser le potentiel offert par ces derniers, dans l'intérêt de l'ensemble de la population urbaine. Afin de répondre à la première question (situation des migrants sur le marché) les données issues d'une enquête nationale menée auprès des ménages ont été combinées aux informations rassemblées dans le cadre des études de cas sur un panel de villes. Compte tenu des défis que présentent les données, une approche plus indirecte a été choisie pour répondre à la deuxième question (impact des migrants sur la productivité urbaine agrégée). Comme une croissance rapide de la population urbaine confronte les municipalités au défi de l'entretien des infrastructures urbaines et de la prestation des services nécessaires à la vitalité économique et au bien-être général des citoyens, le rapport commence par analyser l'impact de la migration sur la croissance démographique dans les villes africaines, ainsi que le volume et la composition de sa population active, en se fondant sur les statistiques démographiques et la littérature sur le sujet. Ces données ont été complétées par des informations issues d'entretiens réalisés auprès de personnalités clés dans les villes de l'étude, ainsi que par de nouvelles données empiriques rassemblées aux fins du présent rapport, lesquelles donnent une évaluation directe de la contribution de la migration à la productivité du travail et au bien-être dans les villes[4]. Enfin, le rapport détaille les mesures politiques potentielles que les maires peuvent mettre en œuvre afin de mobiliser au mieux la migration pour l'ensemble de la population, ainsi que les défis auxquels ils devront répondre dans le cadre de leur mise en œuvre, en se fondant ici aussi sur la littérature existante et sur les enseignements tirés des activités de la Banque mondiale et des entretiens avec certains responsables municipaux des villes étudiées. Dans la mesure où ce rapport se concentre sur l'intégration des migrants dans les marchés du travail urbains, et comme des données n'existent pas systématiquement pour l'ensemble des pays, les différences de nature entre les mouvements migratoires – en particulier les migrations saisonnières, de transit et de retour – n'ont pas été explicitement abordées. Les conséquences d'une analyse n'intégrant pas explicitement les différences de nature entre ces migrations ont cependant été prises en compte dans l'interprétation des résultats.

Quelle situation pour les migrants ?

Dans le cadre de ce rapport, une personne est considérée comme migrante si elle a emménagé dans une zone urbaine il y a moins de 10 ans (indépendamment de son lieu de naissance). Les migrants constituent une portion conséquente de la main d'œuvre urbaine : dans cinq des sept pays africains étudiés, ils représentaient au moins un tiers de la main d'œuvre urbaine[5]. Le nombre de migrants arrivés récemment (moins de trois ans) est à peu près égal aux migrants d'implantation plus ancienne (entre trois et dix ans) ; par ailleurs, le nombre de migrants ruraux-urbains est un peu plus important que celui des migrants urbains-urbains. En fonction du pays, une portion systématiquement comprise entre la moitié et le tiers des migrants arrivant dans les zones urbaines se compose de personnes provenant d'autres aires urbaines. Lorsque l'on examine la hiérarchie urbaine, on constate que les migrants sont davantage présents dans les villes les plus grandes (supérieures à un million d'habitants), où ils représentent en moyenne 39 % de leur population, contre 31 % dans les villes secondaires (villes dont la population est comprise entre 100 000 et un million d'habitants) et environ 25 % de la population des villes petites ou moyennes (villes inférieures à 100 000 habitants). Les migrants qui arrivent dans une ville secondaire sont plus fréquemment originaires d'autres zones urbaines, tandis que les migrants arrivant dans des villes petites ou moyennes ont une origine légèrement plus rurale et restent moins longtemps dans ces villes.

Les migrants urbains sont plus jeunes, ont moins de personnes à charge et sont plus éduquées que les non-migrants urbains ; ces écarts sont plus importants lorsque l'on se focalise sur les migrants urbains-urbains, et ils diminuent à mesure que la taille de la ville augmente (graphique O.1). Une analyse de régression concernant six pays d'Afrique subsaharienne révèle que les migrants sont plus jeunes que les non-migrants (de cinq à six années en moyenne). Cela se vérifie quelles que soit la taille de la ville ou l'origine des migrants (graphique O.1, partie a). Par ailleurs, le fait d'être plus jeune se traduit par un nombre de personnes à charge moins important (Menashe-Oren et Stecklov, 2017), cet écart étant plus grand pour les migrants urbains-urbains que pour les migrants ruraux-urbains (dont le taux de fécondité est en général plus élevé), et diminue à mesure que la taille de la ville augmente (graphique O.1, partie b). En outre, les migrants sont également plus instruits que les non-migrants. Cet avantage que les migrants disposent vis-à-vis des non-migrants urbains sur le plan de l'instruction se limite cependant essentiellement aux migrants urbains-urbains. Dans les faits, plus le centre urbain qu'ils rejoignent est grand, plus le déficit que les migrants ruraux-urbains doivent pallier sur le plan de l'instruction est important (passant d'un niveau d'instruction similaire aux non-migrants dans les villes petites et moyennes à un écart de plus d'un an dans les grandes villes) (graphique O.1, partie c).

Il peut paraître quelque peu surprenant que l'agriculture demeure un secteur d'emploi important dans les petites agglomérations et les villes secondaires d'Afrique subsaharienne. Dans les petites villes (villes inférieures à 20 000 habitants), en effet, environ un non-migrant urbain sur quatre est encore employé dans le secteur agricole, contre un sur sept dans les villes moyennes et les villes

Graphique 0.1 Caractéristiques socioéconomiques des migrants et des non-migrants en milieu urbain

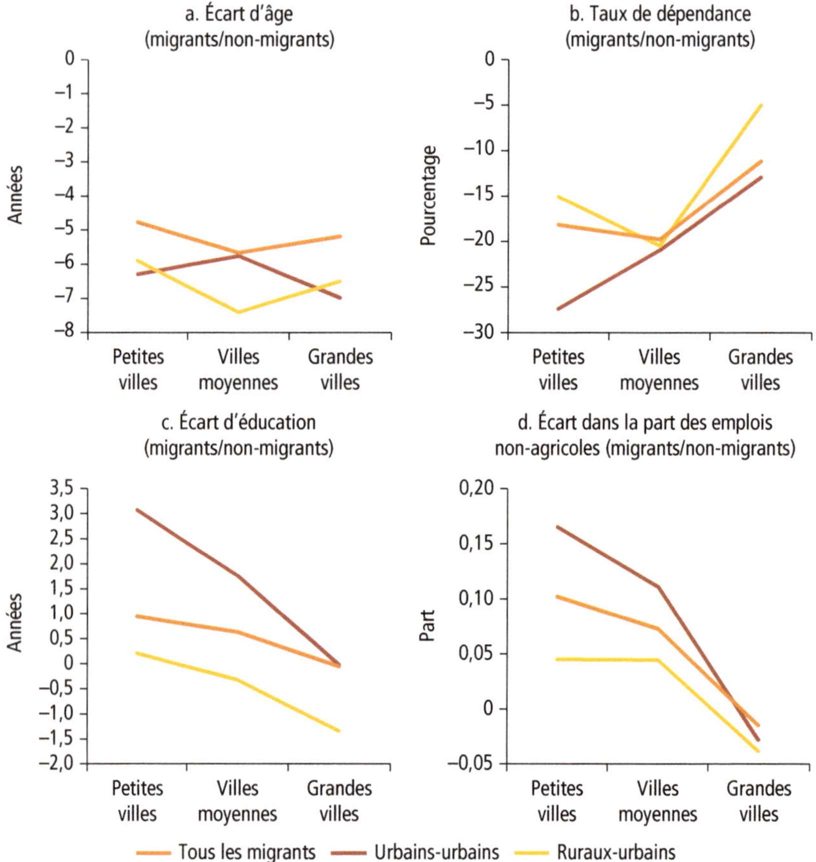

Source : Banque mondiale.

Remarque : définition des variables : taux de dépendance = [membres du foyer non en âge de travailler) / (membres du foyer en âge de travailler)] x 100 ; population en âge de travailler = 15-65 ans ; rural-urbain = migrant d'une zone rurale vers une zone urbaine ; urbain-urbain = migrant d'une zone urbaine vers une zone urbaine. Population de l'échantillon : résultats obtenus à partir de la régression des moindres carrés ordinaires de l'équation $y_{ij} = \alpha + \beta_1 SC + \beta_2 LC + \gamma_1 RU + \delta_1 RU \times SC + \delta_2 RU \times LC + \gamma_2 UU + \delta_3 UU \times SC + \delta_4 UU \times LC + \vartheta MigDur + v_j + e_{ij}$ pour les populations urbaines additionnées de trois pays cibles (Éthiopie, Tanzanie, Ouganda), dans laquelle *y* = éducation, âge, taux de dépendance, secteur d'emploi (1 = non-agricole), *SC* = ville moyenne (entre 20 000 et un million d'habitants), *LC* = grande ville (supérieure à un million d'habitants), *RU* = migrant rural-urbain, *UU* = migrant urbain-urbain, *MigDur* = nombre d'années de résidence dans la ville depuis la migration (0-10), v_j = indicateur du pays, e_{ij} = terme d'erreur aléatoire. Les résultats pour la totalité des migrants ont été obtenus à partir de six pays (Éthiopie, Ghana, Kenya, Mali, Tanzanie, Ouganda), sans établir de distinction sur le plan de l'origine du migrant, soit $y_{ij} = \alpha + \beta_1 SC + \beta_2 LC + g_1 M + d1M'LC + uMIGDur + v_j + e_{ij}$.

secondaires combinées (villes comprises entre 20 000 à un million d'habitants)[6]. L'importance de l'agriculture est en partie la conséquence d'une urbanisation *in situ* et des problématiques de définition associées (Potts, 2018) ; elle vient également souligner le faible niveau d'industrialisation du continent africain. Dans les petites villes, les migrants ont en moyenne 11 % moins de chances d'être employés dans le secteur agricole que les non-migrants ; cet écart diminue à mesure que la population du centre urbain augmente, jusqu'à disparaître tout à fait dans les grandes villes, où la part du secteur agricole dans l'emploi ne dépasse pas quelques points de pourcentage au total (graphique O.1, partie d).

Les constats observés au niveau national dans les pays d'Afrique de l'Est au cours des années 2000 et 2010 tendent à montrer que les migrants s'intègrent bien dans le marché du travail urbain de manière générale et que leur niveau de bien-être est similaire à celui des non-migrants, même lorsque l'on prend en compte les différences de capital humain (âge, éducation), de métier et de choix de lieu d'habitation, indépendamment de la durée de leur séjour dans la ville. Les migrants qui arrivent dans les villes petites, moyennes et secondaires, qui sont l'objet de la présente étude, s'en sortent au moins aussi bien que les non-migrants urbains, voire mieux. Les migrants arrivant dans ce type d'agglomérations en provenance d'autres zones urbaines (nommés « migrants urbains-urbains ») sont davantage susceptibles de trouver un emploi, de comptabiliser un nombre d'heures travaillées plus important et de bénéficier d'un avantage salarial par rapport aux non-migrants. Sans surprise, il en résulte des niveaux de revenus et de consommation plus élevés par équivalent adulte. Cette situation peut largement s'expliquer par le niveau d'instruction plus élevé de ces migrants (ainsi que par leur choix de centres urbains dynamiques comme destination).

Les migrants ruraux qui se rendent vers des villes petites, moyennes ou secondaires s'en sortent également bien et atteignent un niveau de vie au moins similaire aux non-migrants de ces agglomérations. Par rapport aux non-migrants urbains, ils sont bien plus susceptibles d'avoir un emploi et de travailler davantage d'heures, mais à des salaires moindres. De manière générale, cependant, cela conduit à des revenus totaux nettement supérieurs, ou bien à des niveaux de revenu similaires lorsque l'on tient compte des différences sur le plan des caractéristiques socioéconomiques, des métiers exercés ou du lieu d'habitation, ce qui tend à montrer qu'ils bénéficient d'opportunités économiques essentiellement similaires dans les villes petites, moyennes et secondaires où ils s'établissent.

Les migrants qui se rendent d'une zone urbaine vers une grande ville présentent des résultats similaires – mais non supérieurs – à leurs homologues non-migrants habitant dans ces villes. Ils sont davantage susceptibles d'avoir un emploi et de travailler davantage d'heures que les non-migrants urbains, mais leurs salaires sont en moyenne légèrement inférieurs, ce qui contrebalance en partie les gains de revenus que leur confère un volume horaire travaillé plus important, conduisant finalement à des revenus et à des niveaux de consommation relativement similaires à ceux des non-migrants urbains[7]. Il est probable que les migrants urbains sélectionnent eux-mêmes la ville de destination en fonction de sa taille : les plus qualifiés rejoignent ainsi les grandes villes, où leurs résultats sont bons, bien qu'inférieurs à ceux des non-migrants urbains ; les moins qualifiés rejoignent des villes petites, moyennes ou secondaires (ou des régions rurales), où leurs résultats sont souvent supérieurs à ceux des non-migrants (tout particulièrement dans les agglomérations plus petites).

Si la situation des migrants ruraux-urbains en Afrique de l'Est constitue l'exemple qui se rapproche le plus de la représentation populaire des « migrants venant grossir les rangs des chômeurs », il est difficile de généraliser ce constat. En effet, les migrants ruraux-urbains travaillent davantage d'heures à des niveaux de rémunération moindres, même si dans ce cas cela conduit à des revenus sensiblement moins élevés que ceux des citadins non-migrants. Ce constat relatif à l'échantillon de pays d'Afrique de l'Est analysés dans la présente étude (Éthiopie, Tanzanie et Ouganda) ne se vérifie pas dans d'autres pays[8]. Par ailleurs, l'Afrique de l'Est est encore la région du continent où la contribution de la migration à la population urbaine est la plus élevée (ce qui reflète son faible niveau d'urbanisation). Lorsque l'on intègre les paramètres du capital humain, de la profession exercée et du lieu d'habitation, les faibles performances sur le marché du travail des migrants ruraux-urbains ne se répercutent pas sur la consommation. Lorsque l'on compare les migrants ruraux-urbains de même âge, de même sexe et présentant des taux de dépendance et des niveaux d'instruction similaires aux non-migrants urbains, on constate des niveaux de bien-être similaires. À cet égard, les résultats correspondent à ceux constatés par Beauchemin et Bocquier (2004) concernant les migrants des centres urbains d'Afrique de l'Ouest dans les années 1980 et 1990.

Enfin, les hommes se révèlent mieux insérés dans le marché du travail et bénéficient de meilleures conditions que les femmes ; les hommes migrants sont davantage susceptibles d'avoir un emploi que les hommes non-migrants. En moyenne, les hommes ont davantage de chances d'avoir un emploi que les femmes ; ils travaillent plus d'heures et perçoivent des salaires sensiblement plus élevés. Par ailleurs, dans les différents pays, les hommes migrants sont davantage susceptibles de travailler que les hommes non-migrants, tandis qu'il n'existe pas de différence systématique au niveau du taux d'emploi entre les femmes migrant vers les villes et les non-migrantes urbaines.

Dans l'ensemble, ces principaux constats tirés des données d'enquêtes nationales sur les ménages résistent bien aux problématiques liées aux données. Si les migrants qui finissent par revenir dans leur région d'origine font cela majoritairement en raison de difficultés à trouver un emploi, alors les résultats d'intégration évoqués ci-dessus, fondés sur des échantillons en milieu urbain, peuvent se révéler trop optimistes. Cependant, rien ne semble indiquer qu'une migration de retour sélective en serait un facteur déterminant. Ensuite, bien que ces constats reposent fortement sur les situations de l'Afrique de l'Est, la bonne intégration des migrants dans ces marchés du travail des zones urbaines d'Afrique de l'Est à forte croissance vient étayer plutôt que contredire l'idée selon laquelle les migrants s'intègrent bien dans le marché du travail urbain de manière générale. Parmi les différentes régions du continent africain, en effet, c'est en Afrique de l'Est que la croissance urbaine est la plus rapide, les migrations rurales-urbaines alimentant deux fois plus cette croissance que l'accroissement naturel. Enfin, en se basant sur les données multi-sectorielles disponibles au niveau national, ainsi qu'en prenant en compte les différences sur le plan des caractéristiques socio-démographiques, on constate que la *durée du séjour* n'affecte pas le niveau de bien-être des migrants par rapport aux non-migrants. Ici, une enquête plus approfondie exploitant des données de panel sur les migrants devrait permettre de déterminer de manière plus fiable l'impact de la durée de la migration, dans la mesure où les caractéristiques des flux migratoires sont susceptibles de changer au fil du temps.

Une intégration satisfaisante des migrants sur le marché du travail a déjà été constatée dans les villes étudiées, bien que les résultats révèlent également des différences spatiales à l'intérieur du périmètre des villes, ainsi que d'autres défis. En dépit des caractéristiques variables des migrants et des environnements dans villes et pays de notre étude (encadré O.1), les performances sur le marché du travail et les niveaux de bien-être des migrants dans les villes étudiées ne sont pas systématiquement plus faibles que ceux des non-migrants. L'analyse de régression confirme qu'à Jijiga, les migrants présentent des taux d'emploi plus élevés que les non-migrants. Les migrants originaires d'autres zones urbaines étaient plus susceptibles d'avoir un emploi (moins 20 points de pourcentage) que les non-migrants de Jijiga, tandis que les migrants ruraux étaient moins susceptibles d'avoir un emploi (moins 30 points de pourcentage).

Certaines des tendances observées à Jijiga se retrouvent également à Jinja, les migrants y urbains ayant plus de chances de mieux s'en sortir que les non-migrants urbains et les migrants ruraux ; par ailleurs, les personnes habitant le centre-ville présentaient des résultats bien supérieurs à ceux des banlieues. Il est cependant important de noter que contrairement à l'idée répandue selon laquelle les migrants s'établiraient essentiellement en périphérie des villes, de nombreux migrants ruraux-urbains – environ 50 % d'entre eux – viennent habiter dans le centre-ville, où le nombre d'heures travaillées, les niveaux de salaire et les revenus sont nettement plus élevés, et où ils gagnent des sommes similaires, par équivalent adulte, aux non-migrants. Pour faire face aux loyers généralement plus élevés des centres-villes, les migrants s'établissent dans les habitations les moins chères de ces quartiers, lesquelles se situent dans des établissements informels de Jinja (tels que Masese et Mafubira). D'autres dynamiques géographiques similaires concernant l'établissement des migrants en ville ont été constatées à Arusha, en Tanzanie (Andreasen et coll., 2017).

De même qu'à Jijiga et à Jinja, les migrants urbains-urbains de Jendouba et de Kairouan sont plus éduqués, plus jeunes et davantage susceptibles d'avoir un emploi que les non-migrants urbains. Mais de même que dans d'autres villes, la migration comporte son lot de défis. Dans le cadre d'entretiens, les migrants ont fait part à des multiples reprises de conditions de travail difficiles, de salaires peu élevés, ainsi que d'une couverture sociale incomplète voire inexistante. Confrontés à des conditions économiques plus fragiles, ils sont davantage susceptibles d'accepter n'importe quel emploi, indépendamment des conditions proposées. À Jendouba, les migrants sont essentiellement considérés comme des travailleurs cruciaux dans des secteurs où les non-migrants refusent de travailler, comme le secteur agricole : cela conduit à un phénomène de mobilité pendulaire inversée (« *reverse commuting* »), dans le cadre duquel les migrants vivant désormais dans un centre urbain et ayant accès à des prestations sociales de meilleures qualités vont effectuer un trajet quotidien afin de travailler dans les champs des zones rurales situées en périphérie de la ville (le plus souvent dans de petites exploitations agricoles irriguées ou des oliveraies). Enfin, les hommes comme les femmes ont indiqué qu'il existait une violence auxquelles les femmes migrantes sont davantage confrontées au travail (encadré O.2).

ENCADRÉ O.2

Les deux types de discriminations des femmes migrantes au travail

Les femmes migrantes sont doublement discriminées au travail, percevant des salaires plus bas et subissant des harcèlements constants. À Jendouba, les femmes travaillent à des postes physiquement plus exigeants et sont payées sensiblement moins que leurs homologues masculins pour un travail équivalent. Il se trouve que l'agriculture est un secteur fortement féminin, au sein duquel les employeurs recrutent des femmes car celles-ci travaillent plus d'heures pour un salaire plus bas. Les témoignages des femmes migrantes révèlent que les usines privilégient l'emploi de femmes célibataires n'ayant aucune charge familiale. Par ailleurs, le harcèlement sexuel des femmes dans le secteur agricole est un problème endémique, alors que les femmes qui travaillent en usine subissent des violences verbales et des situations de harcèlement de la part de leurs employeurs, voire de leurs collègues masculins. Enfin, du fait de réseaux sociaux limités, il est plus difficile pour les femmes migrantes de s'occuper de leur foyer et de leurs enfants lorsque leur journée de travail est longue.

Quelle contribution des migrants aux marchés urbains ?

L'impact de la migration sur tel ou tel marché ou sur telle ou telle ville dépend également de l'impact des migrants sur la dynamique globale du marché urbain. Jusqu'à présent, c'est une vision statique qui a été adoptée, laquelle se concentre sur une comparaison de la situation des migrants sur les marchés du travail urbains et en matière de bien-être par rapport à leurs homologues urbains. Or, les migrants vont également impacter la dynamique urbaine plus générale. À chaque fois qu'un migrant entre (ou quitte) le centre urbain, il augmente (ou fait diminuer) la taille de celui-ci et affecte la vitesse de son expansion. En fonction des différences entre les migrants et de leur choix de lieu d'habitation, ils peuvent également modifier les caractéristiques structurelles de la main-d'œuvre urbaine ainsi que l'aménagement spatial de la ville. Ces changements peuvent ouvrir de nouvelles opportunités, telles que des économies d'agglomération spécifiques aux centres urbains les plus grands, ainsi qu'une augmentation de la densité de population ou de la complémentarité du travail qui y est associée. Ils peuvent également poser des défis, tout particulièrement si un certain délai est nécessaire avant que des bénéfices soient constatés, ou bien si les non-migrants urbains sont affectés de manière négative (pénurie de logements, congestion, remplacement de la main d'œuvre). À bien des égards, les maires sont surtout soucieux de ces impacts dynamiques, les migrants devenant rapidement les boucs-émissaires de tous les maux.

La croissance démographique des villes africaines est de plus en plus alimentée par l'accroissement naturel, et non par la migration ; cela a pour conséquence de réduire la contribution des migrants à la vitesse de l'expansion urbaine et donc à la surpopulation, tout particulièrement hors de l'Afrique de l'Est et dans les villes petites et moyennes. À plus de 4 %, la croissance de la population urbaine reste conséquente en Afrique subsaharienne[9]. Cependant, non seulement la contribution de la migration rurale-urbaine à la croissance démographique urbaine a été nettement plus faible en Afrique que ce que l'on croit généralement[10], mais elle diminue également à un rythme rapide, l'accroissement naturel étant désormais le principal facteur de la croissance des villes (graphique O.2). La contribution des migrants ruraux-urbains à la croissance démographique demeure par ailleurs plus importante dans les grandes villes où le taux d'urbanisation est faible, comme c'est le cas en Afrique de l'Est ; dans de nombreuses capitales africaines, en revanche, cette contribution commence à stagner (Menashe-Oren et Bocquier, 2021). La migration rurale-urbaine nette diminue dans une majorité des pays d'Afrique, tout particulièrement parmi les groupes les plus âgés (Menashe-Oren et Stecklov, 2017), tandis que les taux de fertilité, après des années de baisse, sont en train de se stabiliser, particulièrement dans les capitales du continent, mais également de plus en plus dans d'autres aires urbaines, ce qui fait augmenter le taux d'accroissement naturel

Graphique O.2 Contribution de la migration à la croissance urbaine

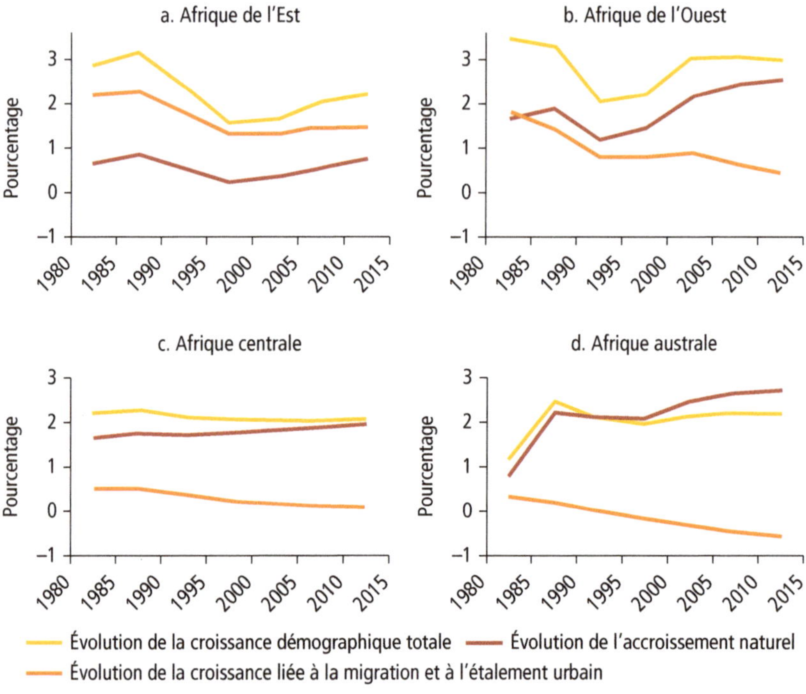

Source : Bocquier et Schoumaker, 2018.

dans les villes. Ces constats correspondent aux données empiriques signalant que les migrants ruraux-urbains d'Afrique de l'Est, et non les migrants provenant d'autres villes ou d'autres pays, sont ceux qui rencontrent le plus de difficultés pour s'intégrer au marché du travail urbain. Ce basculement vers une part plus importante de l'accroissement naturel révèle également que les politiques démographiques urbaines représentent un outil politique supplémentaire pour le développement urbain.

La baisse de la contribution de la migration à la croissance urbaine en dehors des grandes villes, comme l'illustre l'exemple de la Tanzanie (graphique O.3), peut permettre aux villes petites, moyennes et secondaires de tirer profit de la migration. La pression migratoire continue qui s'exerce sur les capitales d'Afrique de l'Est suggère que les autres aires urbaines, les villes secondaires, ainsi que les villes petites et moyennes, jouent un rôle important pour absorber les flux migratoires et en bénéficier. Il a été démontré dans différents pays que la migration vers les villes secondaires est davantage susceptible de réduire la

Graphique O.3 Sources de la croissance démographique dans les villes tanzaniennes

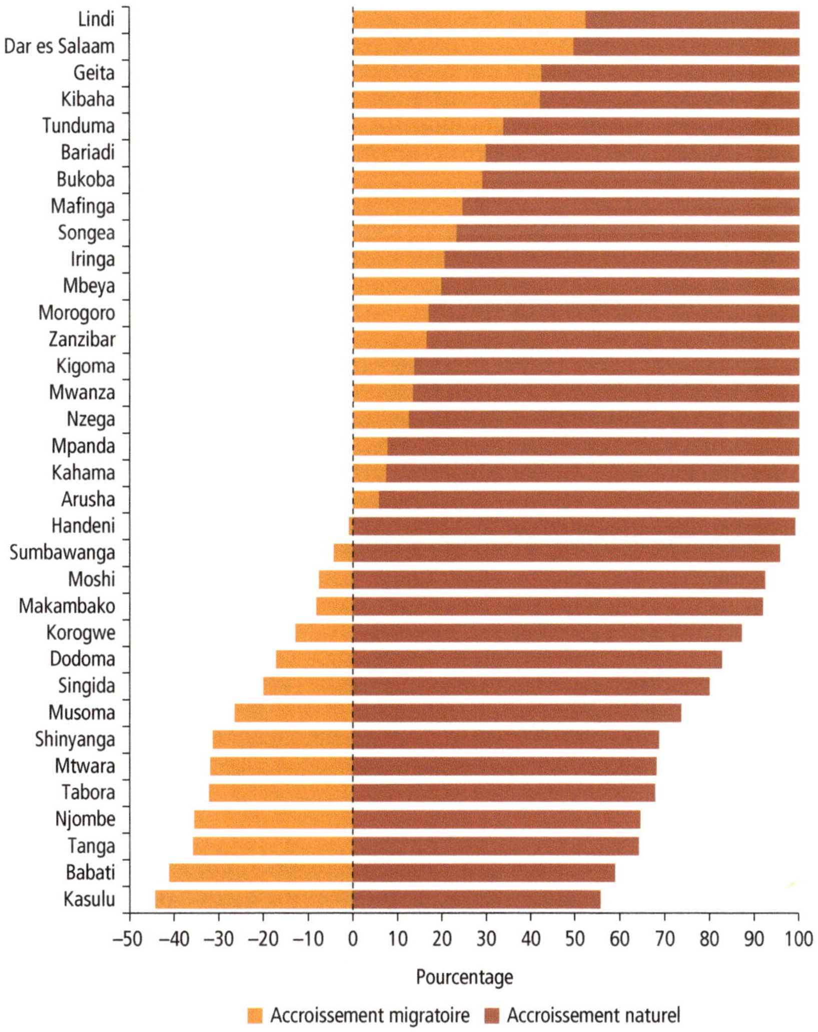

Source : Banque mondiale, 2017.

pauvreté que la migration vers les grandes villes (Christiaensen et Kanbur, 2018), d'autant plus qu'une grande partie des économies d'agglomération applicables aux pays africains peuvent déjà être réalisées dans des villes dont la taille est bien inférieure à celle de la métropole. En élargissant le vivier de compétences urbain et en réduisant le taux de dépendance urbain, les migrants qui rejoignent des villes petites et moyennes ainsi que les migrants urbains-urbains peuvent alimenter davantage encore la croissance de la productivité urbaine, un aspect souvent négligé par les décideurs politiques ainsi que par les non-migrants urbains[11]. Par ailleurs, les données rassemblées dans le cadre des études de cas sur les villes indiquent que les migrants ruraux viennent souvent compléter l'offre présente sur les marchés du travail urbains. De même qu'à Jendouba, en Tunisie, la recherche qualitative menée à Jijiga, en Éthiopie, a révélé que les migrants commencent généralement par s'insérer en bas de l'échelle du marché du travail, occupant souvent des emplois informels du secteur du bâtiment, ou encore en travaillant en tant que nourrices. D'autre part, les niveaux de chômage élevés parmi les non-migrants urbains sont davantage susceptibles d'être la conséquence d'une création d'emplois limitée dans le secteur formel de l'économie ainsi que du faible nombre de postes ouverts, les non-migrants urbains étant plutôt en quête d'emplois permanents dans le secteur formel. Les migrants ruraux viennent combler un écart important au niveau de l'offre de main-d'œuvre, ce qui peut expliquer pourquoi Jijiga continuer à attirer des migrants du pays tout entier, en dépit de ses différences culturelles et linguistiques. Cet aspect demeure cependant rarement pris en compte par les non-migrants urbains et les responsables municipaux.

Certaines preuves empiriques encore embryonnaires tendent à confirmer que les migrants apportent une contribution positive à la productivité du travail et au bien-être en milieu urbain, essentiellement car ils font augmenter la densité de population. Les estimations relatives à six pays africains suggèrent que la densité urbaine aurait des impacts positifs considérables sur les salaires et les revenus des ménages dans les villes (Henderson, Nigmatulina et Kriticos, 2021). Des études de suivi utilisant des données longitudinales relatives à l'Ouganda et prenant en compte les invariants temporels et les effets liés à l'emplacement suggèrent elles aussi que l'impact positif des effets d'agglomération sur la productivité du travail et sur le bien-être en milieu urbain se vérifie également lorsque la densité urbaine est la conséquence de la migration (Keenan et Christiaensen, 2023). Ce constat empirique est le premier de ce type : compte tenu de la nature exigeante de ses spécificités empiriques, il est relativement solide. Par ailleurs, l'impact des migrants, loin de se limiter à des répercussions sur la structure des âges et des compétences dans leurs aires urbaines de destination, est surtout lié à la génération d'économies d'agglomération[12]. L'apport des migrants à la vitesse de la croissance urbaine ne semble pas affecter négativement le niveau des salaires ou du bien-être en ville. De manière générale, si l'on adopte une perspective plus dynamique, la migration se présente comme une force de changement positive, tout particulièrement dans les villes petites, moyennes et secondaires.

Les bénéfices potentiels de la migration pour l'économie urbaine doivent cependant être mis en rapport avec les capacités plus générales des villes, sur les plans financier et institutionnel, leur permettant de réaliser les investissements supplémentaires nécessaires. Bien qu'elle constitue généralement une force de changement positive, et en dépit de la contribution limitée et déclinante de la migration à la croissance urbaine, les pressions en matière de logement, d'accès aux services urbains (services publics, éducation, santé) et d'entretien des infrastructures peuvent être importantes dans les marges de la société, tout particulièrement parce que ces services sont déjà moins disponibles dans les villes petites et moyennes que dans les grandes (Henderson et coll., 2019). La difficulté à obtenir un logement décent et un accès aux services publics, pour les migrants comme pour les non-migrants, a été signalée dans de nombreuses histoires de vie rapportées dans les études de cas, et confirmée dans les données de l'enquête sur les ménages menée à Jinja. De même, en Tunisie, le profil des migrants a évolué, passant de familles entières de migrants à des migrations plus individuelles, ce qui est la conséquence d'une hausse des loyers et du prix de l'immobilier dans les aires urbaines après 2011. Les enquêtes qualitatives dans les villes tunisiennes étudiées confirment qu'en dépit des améliorations constatées au niveau de l'accès des migrants aux services à la suite de leur migration, ils sont souvent forcés de s'installer dans des zones où les municipalités ont du mal à maîtriser l'expansion urbaine informelle, et restent ainsi souvent coupés de certains services et du reste de l'agglomération (encadré O.3). Cependant, les villes petites, moyennes et secondaires ne disposent souvent pas des capacités financières, techniques et stratégiques qui permettraient d'établir l'environnement des affaires et les services urbains nécessaires à la création de centres urbains dynamiques à destination de l'ensemble des citoyens (anciennement ou récemment implantés), pérenniser une main-d'œuvre active et performante, et absorber les nouveaux arrivants. De manière générale, cela dépendra également du contexte économique, en un sens plus large, dans lequel

ENCADRÉ O.3

Témoignages de migrants à Jendouba et à Kairouan

Un homme migrant indique qu'il existe de nombreux obstacles à l'intégration à Jendouba : « La majorité des services de base sont inexistants, il n'y a pas de routes, d'électricité, d'eau potable, aucune infrastructure de ce type, aucune opportunité pour des activités de loisir, et pas d'emploi. » À Kairouan et à Jendouba, les migrants ont fait part de leur frustration à l'égard de pouvoirs publics qu'ils estiment négligents : « L'Omda [fonctionnaire de la municipalité] pratique une forme de clientélisme, et les allocations ne sont pas distribuées aux personnes qui le méritent. » « Nous avons besoin de dirigeants proches de nous, qui nous écoutent, qui comprennent nos véritables problèmes. »

Source : Banque mondiale, basé sur des entretiens menés auprès de huit groupes cibles entre les 9 et 12 décembre 2020 à Jendouba, et entre les 16 et 19 décembre à Kairouan.

se situent ces centres urbains intermédiaires, comme leur proximité aux marchés (intérieur et international) et leur base économique (ressources naturelles telles que les ressources minières et agricoles, industrie manufacturière, services) ; ce sujet doit cependant faire l'objet de davantage de recherches.

Construire une ville pour tous : de quels moyens disposent les maires ?

Ce rapport fournit un message important aux maires et aux responsables municipaux[13] : les migrants, y compris les migrants ruraux, sont une force pouvant être mobilisée afin de favoriser la croissance économique des villes secondaires, dans la mesure où ils viennent souvent renforcer l'offre de main-d'œuvre et le dynamisme économique de ces villes, étant plus jeunes, plus instruits, ou complémentaires avec la main-d'œuvre existante. Les migrants peuvent participer à la création de marchés urbains du travail plus solides ; c'est également la mission du maire, en coordination avec les autres organes publics centraux ou locaux, de faciliter et d'alimenter cette contribution. Au lieu de redouter l'arrivée de migrants, qui sont de moins en moins un facteur important de croissance urbaine dans la majorité des pays africains, les responsables municipaux peuvent prendre des mesures proactives afin de faciliter leur intégration dans la ville et améliorer la qualité de vie de l'ensemble des citadins de manière générale. Ce message doit être entendu non seulement par les maires, mais aussi par les décideurs politiques à tous les échelons géographiques.

Les recherches effectuées dans ce rapport suggèrent que pour accompagner l'intégration des migrants, il ne faut pas se limiter aux migrants et aux politiques d'insertion dans le marché du travail, mais se concentrer également sur les problématiques plus générales d'urbanisme et d'administration. Certaines actions doivent cibler les interactions des mairies avec leur ville. Les responsables municipaux ne doivent pas considérer l'intégration des migrants dans leurs communes comme « une tâche supplémentaire à ajouter à la fin de toute une série de processus de planification, mais plutôt comme une opportunité à inscrire dans la trame des actions existantes » (Blaser Mapitsa et Landau, 2019, 9). Dans la mesure où la situation des migrants sur le marché du travail dans les villes secondaires ne semble pas inférieure à celle des non-migrants, il sera nécessaire, pour accompagner l'intégration des migrants dans le tissu socioéconomique des villes, de ne pas se limiter aux marchés du travail, mais d'aborder également le fonctionnement des marchés fonciers et locatifs. Une intégration réussie des migrants dans les villes secondaires ne pourra se faire sans une gestion plus inclusive de la ville, qui doit ouvrir la voie à une croissance et à des avantages partagés par tous les habitants, indépendamment de leur origine. Enfin, dans certains cas où les divisions entre migrants et non-migrants sont profondes, il pourra être nécessaire de porter une attention soutenue au sort des migrants[14]. En reconnaissant que les migrants constituent un groupe mobile, ainsi qu'en identifiant les quartiers où ils résident et travaillent dans les villes, les gouvernements municipaux et la société civile, entre autres acteurs, pourront définir des interventions à même de favoriser leur intégration.

Soutenir les marchés en optimisant l'information, en réduisant les démarches administratives pour les entreprises et en anticipant les besoins, afin d'améliorer les infrastructures, les services et les emplois au niveau urbain

Le fait de réduire les obstacles et les démarches administratives dans l'environnement des affaires peut permettre de créer les opportunités d'emploi dont la ville a tant besoin. Tout particulièrement dans des villes comme Jendouba et Kairouan, où l'activité économique est limitée et où la demande de main-d'œuvre est faible, il sera crucial de renforcer le développement économique local pour s'assurer que des emplois seront disponibles pour les migrants comme pour les non-migrants. Dans les villes secondaires situées dans des régions moins développées, une meilleure compréhension des avantages absolus au niveau local permettra d'identifier les zones et les secteurs où les investissements et les actions des pouvoirs publics pourront conduire à des rendements plus élevés, dans le secteur formel comme dans le secteur informel. En outre, les migrants travaillent majoritairement dans des secteurs présentant peu de barrières à l'entrée. Par conséquent, le secteur informel, où de nombreux migrants travaillent fréquemment, domine l'économie des aires urbaines africaines, et ces petites et moyennes entreprises continueront à exister. Des mesures destinées à améliorer l'environnement des affaires pourraient elles aussi s'avérer cruciales. L'existence de marchés fonciers peu performants, en particulier, constitue une problématique récurrente dans les milieux urbains, comme cela a été constaté en Éthiopie. Des droits de propriété mal garantis et la présence de réglementations contraignantes peuvent compliquer l'acquisition ou la location des terrains ; il devient alors difficile d'attirer de nouvelles entreprises, tandis que les entreprises existantes peinent à se développer. Ce paramètre s'applique tout particulièrement aux grandes entreprises manufacturières, qui génèrent un grand nombre d'emplois mieux rémunérés. Il existe néanmoins de nombreux obstacles au développement économique. L'établissement de partenariats avec le secteur privé pourra aider les pouvoirs publics municipaux à identifier les exigences les plus contraignantes pour le développement économique de leur commune, ainsi qu'à mieux planifier et mieux coordonner les investissements urbains.

En apportant des réponses aux problématiques d'accessibilité au logement et à la propriété foncière, ainsi qu'aux emplois, aux services et aux équipements, il sera possible de nettement améliorer l'intégration des migrants dans l'économie et le tissu social de la ville. La dimension spatiale ou physique de l'inclusion comprend l'accès aux infrastructures, les services publics de base, l'amélioration du réseau routier, le logement et le foncier (Serageldin, 2016). Les analyses du présent rapport ainsi que les entretiens réalisés auprès de migrants révèlent que l'accès au logement et à la propriété constituent l'un des principaux défis auxquels sont confrontés les individus lorsqu'ils migrent vers des grandes villes. Les migrants qui sont arrivés à Jendouba après 2011 ont acheté à bas prix de petites parcelles de terrains non bâtis appartenant à des particuliers, afin d'y construire leur maison ; n'étant pas planifiée, cette fragmentation du foncier a cependant conduit à un manque d'accès aux services publics. À Jendouba, en revanche, les vagues de migrants plus anciennes se sont établies sur des terres qui appartenaient à l'État, et bien qu'il soit peu probable que ces populations soient déplacées, leurs droits fonciers n'ont pas encore été régularisés. Du fait de cet accès limité à des logements abordables, les migrants n'ont souvent pas d'autre choix que de s'établir dans des établissements informels caractérisés par une faible accessibilité aux services de base et aux opportunités d'emploi. Cette situation souligne également l'importance de politiques de gestion de la croissance urbaine pour l'intégration des migrants dans les villes secondaires. Des plans d'aménagement moins complexes peuvent être établis, intégrant les conditions et les dynamiques du moment, afin d'adapter la prestation de services et répondre à la demande présente et future. Des mesures visant à améliorer les droits de propriété, le régime foncier, ainsi que d'autres instruments destinés à faciliter le fonctionnement du marché foncier, peuvent grandement contribuer à améliorer la disponibilité de terres bien desservies afin qu'elles fassent l'objet d'aménagements, augmentant ainsi l'offre de logements.

L'existence d'informations de meilleure qualité à des fins de planification, ainsi que des procédés innovants pour collecter celles-ci, pourront optimiser la disponibilité des terres bien desservies, de façon à fluidifier les marchés foncier et locatif. Les villes secondaires telles que Jendouba, Jijiga, Jinja et Kairouan doivent améliorer leur gouvernance et leurs finances au niveau municipal, ainsi que leur planification urbaine et leurs pratiques de gestion de la ville, afin de générer des emplois et favoriser l'intégration socioéconomique des migrants et des non-migrants dans le quotidien et les services de la ville. Par exemple, une meilleure coordination de l'utilisation des terres et des décisions en matière d'infrastructures peut permettre aux personnes résidant en périphérie – qui sont confrontées à un manque de connexion aux réseaux ainsi qu'à des opportunités d'emploi limitées – à mieux s'intégrer dans la ville, indépendamment de leur statut de migrant. Afin de définir les services et les investissements prioritaires, il est nécessaire de mieux identifier les dynamiques de migration clés ainsi que leur impact sur la croissance et le développement de la municipalité. Au cours des entretiens, les responsables publics ont plusieurs fois déploré le manque d'informations dont ils disposent, ainsi que d'outils de planification à long terme.

Des procédés innovants de collecte et de mise à jour des informations démographiques et spatiales peuvent être mobilisés afin de s'assurer que chaque résident, quel que soit son lieu d'origine, puisse être inclus dans les tâches de collecte de données affectant la prestation de services. Les gouvernements municipaux peuvent s'associer à des organisations de la communauté ainsi qu'à d'autres organisations locales, à des associations de d'intérêts collectifs, ou encore à des universités, afin de combler leurs lacunes en matière de données et économiser des ressources (encadré O.4). Par exemple, les ensembles de données constitués par l'équipe de Chicoco Maps à Port Harcourt, au Nigeria, sont à la fois étendus, pertinents, précis et détaillés : ils témoignent d'une approche méthodologique réussie ainsi que de stratégies efficaces de collecte et de partage des données participatives dans les établissements informels. Les syndicats et les groupes d'entreprises, particulièrement dans les secteurs informels, constituent une autre ressource susceptible d'être mobilisée, dans la mesure où ces organisations compilent déjà des informations sur leurs membres ou utilisateurs. Bien qu'il soit important de chercher de nouvelles sources de données, l'intégration de questions concernant le statut migratoire dans les outils d'enquête existants

ENCADRÉ O.4

Collecter des données via des processus participatifs

À Mogadiscio, du fait de l'afflux de personnes déplacées à l'intérieur du pays, les pouvoirs publics ont été confrontés à d'importants problèmes de logement. En réponse, des techniques de planification participatives, telles que des études sur le logement et des consultations publiques, ont aidé les municipalités à identifier des emplacements appropriés où établir des centres d'accueil et concevoir des prototypes de logements bon marché, ainsi que pour évaluer les coûts de mise en œuvre de cette politique. Au Liban, le profilage des quartiers – c'est-à-dire la collecte d'informations au niveau des quartiers et non de la ville dans sa totalité – a permis aux responsables municipaux d'établir des priorités et de rediriger l'aide humanitaire vers les zones les plus vulnérables. Les tâches de collecte de données incluaient également des indicateurs de référence destinés à surveiller les effets de ces programmes. Bien que ces deux exemples concernent des réfugiés ou des personnes déplacées à l'intérieur de leur propre pays, ces enseignements en matière de collecte des données s'appliquent également aux gouvernements locaux qui cherchent à établir des politiques d'aménagement spatial pour l'intégration des migrants. Les approches participatives ainsi que des essais à l'échelle pilote, par exemple à l'échelle du quartier, peuvent faire économiser du temps et des ressources aux municipalités. Dans le cas de la Tunisie, abordé dans le chapitre 3, cela pourrait impliquer de collecter des données spécifiques aux quartiers populaires auprès des populations concernées.

Source : compilation par la Banque mondiale de données issues de ONU-Habitat (2021).

peut permettre de mieux tirer profit des tâches et des processus de collecte de données déjà établis, afin de mieux comprendre les dynamiques migratoires. Les informations relatives à la disponibilité et à l'utilisation des terres peuvent représenter une étape importante dans la constitution d'ensembles de données cadastrales, qui permettront de mieux planifier et de mieux gérer la croissance urbaine.

Renforcer la capacité des maires à répondre aux besoins des citadins par des financements et des capacités renforcés, ainsi que par un meilleur engagement des citoyens

Dans les villes secondaires, un renforcement des capacités financières et techniques peut fournir les instruments nécessaires à la génération d'emplois, et assurer la cohésion sociale des communautés. Des capacités de financement et de mise en œuvre plus étendues seront nécessaires afin de permettre aux villes secondaires de fournir des services et des infrastructures à l'ensemble de leurs citoyens. Il sera crucial de mieux relier les informations, d'améliorer la planification et de renforcer les ressources. De même que dans d'autres pays d'Afrique, les municipalités éthiopiennes sont depuis longtemps financées par des transferts budgétaires provenant du niveau fédéral, auxquels viennent s'ajouter les revenus municipaux de la ville elle-même. Ces ressources doivent servir à financer les dépenses de fonctionnement de la ville, ce qui laisse peu de place, voire aucune, aux dépenses d'investissement. En conséquence, une subvention intergouvernementale spéciale a été accordée afin de financer le développement urbain. Ces deux types de transferts intergouvernementaux se fondent sur une formule utilisant comme principal paramètre la taille de la population. Comme ils constituent un groupe mobile dont les individus ne sont pas toujours enregistrés administrativement, les migrants se trouvent sous-représentés dans les statistiques officielles et ne sont donc pas pris en compte dans les budgets, ce qui complique la prestation de services auprès des migrants. Des partenariats public-privé peuvent également être mobilisés afin de financer l'offre d'infrastructures et de services, comme dans le secteur éducatif de Jinja. Ces dispositions peuvent être élargies à d'autres secteurs, tels que le développement du réseau routier, des parcs, des logements ou d'installations performantes pour le traitement des déchets. Or, les gouvernements locaux ne pourront atteindre seuls ces objectifs ; ils doivent travailler en étroite collaboration avec les autres échelons régionaux et nationaux des pouvoirs publics, et solliciter leur accompagnement. De manière générale, les villes secondaires doivent établir une gestion efficace au niveau local et renforcer la coopération avec les autres agences gouvernementales et non gouvernementales (encadré O.5).

Le renforcement de la participation générale de la population peut contribuer à une meilleure intégration des migrants dans les mécanismes de participation urbains, leur donner la capacité de se faire entendre dans la ville, et améliorer la

ENCADRÉ O.5

Le rôle clé du gouvernement national dans le renforcement des capacités et des financements locaux

Pour répondre aux besoins des villes secondaires, il convient tout d'abord d'évaluer leurs besoins. L'Argentine constitue un exemple intéressant à ce titre, le gouvernement national ayant entrepris d'analyser les capacités des gouvernements locaux. À partir de 2018, avec le soutien de la Banque mondiale, le sous-secrétaire d'État argentin aux relations avec les municipalités du ministère de l'Intérieur, des travaux publics et du logement a lancé un exercice pilote d'évaluation des capacités institutionnelles municipales pour l'ensemble des municipalités de la province de Salta. Depuis, ce projet pilote a été étendu à l'ensemble des gouvernements locaux d'Argentine supérieurs à 20 000 habitants, et le ministère dispose désormais de données pour déterminer où établir des programmes destinés à renforcer certaines capacités.

La Tanzanie en est un autre exemple. Dans le cadre du programme de renforcement des capacités des gouvernements locaux en milieu urbain, financé par la Banque mondiale, le gouvernement national cherche depuis 2012 à mobiliser le système de transferts de fonds intergouvernementaux pour renforcer les capacités locales, rassembler les informations nécessaires à des planifications à long terme et améliorer la capacité des villes secondaires à répondre aux défis. L'allocation de subventions aux gouvernements locaux s'accompagne d'indicateurs de performance qui fournissent des incitations financières aux gouvernements locaux, notamment afin que ceux-ci actualisent leurs plans locaux d'urbanisme et améliorent leur système fiscal. Ces mécanismes sont destinés à améliorer la planification urbaine, accroître les sources de revenus des municipalités, améliorer l'efficacité fiscale, améliorer les infrastructures et renforcer les capacités à l'échelon infranational. Enfin, la recherche d'opportunités de cofinancement peut également renforcer les finances locales et accroître les capacités.

Source : Banque mondiale, 2020.

cohésion sociale avec les collectivités locales. Il est impératif d'établir un prisme local prenant en compte les migrants. Bien souvent, les migrants sont exclus de facto de la participation populaire ainsi que des processus de planification. De nombreux éléments ont prouvé qu'une implication active dans la communauté de destination peut faciliter l'intégration des migrants, ce qui permet de s'assurer que leur voix et leurs préoccupations seront entendues, leur permet d'exercer une influence sur les politiques locales, et améliore les échanges avec les non-migrants. Le fait de développer et d'encourager l'action de la communauté civile peut constituer une étape importante dans la facilitation et l'accélération de l'intégration des migrants dans la ville.

Les programmes d'aide doivent être innovants et réfléchir à la façon dont les groupes les plus marginalisés, notamment les migrants, peuvent avoir accès aux informations, potentiellement en établissant des documents de communication et de sensibilisation prenant en compte les spécificités culturelles des différentes tribus, des différents groupes ethniques, ainsi que des différentes langues parlées. Par exemple, le plan d'action sur l'intégration et l'inclusion des ressortissants de pays tiers établi par l'Union européenne rassemble les migrants et les communautés locales autour d'activités liées à l'éducation, la santé ou le sport, tout en veillant à ce que les migrants puissent participer aux processus consultatifs et décisionnels. Des plateformes dédiées aux interactions entre migrants et pouvoirs municipaux peuvent également permettre de répondre aux potentiels malentendus concernant la place des migrants dans le marché du travail : c'est le cas en Éthiopie, où les autorités municipales considèrent essentiellement les migrants comme la cause principale de l'étalement urbain, du chômage et de l'insécurité, alors que les migrants s'insèrent en bas de l'échelle d'emplois sur le marché du travail, acceptant des postes dans les secteurs du bâtiment, du travail manuel, ainsi que des services domestiques pour les femmes. Compte tenu de leurs insuffisances en matière de ressources et d'informations, les gouvernements locaux peuvent travailler en collaboration avec des partenaires stratégiques afin d'améliorer la diffusion des programmes au sein de la communauté ainsi que la participation à ceux-ci, par le biais d'outils de communication et de mécanismes intégrés de retour d'informations.

En périodes de fortes divisions, se focaliser sur les migrants via des actions qui améliorent le niveau de vie pour tous

Dans certains cas, les divisions entre migrants et non-migrants peuvent être fortes, ce qui se traduit par une discrimination au travail ainsi que dans les communautés où vivent les migrants, ou par d'autres barrières les empêchant d'accéder aux services et aux emplois. Dans ces cas, les actions ciblant ces localités peuvent être l'occasion d'améliorer le niveau de vie de l'ensemble des citoyens.

Parfois, des interventions se concentrant sur les zones où vivent et travaillent les migrants peuvent permettre d'identifier les éléments faisant obstacle à une intégration réussie dans les activités socioéconomiques de la ville. Un renforcement des interventions dans certains quartiers spécifiques, ou encore une amélioration des marchés où les travailleurs migrants sont extrêmement présents, constituent des leviers envisageables. Cependant, les politiques et les investissements ciblant ces zones, quand bien même ceux-ci répondent aux besoins des migrants, doivent être pensés dans une perspective d'urbanisme général, afin de s'assurer qu'aucune nouvelle barrière ne sera instaurée susceptible de créer des espaces de ségrégation où habiteront uniquement des migrants. Des interventions ciblées, à travers des campagnes de communication et de sensibilisation, peuvent être nécessaires lorsque des asymétries d'information existent ; ces interventions peuvent permettre de s'assurer que les migrants comme les non-migrants sont conscients de leurs droits et de leurs responsabilités, afin de construire une communauté où la cohésion sociale sera positive.

Compte tenu du niveau de flexibilité élevé d'un grand nombre d'emplois et de moyens de subsistance chez les migrants, ces actions pourront cibler les zones où les migrants travaillent, et ainsi améliorer les conditions de travail et les opportunités d'emploi pour les migrants comme pour les non-migrants. Une étude portant sur les familles migrantes à Arusha, en Tanzanie, a révélé que les migrants, à l'instar des non-migrants qui sont nés dans la ville, ont souvent tendance à naviguer d'un lieu à un autre entre les quartiers du centre-ville, soit en vivant chez des parents, soit en louant un logement. Après quelques années, nombre d'entre eux finissent par déménager et par acquérir une propriété où établir leur foyer (Andreasen et coll., 2017) De même qu'à Arusha, il est possible d'identifier dans une majorité des villes des dynamiques d'établissement types, qui reflètent l'évolution générale des aires urbaines sur le plan spatial. Ces typologies peuvent contribuer à définir les potentielles politiques et stratégies d'intervention qui favoriseront de façon proactive l'intégration des migrants dans l'économie et le tissu social des municipalités. Une revue de la littérature sur le sujet a permis d'identifier quatre catégories spatiales différentes, de nature souvent informelle, où travaillent les migrants dans les villes africaines : la rue ; le marché et les regroupements d'entreprises ; les entreprises familiales ; les zones cachées ou temporaires. Ces espaces, où de nombreux migrants viennent s'insérer dans le marché du travail, sont révélateurs des défis auxquels les travailleurs migrants vont être confrontés dans ces lieux et dans ces secteurs.

Des services de médiation et d'accompagnement de meilleure qualité peuvent permettre de lutter contre les discriminations et permettre aux villes de mobiliser au mieux les capacités des migrants, de façon à optimiser les bénéfices qu'ils génèrent en matière de capital humain via une population plus jeune. Afin de réduire les discriminations contre les migrants et répondre aux problématiques de harcèlement sexuel, les villes peuvent renforcer l'accès aux systèmes de protection sociale et améliorer la qualité de ceux-ci (en lien avec les autorités à l'échelon national). La collaboration avec des organisations de la société civile, tout particulièrement celles relatives aux problématiques spécifiques aux jeunes actifs et aux femmes, peut permettre d'établir des campagnes de sensibilisation au harcèlement sexuel sur le lieu de travail ainsi qu'aux droits des travailleurs, ce qui inclut la sensibilisation des employeurs à leurs responsabilités (encadré O.6). Par ailleurs, les municipalités peuvent également travailler conjointement avec les établissements industriels ou commerciaux. Les villes sont susceptibles de jouer un rôle important dans la mise en œuvre de services sociaux évolutifs destinés à améliorer l'inclusion socioéconomique des migrants. Dans la mesure où les dirigeants locaux sont plus proches des citoyens que le gouvernement central, ils peuvent représenter des acteurs clés pour renforcer les interactions visant à établir un système d'information pour la gestion des problèmes, en

ENCADRÉ 0.6

Dans la municipalité de Médenine, l'art urbain comme moyen de sensibilisation aux violences sexuelles et sexistes

Le 13 mars 2021, à l'occasion de la Journée internationale des femmes, la municipalité de Médenine, en Tunisie, a organisé une exposition d'art urbain en collaboration avec l'association Aswat Nissa (« La voix des femmes »), afin de sensibiliser aux violences sexuelles et sexistes. Dans une rue du centre-ville située à proximité du boulevard Habib Bourguiba, non loin d'un commissariat et d'un bureau de la garde nationale, qui sont les premiers à intervenir en cas de violences sexuelles et sexistes, des activistes ont peint sur les murs des motifs et des slogans destinés à attirer l'attention des passants sur la réalité, la brutalité et la gravité de ces incidents. La ville de Médenine a rebaptisé la rue « Loi 58 », d'après une loi promulguée en février 2018 visant à éliminer les violences sexuelles et sexistes. Ce type d'intervention, qui rassemble gouvernements locaux et organisations de la société civile, en exploitant différents médias comme l'art urbain, peut faire évoluer la perception des discriminations et des violences sexuelles et sexistes, lesquelles cessent alors d'être une question d'ordre privé et toujours dissimulée, pour devenir une problématique publique qu'il convient aborder ouvertement.

Source : Banque mondiale, basé sur « Tunisie : le street art comme moyen de sensibilisation aux violences faites aux femmes » (https://www.citiesalliance.org/newsroom/events/tunisia-street-art-raise-awareness-violence-against-women).

impliquant différents intervenants : travailleurs sociaux, agences pour l'emploi, agences d'inspection du travail et organisations non gouvernementales.

Placer la question de l'inclusion au cœur des politiques et de l'administration municipales implique de l'identifier comme une problématique comportant de multiples facettes, à l'intersection des thématiques économiques, sociales et spatiales. Les aspects économiques de l'inclusion impliquent la disponibilité des emplois, le niveau de revenu, ainsi que les opportunités d'avancement professionnel. L'économie locale et les opportunités ouvertes aux migrants, l'accès à l'éducation et aux formations, les liaisons avec le marché du travail, ainsi que l'accès au microfinancement et aux prêts non collatéraux, sont des facteurs susceptibles d'influencer ces aspects. Dans certaines villes, les migrants ont exprimé la volonté de suivre une formation professionnelle afin d'acquérir des compétences plus qualifiées, et ainsi cibler de meilleurs emplois dans différentes villes, ce qui leur permettrait de progresser dans leur trajectoire migratoire. Les migrants ne peuvent souvent pas se permettre de sacrifier leur temps de travail pour s'inscrire à des programmes de formation de ce type. Il peut ainsi être utile de subventionner ces programmes et de verser aux migrants une petite rémunération en remplacement des revenus quotidiens auxquels ils renoncent pour suivre leur formation. De plus, comme les nouveaux arrivants disposent souvent d'un réseau social limité sur place, des services d'accompagnement pour la garde des enfants pourront permettre aux femmes de mieux s'intégrer dans le marché du travail. Tout comme les formations destinées à acquérir de nouvelles compétences, les établissements tels que les crèches doivent être accessibles à l'ensemble des résidents, indépendamment de leur statut migratoire, même si leur impact devrait être plus important pour les femmes migrantes, dont le réseau local peut être plus restreint. Dans le cas des villes où l'accroissement naturel est encore élevé, telles que Jijiga ou Jinja, le soutien de l'État à des politiques démographiques efficaces, notamment en matière d'autonomisation des femmes et d'accès aux moyens de contraception, peut permettre de maîtriser la croissance de la population urbaine.

Une identification plus précise des obstacles entravant l'intégration des migrants au niveau municipal ouvrira de nouveaux champs d'action potentiels aux politiques nationales visant à accompagner les gouvernements locaux. En intégrant la politique migratoire dans la conception et les révisions futures des politiques urbaines nationales, les gouvernements du continent ont l'occasion d'incorporer les réalités migratoires dans leur action politique et d'établir un cadre d'évaluation précieux pour mesurer l'impact des politiques liées à la mobilité rurale-urbaine. Si les dispositifs politiques nationaux représentent un facteur important, ils ne suffisent pas à susciter des actions rapides au niveau local en matière de stratégies d'inclusion (Serageldin, 2016). Les gouvernements municipaux et régionaux sont essentiels à la planification, l'harmonisation et la promotion des ressources nationales et locales destinées à répondre à la demande dans ces secteurs, tout particulièrement dans les zones de la municipalité peu desservies et où la croissance est rapide.

Notes

1. Bien que les migrations internationales puissent constituer une dynamique supplémentaire dans l'évolution des villes, compte tenu de la nature différente de ces flux ainsi que du manque d'informations systématiques sur les migrations internationales dans les pays du continent et les villes étudiées, le présent rapport se concentre sur la migration interne pour aborder l'étude des défis intervenant à l'intersection du développement urbain et de la migration. En outre, les migrants internes sont de loin les plus nombreux parmi les migrants urbains.
2. Le pourcentage de pays ayant mis en œuvre des politiques visant à réduire les migrations rurales-urbaines a sensiblement augmenté à l'échelon mondial (passant de 38 % en 1996 à 80 % en 2013) ; il est particulièrement élevé en Afrique (85 %) et en Asie (84 %), les deux continents sur lesquels l'urbanisation est la plus rapide (Organisation des Nations Unies, 2013 https://esa.un.org/PopPolicy/wpp_datasets.aspx]).

3. Une autre composante du programme « Villes et migrations » de l'Alliance pour l'avenir des villes (Cities Alliance) s'intéresse aux défis et aux options politiques liés au déplacement forcé.
4. Des données de panel liées aux milieux urbains, susceptibles d'être comparées entre les pays et ventilant de façon systématique la population urbaine par origine (en séparant migrants et non-migrants), sont nécessaires pour réaliser une estimation quantitative des effets de la migration sur la productivité urbaine agrégée. Or, ces données ne sont pas systématiquement disponibles pour l'Afrique.
5. Données de l'Éthiopie, du Ghana, du Kenya, du Mali, du Soudan, de la Tanzanie et de l'Ouganda.
6. Lorsque cela est possible, les agglomérations plus petites ont été subdivisées en petites villes (moins de 20 000 habitants) et villes moyennes (20 000 à 100 000 habitants).
7. En termes absolus, les migrants se déplaçant d'une zone urbaine vers une grande ville bénéficient d'une meilleure situation que les migrants se déplaçant d'une zone urbaine vers des villes petites ou moyennes, ce qui peut indiquer des avantages salariaux plus élevés dans les grandes villes.
8. Lorsque l'on examine d'autres indicateurs de bien-être dans douze pays d'Afrique subsaharienne depuis les années 2010, telles que les évaluations des biens durables possédés et des services de distribution accessibles (électricité, eau courante), de la qualité des logements, ainsi que de la qualité de l'air intérieur, on constate que les ménages de migrants ruraux-urbains dans le quartile où la densité de population est la plus forte – ce qui concerne la majorité de la superficie des grandes villes ainsi que le centre des villes secondaires – présentent une situation au moins aussi bonne que celle des non-migrants (Gollin, Kirchberger et Lagakos, 2021).
9. Une croissance de 4 % par an revient à multiplier la population par deux tous les 18 ans, ce qui poserait des défis à n'importe quel gouvernement, même ceux disposant d'institutions et de finances solides.
10. Contrairement à ce qui a pu être observé dans les pays développés, où la migration représentait 60 % de la croissance urbaine, l'accroissement naturel constituait déjà le principal apport à la croissance de la population urbaine dans les pays en développement au cours de la seconde moitié du XXe siècle, représentant 60 % de celle-ci, tandis que les 40 % restants étaient la conséquence de la migration et de l'étalement urbain (Farrell, 2017).
11. Il a ainsi été révélé que la croissance urbaine consécutive à la migration contribue moins à la surpopulation que l'accroissement naturel urbain, ce qui s'explique par le taux de dépendance plus faible que présentent les ménages des migrants (Jedwab, Christianensen et Gindelsky, 2017).
12. L'impact sur les salaires et le bien-être, en milieu urbain, de la contribution des migrants à la densité de population, ne diminue que faiblement lorsque l'on intègre le paramètre du taux de dépendance dans le centre urbain (et augmente légèrement lorsque l'on intègre comme paramètre les ratios de compétences de la localité urbaine).
13. Compte tenu de la multitude de structures de gouvernance existant sur le continent africain, le terme « maires » désigne tout type d'autorité et de dirigeant responsables d'un gouvernement local. Par conséquent, dans le reste de l'étude, toute référence aux maires englobera tout type de responsable administratif des municipalités et des grandes villes.

14. Bien que ces recommandations se fondent sur les analyses menées dans les villes secondaires, elles peuvent également s'appliquer de façon plus générale aux grandes villes. Cependant, dans les villes les plus importantes, il peut être nécessaire de se concentrer davantage sur des politiques d'insertion sur le marché du travail, car il peut exister des asymétries d'information plus marquées, ainsi que de plus grands besoins en matière de formation professionnelle.

Bibliographie

Andreasen, Manja Hoppe, Jytte Agergaard, Robert Kiunsi et Ally Namangaya. 2017. « Urban Transformations, Migration and Residential Mobility Patterns in African Secondary Cities. » *Geografisk Tidsskrift—Danish Journal of Geography* 117 (2).

Beauchemin, Cris et Philippe Bocquier. 2004. « Migration and Urbanization in Francophone West Africa: An Overview of the Recent Empirical Evidence. » *Urban Studies*, vol. 41, n° 11, pp. 2245-2272.

Beegle, Kathleen et Luc Christiaensen (éds.). 2019. *Accelerating Poverty Reduction in Africa*. Washington : Banque mondiale.

Blaser Mapitsa, Caitlin et Loren Landau. 2019. « Measuring Municipal Capacity to Respond to Mobility. » *SAGE Open*, vol. 9, n°1 : pp. 1-11.

Bocquier, Philippe et Bruno Schoumaker. 2018. « The Demographic Transition in Sub-Saharan Africa and the Role of Urban Areas in this Transition. » Inédit.

Busso, Matias, Juan Pablo Chauvin et Nicolás Herrera. 2021. « Rural-Urban Migration at High Urbanization Levels. » *Regional Science and Urban Economics*, vol. 91 (novembre) : 103658.

Christiaensen, Luc et Ravi Kanbur. 2018. « Secondary Towns, Jobs, and Poverty Reduction: Introduction to *World Development* Special Symposium. » *World Development*, vol. 108 : pp. 219-20.

Cities Alliance. 2016. *Uganda—Secondary Cities*. Future-Proofing Cities Studies. London : Arup.

Combes, Pierre-Philippe, Sylvie Démurger, Shi Li et Jianguo Wang. 2020. « Unequal Migration and Urbanisation Gains in China. » *Journal of Development Economics*, vol. 142 : pp. 1-16.

Dixon, Zita, Melissa L. Bessaha et Margaret Post. 2018. « Beyond the Ballot: Immigrant Integration through Civic Engagement and Advocacy. » *Race and Social Problems*, vol. 10 : pp. 366-75. https://doi.org/10.1007/s12552-018-9237-1.

Farrell, Kyle. 2017. « The Rapid Urban Growth Triad: A New Conceptual Framework for Examining the Urban Transition in Developing Countries. » *Sustainability*, vol. 9, n° 8 : pp. 1-19.

Fox, Sean. 2014. « The Political Economy of Slums: Theory and Evidence from Sub-Saharan Africa. » *World Development* vol. 54 : pp. 191-203.

Gollin, Douglas, Martina Kirchberger et David Lagakos. 2021. « Do Urban Wage Premia Reflect Lower Amenities? Evidence from Africa. » *Journal of Urban Economics*, vol. 121 : p. 103301.

Henderson, J. Vernon, Vivian Liu, Cong Peng et Adam Storeygard. 2019. *Demographic and Health Outcomes by Degree of Urbanization: Perspective of a New Classification of Urban Areas*. Luxembourg : Office des publications de l'Union européenne.

Henderson, J. Vernon, Nigmatulina Dzhamilya et Sebastian Kriticos. 2021. « Measuring Urban Economic Density. » *Journal of Urban Economics*, vol. 125 : p. 103188.

Hobson, Emma Wadie. 2019. « Secondary Cities: Engines of Job Creation in Uganda. » Inédit. Banque mondiale, Washington, DC.

Jedwab, Remi, Luc Christiaensen et Marina Gindelsky. 2017. « Demography, Urbanization and Development: Rural Push, Urban Pull and … Urban Push? » *Journal of Urban Economics*, vol. 98 : pp. 6-16.

Keenan, Michael et Luc Christiaensen. 2023. « Migration and Urban Agglomeration: How Changing City Characteristics Influence Urban Wages in Uganda. » Inédit. Banque mondiale, Washington, DC.

Kluve, Jochen, Susana Puerto, David Robalino, Jose Manuel Romero, Friederike Rother, Jonathan Stöterau, Felix Weidenkaff et Marc Witte. 2019. « Do Youth Employment Programs Improve Labor Market Outcomes? A Systematic Review. » *World Development*, vol. 114 : pp. 237-53.

Lall, Somik V., J. Vernon Henderson et Anthony J. Venables. 2017. *Africa's Cities: Opening Doors to the World*. Washington : Banque mondiale.

Menashe-Oren, Ashira et Philippe Bocquier. 2021. « Urbanization Is No Longer Driven by Migration in Low- and Middle-Income Countries (1985–2015). » *Population and Development Review* , vol. 47, n° 3 : pp. 639-63.

Menashe-Oren, Ashira et Guy Stecklov. 2017. « Population Age Structure and Sex Composition in Sub-Saharan Africa: A Rural-Urban Perspective. » Collection Research, n° 17, Fonds international de développement agricole, Rome.

OCDE/CSAO (Organisation de coopération et de développement économiques et Secrétariat du club du Sahel et de l'Afrique de l'Ouest). 2020. *Africa's Urbanisation Dynamics 2020: Africapolis, Mapping a New Urban Geography*. West African Studies. Paris : Éditions OCDE. https://doi.org/10.1787/b6bccb81-en.

Potts, Deborah. 2018. « Urban Data and Definitions in Sub-Saharan Africa: Mismatches between the Pace of Urbanization and Employment and Livelihood Change. » *Urban Studies*, vol. 55, n° 5 : pp. 965-86.

Serageldin, Mona. 2016. « Inclusive Cities and Access to Land, Housing, and Services in Developing Countries. » Série Développement urbain, Knowledge Paper n° 22. Banque mondiale, Washington.

Todaro, Michael P. 1997. *Urbanization, Unemployment and Migration in Africa: Theory and Policy*. New York : Population Council.

ONU-Habitat. 2021. *Local Inclusion of Migrants and Refugees: A Gateway to Existing Ideas, Resources and Capacities for Cities across the World*. Nairobi : ONU-Habitat.

Organisation des Nations Unies. 2013. World Population Policies, 2013. New York : Département des affaires économiques et sociales de l'ONU. https://esa.un.org/PopPolicy/wpp_datasets.aspx.

Banque mondiale. 2017. « The United Republic of Tanzania Urbanization Review. » Groupe Banque mondiale, Washington.

Banque mondiale. 2020. « Territorial Development in Argentina: Using Differentiated Policies to Reduce Disparities and Spur Economic Growth. » Banque mondiale, Washington. https://openknowledge.worldbank.org/handle/10986/34115.

Young, Alwyn. 2013. « Inequality, the Urban-Rural Gap, and Migration. » *Quarterly Journal of Economics* , vol. 128, n° 4 : pp. 1727-1785.

Chapitre 1

Introduction

La migration urbaine : aubaine ou fléau ?

La planète poursuit son urbanisation, et les migrations internes ont toujours joué un rôle important dans ce processus. En 1950, environ 30 % de la population mondiale résidait dans des aires urbaines ; ce chiffre, qui s'établissait à 55 % en 2018, devrait continuer à augmenter pour atteindre 68 % en 2050 (ONU-DAES, 2019). Au cours des prochaines décennies, l'urbanisation devrait être particulièrement rapide en Afrique[1] et en Asie[2], posant des défis et offrant des opportunités tant en matière de développement durable que de réduction de la pauvreté[3]. De nombreux aspects dépendront de la capacité des États et des maires à mobiliser la concentration spatiale grandissante de leurs populations et l'expansion de leurs centres urbains en vue de créer des systèmes équilibrant croissance économique et bien-être des citoyens. La création de marchés du travail urbains inclusifs et efficaces représente un élément crucial en ce sens. La migration interne ayant par le passé constitué un élément moteur de l'urbanisation[4], elle fait l'objet d'une attention particulière.

La migration interne est souvent perçue comme génératrice de sous-développement urbain. Les flux migratoires entrants, souvent motivés par la recherche d'opportunités économiques[5], posent pour les maires le défi de l'entretien du capital physique de la ville et de son offre de services, afin de favoriser la productivité du travail ainsi que le bien-être des citoyens ; ces facteurs affectent également les dynamiques du marché du travail à l'échelon local. Il y a environ cinquante ans, tous ces éléments ont conduit Harris et Todaro à mettre en relation urbanisation, migration et développement urbain dans le cadre d'une modélisation. Leur principale prévision, selon laquelle la création d'emplois salariés en milieu urbain pouvait paradoxalement conduire à une augmentation du chômage urbain (dans la mesure où chaque emploi salarié

Luc Christiaensen et Nancy Lozano-Gracia

créé attirera plus d'un migrant), a depuis cette époque trouvé un écho important (Todaro, 1976, 1997). Dans bien des cas, cela a incité les gouvernements nationaux et les maires à se méfier de l'impact des flux migratoires sur leurs villes[6], influençant considérablement les politiques de développement concernant les zones à cibler (rurales ou urbaines) et les types d'emplois à créer (salariés ou indépendants).

De nombreuses forces à l'œuvre

Les migrants et les marchés du travail urbains sont bien plus hétérogènes et dynamiques que le prévoit le modèle original de Harris-Todaro ; par ailleurs, nombre de leurs prédictions n'ont été confirmées par aucune étude empirique ultérieure, ou bien se sont révélées beaucoup plus granulaires (Beauchemin et Bocquier, 2004 ; Busso, Chauvin et Herrera, 2021). En général, les aires urbaines sont constituées de différents types de marchés du travail. Dans les faits, les chances de trouver un emploi salarié et rémunérateur dans le secteur formel sont souvent limitées dans les pays d'Afrique à revenu faible ou intermédiaire, y compris dans les aires urbaines. Comme la majorité des emplois dans les centres urbains africains sont informels et non salariés (tout particulièrement en Afrique subsaharienne), on peut s'attendre à ce que les migrants occupent essentiellement des emplois informels, du moins au départ. Une part conséquente des emplois formels salariés disponibles se situant par ailleurs dans le secteur public (50 % au Gabon), ils sont ainsi d'autant moins accessibles aux nouveaux arrivants, tout particulièrement pour ceux provenant de zones rurales (De Vreyer et Roubaud, 2013). Des modélisations multi-sectorielles plus récentes des marchés du travail urbains, qui tiennent compte de cette hétérogénéité de l'emploi urbain (en distinguant par exemple deux catégories de travail indépendant, selon que la rémunération soit faible ou élevée) ainsi que du capital humain des travailleurs, indiquent que l'impact potentiel des initiatives politiques sur la situation des migrants faiblement ou hautement qualifiés peut être tout à fait différent de l'impact qu'elles auront sur les travailleurs urbains[7].

Les migrations génèrent également toute une série d'externalités qui affectent la croissance économique de la ville, la composition des marchés du travail, et donc la dynamique même du marché du travail urbain. Trois types d'impacts peuvent être identifiés. Tout d'abord, en augmentant la taille et la densité de la population, la migration permet des économies d'agglomération : comme cela a été démontré, elles constituent un élément important de la croissance économique des villes, tout particulièrement dans les pays développés, car elles augmentent les opportunités d'emploi pour les migrants urbains comme pour les non-migrants (Combes et Gobillon, 2015). De plus, la migration contribue également à la croissance démographique de la ville, laquelle, lorsqu'elle est trop rapide, peut provoquer de la congestion et ainsi éroder les avantages offerts par l'agglomération (Jedwab, Christiaensen et Gindelsky, 2017). Enfin, dans la mesure où les migrants diffèrent des citadins non migrants sur le plan de leurs caractéristiques socioéconomiques (âge, compétences, personnes à charge), ils sont susceptibles de modifier la structure générale de la main-d'œuvre urbaine. L'arrivée de migrants qualifiés peut permettre d'améliorer le vivier de compétences, tandis que les migrants peu qualifiés peuvent compléter les compétences des travailleurs urbains qualifiés, ce qui génère dans les deux cas des externalités positives sur le plan du capital humain. Toutefois, l'arrivée de migrants peu qualifiés peut également accroître la concurrence et limiter les niveaux de salaire des travailleurs urbains peu qualifiés (qu'ils soient citadins de longue date ou migrants récents).

Il est difficile de déterminer *a priori* comment interagissent ces différentes forces économiques (hétérogénéité de la main-d'œuvre et des emplois, économies et déséconomies d'agglomération, complémentarité et substituabilité du travail) ; par ailleurs, leurs effets individuels sont difficiles à identifier de façon empirique. Les résultats agrégés vont également varier en fonction des différents segments de population (qualifiés ou peu qualifiés ; migrants ou non-migrants). Une pression à la hausse sur les salaires qui bénéficierait aux travailleurs urbains peu qualifiés, et qui serait provoquée par une augmentation de la demande de main-d'œuvre à la suite d'un afflux migratoire et de ses effets d'agglomération urbaine, serait-elle suffisante, par exemple, pour contrebalancer les pressions à la baisse sur les salaires consécutives à une augmentation de l'offre de main-d'œuvre ? Les effets sur les citadins non migrants peu qualifiés seront-ils les mêmes que pour les migrants récents peu qualifiés ? D'autres éléments sont susceptibles d'affecter ces résultats : s'agit-il d'une petite ville ou d'une agglomération plus importante ? Son économie connaît-elle une croissance rapide ou stagnante ? Les marchés fonciers et l'offre de services peuvent-ils répondre à l'afflux de nouveaux arrivants ? Enfin, ces derniers ont-ils migré pour fuir une situation intenable dans leur région d'origine, ou bien ont-ils été attirés par le dynamisme de leur destination ?

L'expérience de la Chine nous montre que tous les citoyens urbains, y compris les moins qualifiés, peuvent bénéficier de la migration. Les recherches empiriques de Combes et coll. (2020) tentent d'analyser et d'identifier conjointement l'impact de ces externalités locales de la migration – tant à l'échelle de la municipalité que de ses industries – sur la rémunération nominale de différents groupes (travailleurs urbains qualifiés, travailleurs urbains non qualifiés, migrants ruraux-urbains). Cette étude montre qu'en Chine, au début des années 2000, l'ensemble de la population urbaine, y compris les migrants arrivés récemment en provenance d'une région rurale, bénéficie des nouveaux afflux migratoires, en dépit de certains effets de concurrence entre travailleurs existants et nouveaux migrants dans certains secteurs d'activité de la ville. Il a été constaté que les travailleurs urbains hautement qualifiés bénéficiaient le plus de la migration, suivis des travailleurs urbains peu qualifiés, puis des migrants ruraux récents[8]. En se basant sur des analyses empiriques approfondies de grandes bases de données nationales, relatives notamment au marché du travail urbain et à la composition sectorielle, ces conclusions soulignent l'importance d'adopter une perspective plus dynamique, prenant explicitement en compte les externalités locales et reconnaissant l'hétérogénéité des travailleurs ainsi que leurs performances sur le marché du travail au moment d'examiner l'impact de la migration sur les marchés du travail urbains.

Élargir le périmètre d'analyse

Les villes africaines peuvent-elles mobiliser la migration dans l'intérêt commun de leurs résidents et des migrants récents ? Le contexte des villes africaines diffère radicalement de celui des villes chinoises. La croissance démographique y est bien plus rapide, la mobilité des travailleurs quittant une zone rurale pour une zone urbaine y est bien moins restreinte qu'en Chine[9], et la croissance du PIB par habitant sur le continent, dans l'ensemble, se caractérise par des besoins de main-d'œuvre moins importants (lesquels reposent davantage sur les ressources naturelles que sur les exportations d'industries manufacturières exigeant une forte main-d'œuvre) (Beegle et Christiaensen, 2019). De nos jours, les villes africaines sont le plus souvent surpeuplées, mal reliées, et le coût de la vie y est élevé (Lall, Henderson et Venables, 2017), aussi peinent-elles à jouer un rôle moteur dans la croissance économique et la réduction de la pauvreté. La migration et l'urbanisation peuvent-elles être mobilisées de façon plus efficace ?

Afin de répondre au défi de l'emploi sur le continent africain, les décideurs politiques se sont longtemps concentrés sur la question de l'emploi chez les jeunes actifs, en mettant en œuvre des programmes ciblant essentiellement les problématiques liées à l'offre de main-d'œuvre, par le biais de programmes de développement des compétences et de l'entrepreneuriat, par l'octroi de crédits, ou par une combinaison de ces deux types d'initiatives. Le succès de cette approche, au mieux, s'est avéré mitigé[10], dans la mesure où elle ignore souvent les différences de besoins entre nouveaux migrants (qu'ils proviennent des zones rurales ou d'autres centres urbains) et citadins non migrants. Le présent rapport s'interroge sur la mise en œuvre d'une panoplie d'initiatives plus étendue et plus différenciée, qui ne se limiterait pas aux politiques du marché du travail mais inclurait des outils de politique urbaine visant à répondre aux contraintes institutionnelles et réglementaires suscitant un mauvais appariement des terres et des emplois en milieu urbain, une fragmentation de l'aménagement spatial, ainsi qu'une productivité limitée (Lall, Henderson et Venables, 2017).

Jusqu'ici, les travaux se sont essentiellement concentrés sur les très grandes villes, souvent des capitales d'État[11], ce qui n'a pas permis de répondre aux défis que rencontrent la majorité des centres urbains du continent ainsi que leur population. Environ 97 % des agglomérations ou des centres urbains africains comportent moins de 300 000 habitants ; les agglomérations urbaines comptant moins d'un million d'habitants représentent 60 % de la population urbaine du continent, répartis sur plus de 7500 centres urbains (OCDE/CSAO, 2020)[12]. En outre, l'immense majorité de la population rurale d'Afrique subsaharienne se concentre autour de villes petites et moyennes ou de centres urbains intermédiaires[13] ; 82 % des habitants pauvres d'Afrique subsaharienne vivent en milieu rural[14]. Ces centres intermédiaires constituent souvent une première étape pour les migrants urbains, tout particulièrement pour les plus pauvres d'entre eux, compte tenu de la proximité géographique de ces villes. En facilitant leur première migration, ces centres urbains intermédiaires font office de villes-tremplins pour les migrants, qui pourront y étendre leur champ d'action, c'est-à-dire la liste de destinations qu'ils peuvent raisonnablement chercher à atteindre. Il a ainsi été constaté que les migrations s'effectuant depuis une zone rurale vers un centre urbain intermédiaire sont bien plus fréquentes que les migrations rurales à destination des grandes villes, bien que le niveau de salaire et de revenu soit généralement plus élevé dans ces dernières (De Weerdt, Christiaensen et Kanbur, 2021 ; Ingelaere et coll., 2018).

Le présent rapport réfléchit ainsi aux moyens dont disposent les villes secondaires africaines pour mieux préparer et mieux gérer la migration économique interne des travailleurs, tant dans l'intérêt des citadins que des migrants. Cet objectif s'inscrit dans le Nouvel agenda urbain adopté par la communauté internationale en 2016 (Organisation des Nations unies, 2017), qui recommande la mise en œuvre de politiques de développement territorial équilibrées, ainsi que de mesures et d'interventions visant à renforcer le rôle des villes petites, moyennes et secondaires dans les politiques de développement. Il s'inscrit par ailleurs dans une volonté plus générale de renforcement de la coopération et de l'entraide entre villes et établissements humains de tailles différentes.

Cette étude fait partie du programme « Villes et migrations » de l'Alliance pour l'avenir des villes (Cities Alliance). Dans le cadre de ce programme, quatre villes secondaires situées dans trois pays africains ont été sélectionnées pour faire l'objet d'une étude de cas (Jijiga pour l'Éthiopie ; Jinja pour l'Ouganda ; Jendouba et Kairouan pour la Tunisie), afin de réaliser une analyse approfondie de l'impact de la migration sur leur développement, ainsi que des actions potentielles à mener pour mieux en tirer profit. Associées à l'analyse d'enquêtes nationales sur les ménages et de recensements menés dans différents pays, ces études de cas forment le socle empirique de ce rapport, auxquelles viennent s'ajouter les concepts et les données empiriques issus de la littérature sur l'économie du travail et la migration en milieu urbain, ainsi que des initiatives de la Banque mondiale. L'attention est ici portée en priorité sur la migration économique et l'intégration dans le marché du travail urbain[15].

Le migrant, le marché et le maire

Ce rapport pose une question fondamentale : comment mobiliser au mieux la migration interne dans le cadre du développement urbain, de la croissance économique et de la réduction de la pauvreté ? Il adopte trois perspectives différentes : le migrant urbain, le marché du travail urbain, et le maire. Ces trois aspects correspondent de manière générale aux performances des migrants sur le marché du travail urbain ; à leur impact sur la productivité urbaine agrégée ; et enfin aux moyens dont disposent les maires afin de mobiliser leur potentiel dans l'intérêt de tous. Le rapport s'organise comme suit :

Le chapitre 2 aborde les perspectives relatives aux migrants et aux marchés, en examinant de manière empirique s'il existe des différences systématiques entre les citadins non migrants et les migrants urbains au niveau de leurs performances sur le marché du travail (perspective du migrant) et en évaluant l'impact potentiel des migrants sur le développement urbain de manière plus générale (perspective du marché). En l'absence de données collectées de façon systématique, susceptibles d'être comparées entre les pays et ventilant automatiquement la population urbaine par origine (en distinguant migrants et non-migrants), cette dernière question est seulement abordée de façon indirecte, en évaluant l'impact de la migration sur la rapidité de la croissance démographique des villes ; sur la taille et la densité de la population urbaine, et donc sur les potentielles économies d'agglomération ; ainsi que sur les caractéristiques structurelles de la main-d'œuvre urbaine. Ces facteurs associés alimentent en grande partie le dynamisme économique des villes. Les différents éléments sont testés de façon plus approfondie dans le cas de l'Ouganda, un pays pour lequel il a été possible de compiler des données longitudinales sur l'emploi des individus, ainsi que sur la densité urbaine et la composition de la population urbaine[16].

Le chapitre 3 présente des conclusions issues d'une exploration approfondie des villes sélectionnées, dans le cadre d'une approche holistique qui inclut les perspectives des migrants et des autorités municipales en se fondant sur des enquêtes représentatives et des recherches de terrain réalisées dans ces villes. Le chapitre 4 fait office de conclusion, en se concentrant sur la mission des pouvoirs municipaux (perspective du maire) et en formulant un agenda politique permettant de tirer profit de la migration dans l'intérêt de tous les acteurs concernés : les migrants urbains, les non-migrants, ainsi que la ville et son maire.

Notes

1. Bien que le terme « Afrique » soit utilisé dans certains documents de la Banque mondiale pour désigner l'Afrique subsaharienne, il inclut dans le présent document l'Afrique du Nord, soit l'Algérie, la république arabe d'Égypte, la Libye, le Maroc, le Soudan et la Tunisie (classification de l'ONU).

2. C'est en Afrique et en Asie que les taux d'urbanisation demeurent les moins élevés (respectivement 43 % et 50 %).
3. En 2015, 56 % des habitants en situation de pauvreté extrême résidaient en Afrique subsaharienne. Il était prévu que ce chiffre atteigne 90 % en 2030 (Beegle et Christiaensen, 2019). Cependant, les estimations indiquent que la pandémie de COVID-19 (coronavirus) a eu pour conséquence de faire retomber un grand nombre d'individus dans la pauvreté (ce qui concernerait plus de 100 millions de personnes selon une estimation récente de la Banque mondiale, dont un tiers habitant en Afrique subsaharienne) (Banque mondiale, 2021).
4. Aux premiers stades du développement urbain, l'urbanisation découle essentiellement de migrations rurales-urbaines. Parmi les autres facteurs d'urbanisation et d'expansion urbaine, on peut citer l'étalement urbain (aussi appelé « urbanisation *in situ* »), mais surtout l'accroissement naturel de la population urbaine. Ce dernier facteur est de plus en plus important, les pays d'Afrique subsaharienne connaissant une croissance soutenue (Bocquier et Schoumaker, 2018 ; Jedwab, Christiaensen et Gindelsky, 2017 ; Menashe-Oren et Bocquier, 2021).
5. Parmi les autres motifs de migration, on peut citer le mariage, le regroupement familial et les études. Toutefois, l'emploi demeure souvent le facteur dominant, particulièrement dans le cas des migrations rurales-urbaines. En Éthiopie, au Malawi, au Nigeria et en Tanzanie, il est à l'origine de 37 % à 63 % des migrations parmi les jeunes actifs (25 à 34 ans) (Mueller et Lee, 2019).
6. Le pourcentage de pays ayant mis en œuvre des politiques visant à réduire les migrations rurales-urbaines a sensiblement augmenté à l'échelle mondiale (passant de 38 % en 1996 à 80 % en 2013) ; il est particulièrement élevé en Afrique (85 %) et en Asie (84 %), les deux continents où l'urbanisation est la plus rapide (Organisation des Nations Unies, 2013).
7. Basu et coll. (2019), en se fondant sur une revue de la littérature, élaborent un modèle nettement enrichi intégrant différents types de marchés du travail, de façon à rendre compte de la plus grande hétérogénéité du travail constatée dans les pays en développement (en incluant les emplois salariés ainsi que le travail indépendant à revenus faibles ou élevés), les différentes trajectoires pour y accéder, que ce soit par un accès libre au marché (travailleur indépendant à faibles revenus) ou par l'emploi salarié (travailleur indépendant à revenus élevés), ainsi que l'hétérogénéité des travailleurs sur le plan de leurs compétences et de leur expérience. En établissant des conditions d'équilibre et en appliquant des statistiques comparatives, ils proposent une simulation des impacts de différentes politiques sur le marché du travail pour chacun de ces groupes (ex. : augmentation des revenus pour les travailleurs indépendants accédant librement au marché ; augmentation des salaires des travailleurs salariés).
8. Dans le même temps, la redistribution inégale des avantages générés par la migration (ainsi que par l'urbanisation) en Chine est également grandement responsable des inégalités salariales (Combes et coll., 2020).
9. À l'exception de l'Éthiopie, les pays africains ne disposent pas d'un système d'enregistrement des ménages comparable à celui existant en Chine (le *hukou*), ce qui limite l'accès aux services sociaux publics dans la localité où les individus sont enregistrés.

10. Beegle et Bundervoet (2019) analysent les données pour l'Afrique subsaharienne et insistent sur l'importance d'actions ciblant la demande.
11. Cette focalisation sur les grandes villes est souvent motivée par la crainte de troubles sociaux. Une grande partie des préoccupations relatives au chômage des jeunes actifs en Afrique reposent sur l'idée selon laquelle les jeunes individus sans emploi seraient particulièrement enclins aux comportements antigouvernementaux, ce qui peut prendre la forme de manifestations publiques ou d'émeutes. Une analyse de la participation politique des jeunes, se basant sur l'historique des manifestations locales ainsi que sur des enquêtes sur les ménages issues de 16 pays africains, a confirmé que les inquiétudes relatives au chômage ou au sous-emploi constituent un motif de contestation particulièrement important, bien que les jeunes ne soient que légèrement plus susceptibles que les adultes d'aller manifester leur mécontentement vis-à-vis des politiques publiques (Resnick, 2019).
12. Le projet Africapolis définit une agglomération comme une zone aménagée et bâtie en continu, dont les bâtiments sont séparés par moins de 200 mètres, et qui est considérée comme « urbaine » à partir d'un seuil minimum de 10 000 habitants (Moriconi-Ebrard, Harre et Heinrigs, 2016). En appliquant cette définition uniformisée à tous les pays, il a été possible de rendre compte de l'évolution par décennie des dynamiques d'urbanisation en Afrique entre 1950 et 2010, la dernière mise à jour datant de 2015 (https://www.oecd.org/swac/topics/africapolis/). L'Afrique inclut ici l'Afrique subsaharienne ainsi que l'Afrique du Nord.
13. Bien qu'environ 15 % de la population rurale d'Afrique subsaharienne réside à moins de trois heures d'une métropole majeure (plus de 1 million d'habitants), 41 % vit à moins d'une heure d'une ville petite ou moyenne (inférieure à 250 000 habitants), et 15 % à moins d'une heure d'une ville intermédiaire (250 000 à 1 million d'habitants). Au Moyen-Orient et en Afrique du Nord (les données ciblant spécifiquement l'Afrique du Nord n'étant pas disponibles), 36 % de la population rurale vit à moins de trois heures d'une grande ville, et la moitié de la population rurale vit à moins d'une heure d'une ville petite ou moyenne (voir le graphique S2 de l'annexe du document de Cattaneo, Nelson et McMenomy, 2021, disponible à l'adresse suivante : https://www.pnas.org/doi/full/10.1073/pnas.2011990118).
14. À l'échelle mondiale, 80 % des individus en situation de pauvreté extrême vivent dans des zones rurales. En Afrique subsaharienne, ce chiffre atteint 82 % (Beegle et Christiaensen, 2019).
15. Une autre composante du programme « Villes et migrations » de l'Alliance pour l'avenir des villes (Cities Alliance) s'intéresse aux défis du déplacement forcé et aux solutions politiques permettant d'y répondre.
16. Une étude de cette problématique, reposant sur des analyses empiriques plus directes, pourrait constituer un axe de recherche important.

Bibliographie

Basu, Arnab K., Nancy H. Chau, Gary S. Fields et Ravi Kanbur. 2019. « Job Creation in a Multi-Sector Labour Market Model for Developing Countries. » *Oxford Economic Papers*, vol. 71, n° 1 : pp. 119-144.

Beauchemin, Cris et Philippe Bocquier. 2004. « Migration and Urbanization in Francophone West Africa: An Overview of the Recent Empirical Evidence. » *Urban Studies*, vol. 41, n° 11, pp. 2245-2272.

Beegle, Kathleen et Tom Bundervoet. 2019. « Moving to Jobs Off the Farm. » In *Accelerating Poverty Reduction in Africa*, sous la direction de Kathleen Beegle et Luc Christiaensen, pp. 155-187. Washington : Banque mondiale.

Beegle, Kathleen et Luc Christiaensen (éds.). 2019. *Accelerating Poverty Reduction in Africa.* Washington : Banque mondiale.

Bocquier, Philippe et Bruno Schoumaker. 2018. « The Demographic Transition in Sub-Saharan Africa and the Role of Urban Areas in this Transition. » Inédit.

Busso, Matias, Juan Pablo Chauvin et Nicolás Herrera. 2021. « Rural-Urban Migration at High Urbanization Levels. » *Regional Science and Urban Economics*, vol. 91 (novembre) : 103658.

Cattaneo, Andrea, Andrew Nelson et Theresa McMenomy. 2021. « Global Mapping of Urban-Rural Catchment Areas Reveals Unequal Access to Services. » *Proceedings of the National Academy of Sciences*, vol. 118, n° 2 : pp. 1-8.

Combes, Pierre-Philippe, Sylvie Démurger, Shi Li et Jianguo Wang. 2020. « Unequal Migration and Urbanisation Gains in China. » *Journal of Development Economics*, vol. 142 : pp. 1-16.

Combes, Pierre-Philippe et Laurent Gobillon. 2015. « The Empirics of Agglomeration Economies. » In *Handbook of Regional and Urban Economics, Vol. 5,* sous la direction de Gilles Duranton, J. Vernon Henderson et William C. Strange, pp. 247-348. Amsterdam : Elsevier.

De Vreyer, Philippe et Francois Roubaud, éds. 2013. *Urban Labor Markets in Sub-Saharan Africa.* Collection « L'Afrique en développement ». Washington : Banque mondiale.

De Weerdt, Joachim, Luc Christiaensen et Ravi Kanbur. 2021. « When Distance Drives Destination, Towns Can Stimulate Development. » Document de travail de recherche sur les politiques n° 9622, Banque mondiale, Washington.

Ingelaere, Bert, Luc Christiaensen, Joachim De Weerdt et Ravi Kanbur. 2018. « Why Secondary Towns Can Be Important for Poverty Reduction—A Migrant Perspective. » *World Development*, n° 105C : pp. 273-282.

Jedwab, Remi, Luc Christiaensen et Marina Gindelsky. 2017. « Demography, Urbanization and Development: Rural Push, Urban Pull and … Urban Push? » *Journal of Urban Economics*, vol. 98 : pp. 6-16.

Lall, Somik V., J. Vernon Henderson et Anthony J. Venables. 2017. *Africa's Cities: Opening Doors to the World.* Washington : Banque mondiale.

Menashe-Oren, Ashira et Philippe Bocquier. 2021. « Urbanization Is No Longer Driven by Migration in Low- and Middle-Income Countries (1985–2015). » *Population and Development Review* , vol. 47, n° 3 : pp. 639-63.

Mueller, Valerie et Hak Lim Lee. 2019. « Can Migration Be a Conduit for Transformative Youth Employment? » In *Youth and Jobs in Rural Africa: Beyond Stylized Facts*, sous la direction de Valerie Mueller et James Thurlow, pp. 25-46. Oxford : Oxford University Press.

Moriconi-Ebrard, François, Dominique Harre et Philipp Heinrigs. 2016. *Urbanisation Dynamics in West Africa 1950–2010: Africapolis I, 2015 Update.* Paris : Éditions OCDE.

OCDE/CSAO (Organisation de coopération et de développement économiques et Secrétariat du club du Sahel et de l'Afrique de l'Ouest). 2020. *Africa's Urbanisation Dynamics 2020: Africapolis, Mapping a New Urban Geography.* West African Studies. Paris : Éditions OCDE. https://doi.org/10.1787/b6bccb81-en.

Resnick, Danielle. 2019. « Troublemakers, Bystanders, and Pathbreakers: The Political Participation of African Youth. » In *Youth and Jobs in Rural Africa: Beyond Stylized Facts*, sous la direction de Valerie Mueller et James Thurlow, pp. 75-105. Oxford : Oxford University Press.

Todaro, Michael P. 1976. *Internal Migration in Developing Countries: A Review of Theory, Evidence, Methodology, and Research Priorities.* Genève : Bureau international du Travail.

Todaro, Michael P. 1997. Urbanization, Unemployment and Migration in Africa: Theory and Policy. New York : Population Council.

ONU-DAES (Département des affaires économiques et sociales de l'ONU). 2019. *The World's Cities in 2018.* New York : ONU-DAES.

Organisation des Nations Unies. 2013. *World Population Policies, 2013.* New York : Département des affaires économiques et sociales de l'ONU. https://esa.un.org/PopPolicy/wpp_datasets.aspx.

Organisation des Nations Unies. 2017. *Nouvel agenda urbain. Habitat III.* New York : Organisation des Nations unies. https://uploads.habitat3.org/hb3/NUAEnglish-With-Index-1.pdf.

Banque mondiale. 2021. *Poverty and Shared Prosperity 2020–Reversals of Fortune.* Washington : Groupe Banque mondiale.

Chapitre 2

Migrants et développement urbain

Introduction

Ce chapitre compare et analyse les profils socioéconomiques des migrants et des non-migrants en milieu urbain, ainsi que leurs performances sur le marché du travail et en matière de bien-être, dans différents pays, afin de déterminer si leurs situations diffèrent ; si des écarts existent en fonction de la ville de destination (villes petites et moyennes, grandes villes), de l'origine des migrants (ruraux ou urbains), ainsi que d'autres caractéristiques géographiques ou individuelles ; et plus généralement, si la migration impacte le développement économique de la ville. Des régularités empiriques générales ont été recherchées, communes à différents pays et à différents environnements, ainsi que les facteurs susceptibles de les déterminer, en se concentrant tout particulièrement sur les différences liées à la taille de la ville et à la catégorie de migrants (ruraux ou urbains).

Une attention particulière a été portée sur les écarts pouvant exister d'un pays à l'autre en matière de définitions et de données sous-jacentes. Les données utilisées sont issues de recensements et d'enquêtes sur le bien-être des ménages réalisés dans différents pays. Associées, ces données permettent au rapport de proposer une représentation générale des dynamiques émergentes, même si aucun de ces deux types de sources ne contient toutes les données nécessaires pour réaliser une analyse comparative entièrement harmonisée entre les pays sur les questions migratoires et urbaines. Si les données des recensements fournissent un bon aperçu des différents environnements urbains, elles ne décrivent qu'imparfaitement les performances sur le marché du travail ainsi que sur le plan du bien-être. À l'inverse, les enquêtes sur le bien-être des ménages fournissent une multitude d'informations concernant les performances sur le marché du travail et sur le plan du bien-être, mais

---

Luc Christiaensen et Michael Keenan

leurs échantillons, à strictement parler, sont uniquement représentatifs de la population urbaine agrégée d'un pays (ou bien seulement de la capitale et des grandes aires urbaines). Par ailleurs, les définitions données aux termes « urbain » et « migration » peuvent varier d'un pays à un autre, ou d'un ensemble de données à un autre ; il s'agit d'un problème récurrent dans le domaine de la recherche sur les villes et les migrations (Potts, 2018). Afin d'améliorer la transparence de notre étude, nous avons pris soin d'intégrer ces différences, de les documenter et de les commenter.

Ce chapitre s'organise comme suit : la première section s'attache à établir des définitions exploitables de la migration et de l'aire urbaine, de façon à pouvoir comparer migrants urbains et non-migrants urbains à différents points de la hiérarchie urbaine. Les caractéristiques apparentes générales de la migration urbaine en Afrique, la hiérarchie urbaine du continent, ainsi que l'impact de la migration au sein de cette hiérarchie, seront également détaillées. La deuxième section s'intéresse aux performances des migrants urbains sur le marché du travail et en matière de bien-être par rapport aux non-migrants, ainsi que les différences susceptibles d'exister entre ces deux catégories en fonction de la taille de la ville, de l'origine des migrants, et de leur ancienneté. Les influences du capital humain ainsi que du choix de la profession et du lieu de résidence seront également analysées. La troisième section vérifie la solidité de ces conclusions compte tenu des différentes limites de données – notamment l'utilisation de données de nature uniquement multi-sectorielles – et des caractéristiques des pays étudiés. La dernière section analyse les points sur lesquels les migrants sont susceptibles d'affecter la dynamique économique urbaine plus générale, en se fondant sur des données issues de la littérature existante sur le sujet.

Dans l'ensemble, il apparaît que les migrants s'intègrent relativement bien dans les marchés du travail urbains et se présentent essentiellement comme une force de changement positive. Ces résultats positifs se vérifient tout particulièrement dans les villes petites, moyennes et secondaires, et cela est davantage le cas pour les migrants urbains-urbains. Les migrants qui rencontrent le plus de difficultés sont ceux originaires d'une région rurale pour rejoindre une grande ville, tout particulièrement lorsque le pays est peu urbanisé : c'est notamment le cas en Afrique de l'Est, où la migration rurale-urbaine demeure un facteur important de croissance démographique urbaine. Cependant, si ces grandes villes peinent davantage à gérer l'afflux migratoire (comme c'est le cas dans les modèles originaux de Harris-Todaro), cela est en partie dû à leur faible ouverture sur le reste du monde. Les contraintes institutionnelles et réglementaires contribuent davantage encore à un mauvais appariement des terres et de la main-d'œuvre, à une segmentation du développement des infrastructures, ainsi qu'à la limitation de la productivité (Lall, Henderson et Venables, 2017). Du fait de ces contraintes, les grandes métropoles africaines sont moins susceptibles de bénéficier de dynamiques d'urbanisation et de migration positives, bien que cela ne soit pas directement lié à la migration. D'un autre côté, les villes petites, moyennes et secondaires ont tendance, tout d'abord, à reposer davantage sur les marchés intérieurs que les grandes villes ; ensuite, elles profitent actuellement davantage de l'arrivée de migrants, compte tenu de leurs taux de dépendance et de leurs niveaux d'instruction plus favorables par rapport aux non-migrants (ces différences sont plus grandes pour les migrants urbains-urbains que pour les migrants ruraux-urbains) ; enfin, la part de la migration dans la croissance démographique y est relativement moindre que dans les grandes villes.

Migrants et villes : définitions et unités de mesure

Qui peut être considéré comme migrant ?

Selon la conception la plus répandue, un migrant est toute personne qui quitte son lieu de résidence habituelle pour s'établir à titre temporaire ou permanent et pour diverses raisons, soit dans une autre région à l'intérieur d'un même pays, soit dans un autre pays. Il s'agit ici du concept le plus générique de la migration, tel qu'il a été proposé par l'Organisation mondiale pour les migrations (OIM, 2019). Plus la zone considérée comme la zone de résidence sera petite, plus il sera facile de catégoriser une personne se déplaçant d'une zone à une autre comme migrante, et plus la part des migrants dans la population du pays sera importante. De même, plus on allonge la durée au cours de laquelle un individu reste considéré comme migrant après avoir rejoint une nouvelle zone géographique, plus le nombre de migrants sera important. Il est important de garder ces délimitations à l'esprit lorsque l'on compare les taux de migration entre les pays. Dans les tableaux du présent chapitre, une personne urbaine est généralement considérée comme migrante lorsqu'elle provient d'un autre district (ou d'une autre zone)[1].

Les migrants diffèrent sur le plan de leur provenance, ainsi que de leur ancienneté dans leur lieu d'arrivée. Les individus ayant rejoint un nouveau district ou une nouvelle zone depuis moins de trois ans sont considérés comme des migrants de courte durée ; lorsque cette durée est comprise entre trois et dix ans, on les considère comme des migrants de longue durée. Tout individu résidant dans l'aire urbaine depuis plus de dix ans est considéré comme un non-migrant urbain[2]. On distingue par ailleurs les migrants ayant quitté une région rurale pour s'établir dans une région urbaine (migrants ruraux-urbains) des migrants ayant quitté une zone urbaine pour s'établir dans une autre zone urbaine (migrants urbains-urbains). Les migrants ruraux-urbains sont souvent des personnes qui migrent pour la première fois, et qui sont donc moins habitués à la dimension plus anonyme et monétarisée des interactions urbaines (Ingelaere et coll., 2018). En outre, leur migration peut être motivée par différents facteurs, et ils peuvent disposer de compétences différentes ainsi que d'expériences différentes sur le marché du travail par rapport aux migrants provenant d'un autre centre urbain. Par conséquent, les performances des migrants ruraux-urbains et urbains-urbains peuvent varier sur les marchés du travail urbain.

Les migrants représentent une portion importante de la main-d'œuvre urbaine, et le nombre de migrants de courte durée est à peu près équivalent au nombre de migrants de longue durée ; enfin, ils sont nombreux à provenir d'une autre aire urbaine. Afin de comparer les niveaux de bien-être et d'intégration sur le marché du travail entre migrants et non-migrants, nous avons utilisé des données issues de recensements et d'enquêtes sur les ménages. Dans cinq des sept pays analysés, les migrants représentent au moins un tiers de la main-d'œuvre urbaine[3] (tableau 2.1). En moyenne, légèrement plus de la moitié des migrants vivent dans cette zone depuis longtemps (entre 3 et 10 ans). Ils sont donc nombreux – légèrement moins de la moitié – à n'être arrivés que récemment, ce qui suggère un nombre relativement important de migrations de retour ou de transit. (Sinon, les ratios seraient davantage proportionnels à la durée du séjour, soit 30 % de migrants récents et 70 % de migrants plus anciens, sauf dans l'éventualité d'une croissance des mouvements migratoires au cours des dernières années – ce qui n'a pas été observé, comme le montre la section « La contribution déclinante des migrants à la croissance démographique urbaine »).

C'est en Éthiopie que le pourcentage de migrants de courte durée est le plus important (38 %) ; dans la majorité des autres pays, cependant, il atteint des niveaux relativement similaires (environ 50 %). L'Éthiopie dissuade activement les migrations internes en ayant établi un système de permis de séjour, lesquels sont obligatoires pour accéder aux services publics (à l'instar du système du *hukou* qui existe en Chine). Concernant l'Ouganda, en raison de limites de données, seuls les migrants de courte durée ont été pris en compte (définis ici comme les individus s'étant établis dans une nouvelle région au cours des cinq dernières années), ce qui explique en partie la faible part des migrants dans la main-d'œuvre urbaine (15 %).

Une grande partie de la littérature et des discussions sur les politiques à mener ne font généralement pas de différence entre le concept de migration urbaine et celui de migration rurale-urbaine (Lagakos, 2020 ; Mueller et Lee, 2019). Or, le tableau 2.1 révèle qu'une part non négligeable des migrants urbains provient d'un autre centre urbain. En moyenne, deux migrants urbains sur cinq sont originaires d'un autre centre urbain. Les chiffres vont de 23 % en Tanzanie (où la migration rurale-urbaine constitue le principal type de migration) à 53 % en Ouganda.

Enfin, les migrants diffèrent également par les caractéristiques variées de leurs déplacements, ce qui conduit à créer de nouvelles sous-catégories telles que migration saisonnière, migration de transit ou par étapes, ou encore migration de retour. Les catégorisations plus classiques adoptées ici, qui distinguent les migrants en fonction de leur origine (rurale ou urbaine) et de leur ancienneté

Tableau 2.1 Part des migrants dans la main-d'œuvre urbaine

Population active urbaine	Éthiopie[a] (2013)	Tanzanie[a] (2010)	Ouganda[b] (2016)	Ghana (2010)	Kenya (2009)	Mali (2009)	Soudan[c] (2008)	Moyenne
Part de la population urbaine (%)								
Migrants	41	33	15	31	47	35	16	**30**
Non-migrants	59	67	85	69	53	65	84	**70**
Caractéristiques de la population migrante (%)								
De courte durée (0-3 ans)	38	52	—	47	53	50	39	**46**
De longue durée (> 3-10 ans)	62	48	—	53	47	50	61	**54**
Rurale-urbaine	58	77	47	—	—	—	—	**61**
Urbaine-urbaine	42	23	53	—	—	—	—	**39**

Sources : calculs de la Banque mondiale basés sur les sources suivantes : Éthiopie (Enquête sur la population active [Agence centrale de statistique d'Éthiopie, 2013]) ; Tanzanie (Étude sur les indicateurs de niveau de vie [Bureau national de statistique, 2015]) ; Ouganda (Enquête nationale sur les ménages [Bureau de la statistique de l'Ouganda], 2018]). Pour le Ghana, le Mali et le Soudan, les recensements ont été consultés via la base de micro-données « Integrated Public Use Microdata Series » (Minnesota Population Center, 2019) ; les données de recensement originales sont issues des Services statistiques du Ghana, du Bureau de la statistique du Kenya, de la Direction nationale de la statistique et de l'informatique du Mali et du Bureau central de la statistique du Soudan.
Remarque : sauf indication contraire, un individu est considéré comme migrant s'il est établi dans la région depuis au moins 10 ans. La population active urbaine est constituée d'individus âgés de 15 à 64 ans. — = non disponible.
a. Est considéré comme migrant un individu ayant rejoint une zone (Éthiopie) ou un district (Tanzanie) différent de son district de naissance depuis moins de dix ans.
b. Sont considérés comme migrants les individus ayant rejoint un nouveau district depuis moins de cinq ans.
c. La ville de Khartoum n'est pas incluse.

dans leur nouveau lieu de résidence (migrants de courte ou de longue durée), véhiculent implicitement, à l'instar de la littérature théorique sur la migration, une vision de la migration comme un mouvement ponctuel et permanent. Or, les migrants diffèrent également sur le plan de leur passé migratoire et de la probabilité de leurs mouvements futurs (migration de transit ou de retour), ce qui peut affecter leur intégration dans le marché du travail de la localité où ils se trouvent. On peut dégager trois grandes catégories de migrants : les migrants saisonniers ; les migrants de transit (particulier dans le cadre de migrations par étapes) ; les migrants de retour (Lucas, 2022). L'étude des migrations saisonnières, par étapes ou de retour, nécessite des unités d'échantillonnage spécifiques permettant de suivre des migrants individuellement dans le temps et dans l'espace. Les données longitudinales de ce type sont rares ; lorsqu'elles existent, elles se limitent généralement à des études de cas, à l'instar de l'enquête sur le développement et la santé dans la région de Kangera, dans le cadre de laquelle plusieurs ménages et leurs membres ont été suivis sur deux décennies (De Weerdt, 2010). Ce rapport se concentre sur la mise au jour de régularités empiriques générales concernant l'intégration des migrants sur le marché du travail urbain dans différents environnements, ce qui nécessite l'utilisation d'enquêtes ou de recensements représentatifs à l'échelle nationale ; il examine également l'évolution de cette intégration en fonction de la durée de résidence (migrants de courte ou de longue durée) et de l'origine des migrants (région rurale, ville petite ou moyenne, grande ville). Par ailleurs, selon leur origine et leur durée de résidence, la pertinence et les conséquences d'une non prise en compte de l'historique de migration des individus peuvent varier dans le cadre de la question plus générale de l'intégration des migrants urbains dans le marché du travail (encadré 2.1). Ce sont pour ces raisons que le présent rapport n'intègre pas d'étude approfondie des migrations saisonnières, de transit/par étapes et de retour[4], bien que les conséquences de ces types de migration aient bien été prises en compte dans l'interprétation des résultats des migrants de courte ou de longue durée et des migrants ruraux ou urbains en matière d'intégration dans le marché du travail urbain. En outre, le lien entre migration et milieu urbain a fait l'objet d'une ventilation supplémentaire par taille de ville (villes petites et moyennes d'une part, grandes villes et métropoles d'autre part).

Hiérarchie urbaine

Pour pouvoir comparer des données entre différents pays, il est nécessaire de disposer d'une définition harmonisée des aires urbaines. Cette définition pose un certain nombre de défis, les définitions officielles de l' « urbain » pouvant grandement varier selon les pays et les sources de données[5]. Du fait de la rapidité de la croissance démographique[6], les délimitations entre rural et urbain sont de plus en plus floues, et les limites officielles ou statistiques de la ville ne concordent souvent plus avec la réalité urbaine. De nombreuses tentatives ont été menée visant à élaborer des définitions uniformisées et plus

ENCADRÉ 2.1

Migration saisonnière, de transit ou de retour : des mouvements multiples

Bien que la migration soit fréquemment considérée comme une décision ponctuelle, dans les faits elle renvoie souvent à une série ou à une suite de décisions ponctuelles. À chaque nouvelle décision, l'éventail de destinations potentielles et de moyens de subsistance disponibles – en d'autres termes, le « champ d'action » des migrants – se modifie (Ingelaere et coll., 2018). Le processus migratoire conduit souvent à une série de mouvements distincts, qui peuvent également suivre une logique régulière et récurrente, comme dans le cas de la migration saisonnière. Davantage d'attention a été portée récemment à la nécessité, pour les études futures sur la migration, de prendre en compte l'historique de migration ainsi que les différents mouvements de transit ou de retour. Les phénomènes suivants font l'objet d'un intérêt particulier : la migration saisonnière, la migration de transit/par étapes, et la migration de retour. Cependant, la difficulté à suivre des individus dans le temps, sur des populations et des espaces relativement vastes, demeure un frein à la collecte de données. Un examen des dernières études de cas réalisées, ainsi que des informations disponibles dans les enquêtes nationales – de nature essentiellement indirecte – ont fait apparaître les conclusions qui suivent (Lucas, 2022).

Migration saisonnière. Les migrants saisonniers constituent une sous-catégorie importante de migrants de courte durée. Les migrants saisonniers, tout particulièrement ceux qui transitent entre régions rurales et urbaines, sont les plus souvent des migrants qui se déplacent sur des périodes relativement courtes (moins d'un an en général), à une fréquence régulière et à la recherche d'un emploi temporaire dans une aire urbaine au cours de l'intersaison agricole. Ils peuvent présenter des caractéristiques spécifiques, comme le fait de ne posséder que peu de terres et de disposer d'un emploi salarié, ce qui les différencie d'autres migrants de courte durée qui, au moment de l'enquête ou du recensement, entament seulement leur trajectoire migratoire en milieu urbain et n'ont pas défini d'horizon temporel pour leur retour, voire envisagent de s'établir définitivement dans la ville. Ces différences de perspectives en matière d'emploi et de retour peuvent en théorie conduire à des écarts d'intégration sur les marchés du travail urbains, ainsi qu'à des performances différentes entre migrants saisonniers et migrants de courte durée. Il n'existe à l'heure actuelle que peu d'indications théoriques ou empiriques sur la nature de ces différences. Par ailleurs, comme les migrants saisonniers continuent à résider officiellement dans leur région d'origine, ils ne sont généralement pas intégrés à ce genre d'études. Les enquêtes et les recensements nationaux utilisés ici pour identifier, définir et étudier le statut migratoire d'un individu se fondent sur des unités d'échantillonnage liées au lieu de résidence. Par conséquent, dans le présent rapport, le phénomène de la migration saisonnière n'impacte pas directement l'interprétation des données relatives à l'intégration sur le marché du travail des migrants de courte durée.

(suite page suivante)

Encadré 2.1 Migration saisonnière, de transit ou de retour : des mouvements multiples (suite)

Lorsqu'elle concerne des populations importantes, cependant, la migration saisonnière peut impacter les effets dynamiques de la migration sur les chiffres du marché du travail urbain. L'importance de la migration saisonnière (ainsi que de la mobilité pendulaire) peut grandement varier d'un pays à un autre ou d'un centre urbain à un autre. Toutefois, ce phénomène est sans doute moins important que ce que l'on pourrait croire (Lucas, 2022). En se basant sur les données agrégées de huit pays africains, on constate que moins de 10 % de la population rurale est signalée comme étant en déplacement sur une période comprise entre un et douze mois, quelle que soit la raison (pas uniquement pour des raisons professionnelles), tandis que moins de 3 % des hommes ruraux sont signalés comme étant en déplacement sur une période comprise entre trois et cinq mois, soit la période qui correspond le plus souvent à la migration saisonnière. Les chiffres pour les femmes rurales sont encore plus faibles (1,6 % d'entre elles sont en déplacement pour une durée comprise entre 3 et 5 mois). Les hommes nigériens constituent la seule exception, avec 28 % des hommes ruraux signalés comme en déplacement au cours des douze derniers mois, dont un tiers en déplacement pour une durée de trois à cinq mois. Dans l'ensemble, l'impact sur l'interprétation des résultats relatifs à l'intégration des migrants de courte durée dans le marché du travail urbain reste sans doute limité.

Migration par étapes. Les migrants entreprennent souvent des migrations dites « de transit » lorsqu'ils enchaînent plusieurs mouvements migratoires afin d'améliorer leur niveau de vie. Par exemple, au Ghana, en Indonésie et au Mexique, environ 30 %, 55 % et 35 % des migrants adultes nés dans une région rurale se sont déplacés plus d'une fois, bien que moins de la moitié d'entre eux se soient déplacés plus de deux fois (respectivement 9 %, 25 % et 13 % au Ghana, en Indonésie et au Mexique) (Lucas, 2022). La migration par étapes ou échelonnée est une forme de migration de transit ayant fait l'objet d'un intérêt particulier : elle consiste à quitter un lieu de résidence rural pour s'établir temporairement dans une ville petite ou moyenne, pour rejoindre dans un second temps une grande ville (comme cela a été analysé étudiées dans le chapitre 3 avec l'exemple des villes tunisiennes). À mesure que les migrants s'habituent au mode de vie urbain et accroissent leur expérience professionnelle et leur capital, ils élargissent leur champ d'action migratoire et peuvent rejoindre un centre urbain plus important dans la hiérarchie urbaine. En l'absence de données complètes sur les historiques de migration, ce phénomène ne peut ici être étudié que de façon indirecte, en ventilant les mouvements ruraux-urbains et urbains-urbains par taille de la ville (migrations d'une zone rurale vers une ville petite ou moyenne et d'une zone rurale vers une grande ville ; d'une ville petite ou moyenne vers une ville secondaire ; d'une ville secondaire vers une grande ville), mais encore faut-il partir de l'hypothèse que les mouvements urbains-urbains sont entrepris par d'anciens migrants ruraux-urbains, et non par des non-migrants urbains. Toutefois, le processus de migration par

(suite page suivante)

Encadré 2.1 Migration saisonnière, de transit ou de retour : des mouvements multiples (suite)

étapes est loin d'être la norme, et il est bien moins fréquent que ce qu'on imagine souvent. En exploitant les données issues d'enquêtes sur la santé et la démographie menées dans 57 pays concernant la fréquence d'une étape dans une ville petite ou moyenne parmi les migrants quittant une zone rurale pour rejoindre une grande ville, Lucas (2022) a montré que dans la quasi-totalité des pays (54 sur 57), plus de 75 % des migrants ruraux arrivaient directement dans une grande ville sans avoir vécu de façon temporaire dans une ville de taille plus réduite ; dans plus de la moitié des pays, cela concernait plus de 90 % des migrants ruraux rejoignant une grande ville. Ces remarques d'ordre général permettent de mieux contextualiser les constats relatifs à l'intégration sur le marché du travail urbain des différents types de migrants (récents et anciens ; originaires d'un milieu rural, de villes petites ou moyennes, ou de grandes villes) en l'absence d'informations concernant leur historique migratoire, ainsi que leurs effets dynamiques sur les performances du marché du travail urbain.

Migration de retour. La migration de retour est une forme particulière de migration de transit. Lucas (2022) estime qu'entre 15 % et 20 % des migrants ruraux-urbains reviennent s'établir dans leur région d'origine. Parmi les migrants s'étant déplacés d'une zone urbaine vers une zone rurale, entre 30 % (femmes) et 41 % (hommes) d'entre eux étaient originaires d'un milieu rural. Il est ainsi manifeste que la migration de retour est un phénomène non négligeable. Ce type de migration, ainsi que les motifs poussant certaines personnes à revenir dans leur région d'origine, constitue un paramètre important pour comparer les performances des migrants sur le marché urbain par rapport à celles des non-migrants urbains. Si un grand nombre de migrants entreprennent une migration de retour, et s'ils y sont poussés par des échecs sur le plan économique, alors tout constat démontrant des performances des migrants égales ou supérieures à celles des non-migrants sur le marché du travail urbain sont susceptibles d'être biaisées, ces résultats étant trop optimistes (dans la mesure où les personnes dont les performances sont les moins bonnes ont quitté la ville). À l'inverse, si la migration de retour est motivée par une réussite économique (et éventuellement associée à des obligations familiales), les résultats peuvent être biaisés en présentant une situation trop négative. La section intitulée « Quelle est la solidité de ces constats ? » évalue la fiabilité des constats relatifs à l'intégration des migrants sur le marché du travail urbain, ainsi que le phénomène de migration de retour.

Source : Lucas, 2022.

intuitives des aires urbaines sur le plan économique, de façon à pouvoir les comparer d'un pays à un autre. La définition proposée par Africapolis en est un exemple (OCDE/CSAO, 2020). Les agglomérations urbaines sont ainsi définies comme une zone bâtie en continu et constituée d'une population totale d'au moins 10 000 habitants[7]. Des statistiques démographiques nationales et des images géolocalisées par satellite des zones bâties sont utilisées afin de réaliser une cartographie des agglomérations urbaines sur le continent africain et les catégoriser par taille[8].

Avec une croissance de 5,4 % par an, la population urbaine des pays d'Afrique continue à augmenter à un rythme rapide. L'approche spatiale d'Africapolis pour définir les aires urbaines permet d'ajuster en continu la morphologie des villes, de manière à inclure l'assimilation de zones urbaines et rurales auparavant distinctes dans le tissu d'unités urbaines plus grandes : c'est ce qu'on appelle la « métropolisation » ou l'urbanisation *in situ* des aires urbaines. Elle révèle que de nombreuses agglomérations urbaines existent *de facto*, mais sont encore considérées dans les statistiques officielles comme des zones rurales. Les données les plus récentes d'Africapolis, qui vont jusqu'à 2015, indiquent ainsi que la croissance urbaine de l'Afrique a suivi un rythme rapide, la population urbaine passant de 27 millions en 1950 à 567 millions en 2015, soit une augmentation de 2000 % ou 4,8 % par an (OCDE/CSAO, 2020). Dans 12 pays, la croissance annuelle de la population urbaine dépassait 7 %, ce qui équivaut à une multiplication par deux tous les dix ans depuis 1950[9]. La croissance de la population urbaine africaine a légèrement ralenti de 1990 à 2010 (entre 4,3 % et 4,4 %), ce qui représente 5,1 % de moins qu'entre 1950 et 1980. Plus récemment (2010-2015), la croissance annuelle de la population urbaine sur le continent s'est à nouveau accélérée pour atteindre 5,4 %. En Afrique de l'Est et en Afrique centrale, elle atteignait même respectivement 8,9 % et 6,2 %. En dépit de niveaux d'urbanisation plus élevés à l'origine, la croissance de la population urbaine a également été soutenue en Afrique du Nord de 1950 à 1990 (environ 4 %), pour ralentir entre les années 1990 et 2010 (environ 3 %), avant d'accélérer à nouveau sur la période 2010-2015 (3,7 %).

C'est l'accroissement naturel urbain, et non les migrations rurales-urbaines, qui alimentent la croissance démographique des villes. Alors que les migrations rurales-urbaines constituaient par le passé le principal facteur de croissance démographique urbaine[10], celle-ci est aujourd'hui essentiellement alimentée par l'accroissement naturel (Bocquier and Schoumaker, 2018 ; Menashe-Oren et Bocquier, 2021), ainsi que par l'urbanisation *in situ* des aires rurales et par leur intégration dans les grandes agglomérations urbaines (métropolisation) (OCDE/CSAO, 2020)[11]. Le nombre d'agglomérations urbaines en Afrique est passé de 618 en 1950 à 5092 en 2000, pour augmenter ensuite de 2514 agglomérations en 2015, passant ainsi à 7606 agglomérations au total, ce qui souligne l'importance du phénomène d'urbanisation *in situ*. Dans le même temps, la part de la population urbaine du continent résidant dans les grandes métropoles (supérieures à un million d'habitants) a augmenté pour atteindre 40 % en 2015 (soit 13 % de plus qu'en 1950), concentrée dans seulement 1 % des agglomérations (graphique 2.1)[12]. La croissance de la population urbaine résidant

Graphique 2.1 Évolution des agglomérations urbaines africaines, 1950-2015

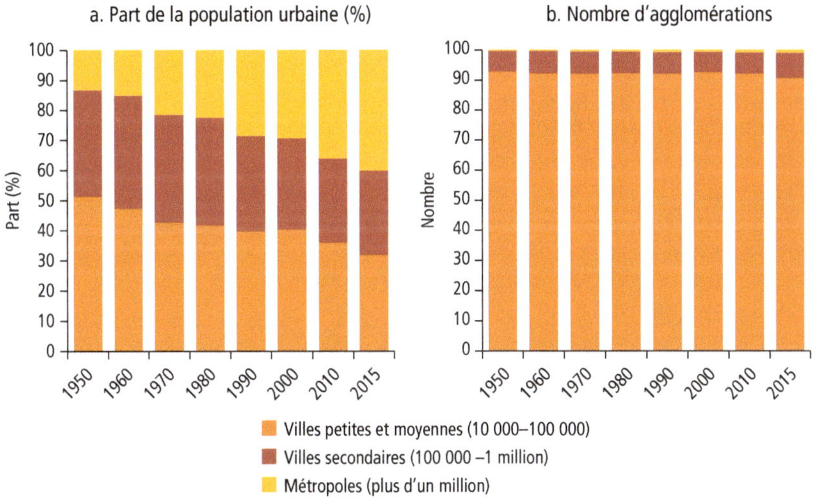

Source : Africapolis, 2021 (https://africapolis.org/data, page consultée en avril 2021).
Remarque : inclut l'Afrique subsaharienne et l'Afrique du Nord.

dans ces grandes métropoles aurait été encore plus forte sans l'apparition constante de nouvelles agglomérations, qui viennent quelque peu tempérer cette dynamique.

Trois citadins sur cinq vivent en dehors des grandes métropoles d'Afrique subsaharienne, répartis dans un nombre de plus en plus important de villes petites, moyennes et secondaires. L'évolution des dynamiques de croissance urbaine en Afrique rappelle l'importance d'établir une approche équilibrée en matière de développement urbain, en accordant une attention suffisante aux villes petites, moyennes et secondaires. Une grande partie des mesures politiques se concentrent à juste titre sur les grandes métropoles du continent (supérieures à un million d'habitants) ; leur population a presque triplé en Afrique subsaharienne entre 2000 et 2015 (passant de 55,9 millions d'habitants en 2000 à 166,0 millions en 2015) et plus que doublé en Afrique du Nord (passant de 28,1 millions d'habitants en 2000 à 62,0 millions en 2015). Cependant, la croissance ne s'est pas limitée aux capitales d'État ou aux grandes métropoles. Nombre de villes secondaires situées dans la fourchette de 100 000 à un million d'habitants se sont développées au cours de la période 2000-2015 et ont dépassé le seuil du million d'habitants. Alors qu'Africapolis recensait 25 grandes métropoles (plus d'un million d'habitants) en Afrique subsaharienne en l'an 2000 et 8 en Afrique du Nord, leur nombre a presque doublé, passant à 57 en Afrique subsaharienne et 17 en Afrique du Nord. Dans le même temps, la moitié environ de la population de l'Afrique subsaharienne réside encore dans des villes moyennes (20 000 à 100 000 habitants) ou secondaires (100 000 à un million) (tableau 2.2), et le nombre de centres urbains appartenant à ces catégories augmente rapidement, tout particulièrement en Afrique subsaharienne : on comptait ainsi 2362 villes moyennes en 2015 contre 1302 en 2000, et 449 villes intermédiaires en 2015 contre 235 en 2000. Pour de nombreux maires de villes moyennes et secondaires, cette croissance pose des défis sur le plan des services urbains à mettre en œuvre pour cette population grandissante, ainsi qu'en matière d'emploi.

En dehors de ces régularités empiriques générales, des écarts conséquents existent entre les pays quant à la répartition exacte de la population urbaine selon la taille des villes. Dans les pays de l'échantillon étudié pour ce rapport (tableau 2.2), les villes secondaires (100 000 - 1 million) et les villes moyennes (20 000 - 100 000) rassemblent plus de la moitié de la population urbaine en Éthiopie, au Soudan, en Tanzanie et en Ouganda, contre 36 % à 37 % au Ghana, au Kenya et au Mali, où la moitié de la population vit dans de grandes métropoles (plus d'un million d'habitants). Si les petites villes (moins de

Tableau 2.2 Répartition de la population urbaine, par taille des villes

	Part de la population urbaine (%)				
	Petites villes (10 000 - 20 000)	Villes moyennes (20 000 - 100 000)	Villes secondaires (100 000 - 1 million)	Métropoles (plus de 1 million)	Population urbaine totale
Données d'enquêtes					
Éthiopie	16	31	19	34	24 292 230
Tanzanie	7	27	37	29	18 567 240
Ouganda	4	19	34	43	14 041 120
Données de recensements					
Ghana	12	19	18	51	14 236 200
Kenya	2	10	26	62	28 559 230
Mali	15	19	17	49	5 697 331
Soudan	14	27	27	32	16 335 250
Moyenne	**10**	**22**	**25**	**43**	**17 389 800**
Afrique subsaharienne	9	23	28	41	408 803 400
Afrique du Nord	9	24	27	40	158 311 700

Source : Africapolis, 2021 (https://africapolis.org/data, page consultée en avril 2021).
Remarque : les pays sont regroupés en se basant sur la source de données utilisée pour analyser les migrations (enquêtes sur les ménages pour l'Éthiopie [2013], la Tanzanie [2010] et l'Ouganda [2016] ; recensements pour le Ghana [2010], le Kenya [2009], le Mali [2009] et le Soudan [2008]).

20 000 habitants) hébergent généralement entre 10 % et 16 % de la population, ce chiffre est nettement plus faible au Kenya (2 %), en Tanzanie (7 %) et en Ouganda (4 %).

Les migrations dans la hiérarchie urbaine

Dans l'idéal, afin d'étudier les performances sur le marché du travail des migrants et des non-migrants urbains dans la hiérarchie urbaine, chaque individu sondé dans le cadre d'une enquête ou d'un recensement devrait être associé à une catégorie urbaine, en fonction de la taille de sa ville de résidence. Le plus souvent, cependant, les enquêtes sur les ménages ainsi que les recensements indiquent uniquement si les personnes vivent dans une zone urbaine ou rurale, ainsi que le district où ils résident[13]. Afin de répartir les individus en fonction de la taille de leur ville de résidence, la présente étude limite l'analyse aux individus ayant indiqué vivre dans un milieu urbain dans les enquêtes et les recensements, en utilisant la définition officielle de l'urbanité telle que chaque pays l'a définie ; ensuite, leur district de résidence[14] est mis en correspondance avec les agglomérations urbaines correspondantes dans la base de données constituée par Africapolis en 2010. Les districts ne contenant aucune agglomération dans la base de données Africapolis n'ont pas été inclus dans l'analyse. Les non-migrants urbains des districts contenant une seule agglomération (ou bien plusieurs agglomérations de même taille) ont été classés dans la catégorie correspondante. Les districts composés d'agglomérations de tailles différentes ont été exclus de l'étude au Ghana (9 districts), au Mali (1 district) et au Soudan (13 districts)[15]. Ces principes pratiques ont été appliqués afin d'établir les profils socioéconomiques des migrants et des non-migrants urbains, ainsi que leurs profils sur le marché du travail, et les comparer en fonction de la catégorie de ville à laquelle ils appartiennent.

Dans la mesure où ce rapport se concentre avant tout sur des comparaisons entre individus habitant dans la même ville, cette mise en correspondance fournit une base empirique suffisante à partir de laquelle étudier les différences en matière de performances sur le marché du travail et de niveau de bien-être chez les migrants et les non-migrants urbains. Quatre catégories de villes ont été définies en fonction de leur nombre d'habitants : les petites villes (10 000 à 20 000 habitants) ; les villes moyennes (20 000 à 100 000 habitants) ; les villes secondaires (100 000 à 1 million d'habitants) ; et les métropoles (> 1 million d'habitants). Compte tenu des différences de définition de l'aire urbaine entre Africapolis et les enquêtes ou les recensements utilisés, la typologie des villes par taille ainsi obtenue ne correspond pas exactement à la typologie correspondante dans Africapolis. Plus particulièrement, dans l'échantillon de pays étudiés ici, Africapolis a tendance à situer une part plus importante de la population urbaine dans les grandes villes[16]. Les indicateurs du développement dans le monde, qui se fondent sur les définitions officielles des aires urbaines, sont plus proches de la typologie des villes par population telle qu'elle est présentée ici, bien que certaines différences existent[17]. Par ailleurs, la présente étude ne se concentre pas à proprement parler sur la classification des villes par leur taille, mais sur une comparaison, dans des villes classées par catégories de taille, entre la situation des migrants et des non-migrants dans une même agglomération. En l'absence de définition universellement acceptée de l'aire urbaine, et gardant à l'esprit les éléments ci-dessus, les bases de données élaborées ici, ainsi que la classification urbaine des individus dans les enquêtes et les recensements, fournissent une base empirique suffisante pour commencer à analyser les caractéristiques socioéconomiques des migrants urbains et de leurs homologues non-migrants, ainsi que leurs performances sur le marché du travail, et ce à différents niveaux de la hiérarchie urbaine, y compris dans les villes petites, moyennes et secondaires.

Les migrants sont souvent davantage présents dans les grandes métropoles ; ils ont plutôt tendance à provenir des aires urbaines de villes secondaires, leur origine est légèrement plus rurale, et ils séjournent moins longtemps dans les villes petites et moyennes. Dans les pays étudiés (qui se situent majoritairement en Afrique de l'Est et dans la Corne de l'Afrique) (tableau 2.3), les migrants sont tout particulièrement présents dans les grandes villes, où ils comptent pour 39 % de la population en moyenne, contre 33 % en moyenne dans l'ensemble des aires urbaines ; viennent ensuite les villes secondaires (31 % de la population urbaine)[18]. Dans les agglomérations de plus petite taille, c'est dans les villes moyennes qu'ils sont le moins présents (environ 25 % de la population). L'Éthiopie fait figure d'exception, les migrants constituant une part nettement plus faible de la population dans la capitale que dans les villes secondaires et les villes petites ou moyennes, ce qui correspond aux objectifs de la politique nationale en matière de limitation des flux migratoire vers la capitale, ainsi qu'à ses initiatives récentes se concentrant sur les villes secondaires[19].

La composition de la population de migrants elle-même tend à être légèrement moins rurale et plus temporaire dans les villes petites et moyennes que dans les grandes villes, les villes secondaires ayant plutôt tendance à attirer des migrants urbains-urbains. Cela peut s'expliquer par l'existence de migrations par étapes ou échelonnées, dans lesquelles les migrants ruraux commencent par rejoindre des aires urbaines plus proches – et souvent plus réduites – du fait du moindre coût de la migration[20]. Ils acquièrent alors des compétences par le biais de formations et d'apprentissages professionnels sur le terrain, ce qui augmente leur champ d'action migratoire et leur permet de poursuivre leur trajectoire vers des centres urbains plus grands, où ils espèrent augmenter leurs revenus. Des migrations par étapes de ce type ont par exemple été constatées en Tunisie, un des pays abordés dans les études de cas de ce rapport (chapitre 3), les migrations sur de longues distances longues s'y effectuant souvent entre deux aires urbaines. Voir l'encadré 2.1 pour une brève présentation du phénomène de migration par étapes.

Tableau 2.3 **Part des migrants dans la population urbaine, par taille de ville, par origine des migrants et par durée de séjour dans la ville**

Population en âge de travailler	Petites villes (10 000 - 20 000)	Villes moyennes (20 000 - 100 000)	Villes secondaires (100 000 - 1 million)	Métropoles (plus de 1 million)	Total
Part des migrants dans la population urbaine (%)					
Éthiopie[a]	46	45	43	25	40
Tanzanie[a]	20	18	36	53	32
Ouganda[b]	9	12	17	16	13
Ghana	26	23	25	40	31
Kenya	33	29	37	60	47
Mali	28	23	26	42	35
Moyenne	**27**	**25**	**31**	**39**	**33**
Part des migrants ruraux-urbains dans le total des migrants urbains (%)					
Éthiopie	69	57	47	54	58
Tanzanie[a]	72	86	72	77	77
Ouganda[b]	38	54	50	55	47
Moyenne	**60**	**66**	**56**	**62**	**61**
Part des migrants urbains de courtes durée (0-3 ans) (%)					
Éthiopie[a] (2013)	39	39	37	35	38
Tanzanie[a] (2010)	44	45	48	58	52
Ghana (2010)	49	48	49	46	47
Kenya (2009)	54	56	54	51	53
Mali (2009)	51	51	46	49	50
Moyenne	**47**	**48**	**47**	**48**	**48**

Source : calculs de la Banque mondiale basés sur Éthiopie (enquête sur la population active, 2013) ; Tanzanie (étude sur les indicateurs de niveau de vie, 2010) ; Ouganda (étude sur les indicateurs de niveau de vie, 2016) ; Ghana (recensement, 2010) ; Kenya (recensement, 2009) ; Mali (recensement, 2009).
Remarque : sauf indication contraire, un individu est considéré comme migrant s'il est établi dans la région depuis au moins 10 ans. La population active urbaine est constituée d'individus âgés de 15 à 64 ans.
a. Est considéré comme migrant un individu ayant rejoint une zone (Éthiopie) ou un district (Tanzanie) différent de son district de naissance il y a moins de dix ans.
b. Sont considérés comme migrants les individus ayant rejoint un nouveau district depuis moins de cinq ans.

Les performances des migrants urbains ne sont pas inférieures à celles des non-migrants

Selon une conception ancienne et encore profondément enracinée, les migrants seraient une des principales causes de sous-développement urbain (Todaro, 1997). Ils sont fréquemment perçus comme des personnes dont l'intégration dans le marché du travail urbain est plus difficile que pour les citadins non-migrants du fait de leur faible niveau d'éducation, de réseautage et de soutien familial dans les villes. Par conséquent, ces personnes viendraient essentiellement grossir les rangs des personnes sans emploi ou en situation de sous-emploi dans le secteur du travail informel ; lorsqu'elles trouvent du travail, on estime alors qu'elles privent les non-migrants urbains des rares emplois existants. Par ailleurs, les migrants feraient augmenter le coût des locations et de l'immobilier, et ils exerceraient une pression supplémentaire sur des infrastructures et des services publics déjà fragiles dans les centres urbains. Les migrants ruraux-urbains sont tout particulièrement désignés comme responsables de cette situation.

Certains estiment au contraire que dans les centres urbains, rares sont les migrants urbains à ne pas travailler. Ils ne peuvent pas, en effet, se permettre de ne pas trouver de travail – ou bien, lorsque cela est le cas, ils choisissent sans doute de retourner dans leur lieu de résidence d'origine. Par ailleurs, du fait de la sélectivité migratoire, les migrants font souvent partie des personnes les plus dynamiques et les plus éduquées parmi les populations rurales (Young, 2013). « L'opposition entre le 'migrant pauvre, peu éduqué et employé dans le secteur informel' et le 'non-migrant plus aisé, éduqué et employé dans le secteur formel' ne se vérifie pas dans les faits » (Beauchemin et Bocquier, 2004, p. 2261). Dans les années 1980 et 1990, les migrants internes des centres urbains francophones d'Afrique de l'Ouest n'étaient pas désavantagés par rapport aux non-migrants. Beauchemin et Bocquier (2004) ont constaté que les migrants s'adaptent bien au milieu urbain, que ce soit sur le plan de l'emploi ou du logement. En ce sens, les problèmes d'intégration au marché du travail urbain ne concernent pas exclusivement les migrants, mais l'ensemble des citadins.

Que nous indiquent les recherches les plus récentes ? Les dynamiques diffèrent-elles en fonction de la taille de la ville et de l'origine des migrants ?

Intégration dans le marché du travail et résultats sur le bien-être

Certaines données datant des années 2000 révèlent que les migrants urbains sont généralement au moins aussi susceptibles d'avoir un emploi que les non-migrants urbains, quelle que soit leur ancienneté dans la ville ou leur région d'origine. Des recherches menées dans les années 1980 et 1990 dans des pays francophones d'Afrique de l'Ouest ont démontré que les migrants s'intégraient bien dans les marchés du travail urbains (dans les capitales d'État comme dans d'autres centres urbains) ; ce constat s'est également vérifié dans le cadre de recherches portant sur l'Afrique de l'Est et de l'Ouest dans les années 2000 (tableau 2.4). Dans les pays étudiés, les migrants urbains en âge de travailler, indépendamment de leur ancienneté dans la ville, sont au moins aussi susceptibles d'avoir un travail que les non-migrants, en moyenne. Plus particulièrement, les migrants de longue durée sont plus susceptibles d'être employés que les non-migrants urbains ; dans deux pays seulement (le Ghana et le Kenya), les migrants de courte durée étaient légèrement moins susceptibles d'avoir un

Tableau 2.4 Probabilité d'emploi : différences entre migrants et non-migrants

Probabilité que davantage de migrants aient un emploi par rapport aux non-migrants urbains	Total des migrants urbains	Récents (0-3 ans)	Anciens (3-10 ans)	Rurale-urbaine	Urbaine-urbaine
Éthiopie	0,09***	0,09***	0,08***	0,10***	0,08***
Tanzanie	0,05**	0,05**	0,05*	0,04	0,04
Ouganda	0,02	—	—	0,02	0,01
Ghana	0,01***	–0,03***	0,06***	—	—
Kenya	0,04***	–0,01***	0,07***	—	—
Mali	0,02***	0,04***	0,02***	—	—
Moyenne	**0,04**	**0,03**	**0,06**	**0,05**	**0,04**

Source : calculs de la Banque mondiale.
Remarque : les chiffres du tableau sont les coefficients d'un modèle de probabilité linéaires. Ils indiquent l'écart moyen entre migrants (ou sous-catégorie de migrants) et non-migrants urbains concernant la probabilité d'avoir un emploi ou non. Ces coefficients sont obtenus en réalisant une régression entre le nombre de personnes employés sur une constante et le fait d'être un migrant (ou les sous-catégories de migrants). Ouganda : les migrants sont considérés comme des individus s'étant établis dans une nouvelle région il y a moins de cinq ans. Les informations relatives à l'origine des migrants n'étaient pas disponibles pour le Ghana, le Kenya et le Mali. Les légères différences au niveau des taux d'emploi relatifs à l'ensemble des migrants urbains en Tanzanie et leurs sous-catégories rurales-urbaines et urbaines-urbaines, dont les chiffres sont tous deux inférieurs, provient d'une légère différence dans les échantillons sous-jacents. Dans le cas de la Tanzanie, tous les migrants urbains n'ont pu être catégorisés en fonction de leur origine. La population active urbaine est constituée d'individus âgés de 15 à 64 ans. — = non disponible.
Niveau de significativité : * = 10 % ; ** = 5 % ; *** = 1 %.

emploi (en présentant des écarts respectifs de 3 et 1 point de pourcentage). Contrairement à ce que l'on croit souvent, il n'existe pas de différence systématique en matière de taux d'emploi qui serait relative à l'origine des migrants. Les migrants ruraux-urbains et les migrants urbains-urbains sont au moins aussi susceptibles d'avoir un emploi – et souvent davantage – que les non-migrants urbains. La grandeur de cet écart au niveau du taux d'emploi varie d'un pays à l'autre.

Dans les villes petites et moyennes comme dans les grandes villes, les migrants sont par ailleurs davantage susceptibles d'avoir un emploi que les non-migrants. Bien que les taux d'emploi aient tendance à diminuer de façon inversement proportionnelle à la taille de la ville (laquelle n'est pas prise en compte ici), la différence entre migrants et non-migrants en matière d'emploi est relativement similaire entre les différentes catégories de taille de ville (de 3 à 4 points de pourcentage), les écarts liés à la taille de la ville n'étant pas systématiques d'un pays à l'autre (tableau 2.5). Au Ghana, c'est dans les villes intermédiaires que la différence entre migrants et non-migrants est la plus forte sur le plan de l'emploi, les migrants étant moins susceptibles d'avoir un emploi de 9 points de pourcentage. Une étude de cas portant sur Techiman (Ofori-Boateng, 2017),

Tableau 2.5 Écarts entre migrants et non-migrants en matière d'emploi, par taille de ville

Probabilité que davantage de migrants aient un emploi par rapport aux non-migrants urbains	Petites villes (10 000 - 20 000)	Villes moyennes (20 000 - 100 000)	Villes secondaires (100 000 - 1 million)	Métropoles (plus d'un million)	Total des migrants urbains
Éthiopie (2013)	0,08***	0,06***	0,06***	0,09***	0,09***
Tanzanie (2010)	0,12**	−0,01	0,22***	0,09***	0,06***
Ouganda (2016)	−0,01	0,02	−0,01	0,02	0,00
Ghana (2010)	−0,01***	−0,00	−0,09***	0,02***	0,00
Kenya (2009)	0,04***	0,08***	0,06***	0,02***	0,03***
Mali (2009)	0,03***	0,04***	−0,03**	0,02***	0,02**
Moyenne	**0,04**	**0,03**	**0,04**	**0,04**	**0,03**

Source : calculs de la Banque mondiale.
Remarque : les chiffres du tableau sont les coefficients d'un modèle de probabilité linéaires. Ils indiquent l'écart moyen entre migrants (ou sous-catégorie de migrants) et non-migrants urbains concernant la probabilité d'avoir un emploi par catégorie de ville relative à la taille. La population active urbaine est constituée d'individus âgés de 15 à 64 ans.
Niveau de significativité : * = 10 % ; ** = 5 % ; *** = 1 %.

une ville secondaire du Ghana, révèle que les performances des migrants ruraux-urbains sont nettement inférieures à celles des non-migrants, ce que l'auteur attribue à leur manque d'intégration sociale.

Un niveau d'inactivité – et non de chômage – plus important chez les non-migrants, ainsi qu'une plus grande présence des hommes migrants dans la main-d'œuvre totale, peut expliquer pourquoi les migrants sont davantage susceptibles d'avoir un emploi. Le taux de chômage, soit la part de la population active qui ne travaille pas et qui est en recherche d'emploi, n'est guère différent entre migrants et non-migrants. Ainsi, les écarts constatés sur le plan du taux d'emploi, c'est-à-dire la part de la population en âge de travailler qui possède un emploi, sont essentiellement la conséquence d'une inactivité plus élevée chez les non-migrants. Par ailleurs, lorsqu'on les compare avec les non-migrants urbains, les hommes migrants sont particulièrement plus susceptibles d'avoir un emploi (de 8 points de pourcentage en moyenne sur l'ensemble des pays) (tableau 2.6). Les hommes migrent plutôt pour trouver du travail, tandis que les femmes migrent pour des raison sociales (mariage, regroupement familial). Ces motifs de migration, toutefois, ne conduisent pas à une présence plus faible des femmes dans la main-d'œuvre par rapport aux non-migrants urbains dans leur ensemble[21].

Les taux d'emploi plus élevés indiquent que les migrants ne sont pas proportionnellement désavantagés pour trouver du travail sur les marchés du travail urbains. Il existe cependant de nombreuses raisons pour lesquelles ce constat

Tableau 2.6 Probabilité d'emploi des migrants par rapport aux non-migrants

Probabilité que davantage de migrants aient un emploi par rapport aux non-migrants urbains	Total des migrants urbains	Hommes	Femmes
Éthiopie (2013)	0,09***	0,13**	0,06***
Tanzanie (2010)	0,05**	0,12***	0,01
Ouganda (2016)	0,02	0,09***	−0,01
Ghana (2010)	0,01***	0,04***	−0,01***
Kenya (2009)	0,04***	0,07***	0,00
Mali (2009)	0,02***	0,00	0,03***
Moyenne	**0,04**	**0,08**	**0,01**

Source : calculs de la Banque mondiale.
Remarque : dans le cas de l'Ouganda, un individu est considéré comme migrant s'il est arrivé dans un nouveau lieu de résidence depuis moins de cinq ans. Les informations relatives à l'origine des migrants ne sont pas disponibles pour le Ghana, le Kenya et le Mali. La population active urbaine est constituée d'individus âgés de 15 à 64 ans.
Niveau de significativité : * = 10 % ; ** = 5 % ; *** = 1 %.

ne se traduit pas par un niveau équivalent de bien-être ou de performances sur le marché du travail. On estime souvent que les migrants sont davantage susceptibles d'avoir un travail car, en l'absence de filets de protection sociale, ils ne peuvent se permettre de ne pas être employés. Cela peut les forcer à accepter des emplois plus temporaires, plus dangereux, ou de manière plus générale moins bien payés ; ils peuvent également accepter de faire un même travail pour une rémunération moindre. Ainsi, des taux d'emploi plus élevés peuvent être liés à un nombre moins élevé d'heures travaillées, à une qualité d'emploi moindre, ainsi qu'à des salaires plus faibles, ce qui se traduit par une diminution de la rémunération, des revenus totaux et du niveau de bien-être. Par ailleurs, les situations peuvent différer en fonction de l'origine des migrants (ruraux-urbains ou urbains-urbains) et des caractéristiques de la ville (taille et dynamisme).

Si l'on examine les expériences sur le marché du travail et le bien-être de façon plus générale, sans se limiter strictement au taux d'emploi, on constate que les migrants, dans l'ensemble, s'intègrent bien, même si des écarts existent en fonction de leur origine (rurale ou urbaine) et de leur destination (une autre aire urbaine ou une grande ville). Le tableau 2.7 présente les analyses relatives à l'Éthiopie, à la Tanzanie et à l'Ouganda[22]. Il cherche avant tout à présenter des régularités empiriques générales entre les pays ; les données de ces trois États ont été agrégées. Compte tenu de la taille relativement réduite de l'échantillon pour pouvoir répartir les villes en différentes catégories de taille, les villes petites, moyennes et secondaires ont été regroupées dans une seule et même catégorie, nommée « autres centres urbains » (soit des centres comptant moins d'un million d'habitants). Dans cette catégorie, 40 % des habitants

Tableau 2.7 Performances sur le marché du travail et indicateurs de bien-être : comparaison entre migrants et non-migrants

Population en âge de travailler	Employé (1 = oui) (MPL)	Heures travaillées par semaine (Tobit)	Salaire personnel réel[a] (MCO)	Revenus du ménage réels par équivalent adulte[a] (MCO)	Consommation réelle du ménage par équivalent adulte[a] (MCO)
	(1)	(2)	(3)	(4)	(5)
Métropole (1 = oui)	−0,100***	−2,740***	0,322***	1,235***	0,649***
Migrant urbain-urbain (1 = oui)	0,0567***	5,078***	0,214***	0,642*	0,333**
Migrant rural-urbain (1 = oui)	0,0628***	4,679***	−0,190***	0,516*	0,0889
Migrant urbain-urbain x grande ville (1 = oui)	0,00823	−0,0407	−0,374**	−0,622	−0,181
Migrant rural-urbain x grande ville (1 = oui)	0,0309	8,687***	−0,295***	−1,016***	−0,111
Migrant récent (1 = oui)	0,0232*	4,551***	−0,0759	−0,0251	−0,0925
Sexe (1 = homme ; 0 = femme)	0,161***	20,09***	0,630***		
Taille du ménage				−0,133***	−0,0533***
Taux de dépendance				−0,00202***	−0,00219***
Constante	0,559***	−2,717***	0,628***	3,448***	1,644***
R^2	0,0413		0,116	0,106	0,0975
Observations	*91,047*	*81,186*	*26,761*	*4,607*	*4,847*

Source : calculs de la Banque mondiale.
Remarque : pays pris en compte : colonnes (1) à (3) : Éthiopie, Tanzanie, Ouganda ; colonnes (4) et (5) : Tanzanie, Ouganda. Les évaluations des colonnes (1) à (3) s'appliquent au niveau des individus ; les colonnes (4) et (5) s'appliquent au niveau des ménages. Les heures travaillées désignent le nombre total d'heures travaillées au cours de la dernière semaine en Éthiopie et en Ouganda, mais dans le cas de la Tanzanie, il s'agit seulement les heures travaillées dans le cadre d'un emploi salarié. Les régressions intègrent les effets fixes nationaux ; les erreurs ont été corrigées dans les conceptions des enquêtes et les régressions estimées via MPL (modèle de probabilité linéaire) (colonne (1)), Tobit (colonne (2)) et MCO (moindres carrés ordinaires) (colonnes (3) à (5)). Les chiffres indiqués sont des coefficients. Lorsqu'ils sont multipliés par 100, les coefficients des colonnes (3) à (5) peuvent être interprétés comme le l'écart supérieur ou inférieur, en pourcentage, par rapport à la moyenne nationale. La population active urbaine est constituée d'individus âgés de 15 à 64 ans.
a. Les salaires des individus, les revenus des ménages et la consommation sont des indices, via lesquels la valeur de chaque observation est pondérée par leur moyenne nationale, afin que ces chiffres puissent être comparés entre les pays.
Niveau de significativité : * = 10 % ; ** = 5 % ; *** = 1 %.

pour l'Ouganda et 83 % pour l'Éthiopie vivent dans des centres composés de moins de 100 000 habitants, ce qui les distingue des « métropoles » (plus d'un million d'habitants). Afin de permettre une agrégation des données des différents pays, les salaires personnels, les revenus des ménages et les dépenses ont été pondérés en les divisant par la moyenne de leurs pays respectifs. Les résultats prennent en compte les paramètres d'ancienneté des migrants (courte durée ou longue durée), les différences nationales générales, ainsi que le sexe de la personne dans l'analyse des résultats individuels (emploi, heures travaillées, salaire) ; la taille du ménage et le taux de dépendance sont intégrés dans l'analyse des résultats des ménages (revenus et dépenses par équivalent adulte). Les tendances suivantes se dégagent :

- *Les personnes qui migrent d'une aire urbaine (quelle que soit la taille de la ville) pour se rendre dans des villes petites, moyennes et secondaires s'intègrent bien dans le marché du travail et présentent souvent des résultats meilleurs encore que les non-migrants.* Les migrants urbains-urbains des villes petites et moyennes sont davantage susceptibles d'avoir un emploi, de travailler davantage d'heures, et de bénéficier d'un avantage salarial par rapport aux non-migrants. Sans surprise, ils présentent également des niveaux supérieurs de revenus et de consommation[23] par équivalent adulte, ce qui suggère que les migrants des villes petites, moyennes et secondaires provenant d'autres aires urbaines – indépendamment de la taille de la ville – réussissent relativement bien à s'intégrer dans le tissu socioéconomique des villes petites, moyennes et secondaires.
- *Les migrants provenant des zones rurales s'en sortent en général relativement bien dans les villes petites, moyennes et secondaires, leur situation étant au moins aussi bonne que celle des non-migrants habitant dans ce type de villes.* Par rapport aux non-migrants urbains, ils seront bien plus susceptibles d'avoir un emploi et de travailler davantage d'heures, mais à des salaires souvent moindres. Même additionnés, ces résultats conduisent à des revenus nettement plus élevés (et potentiellement à un niveau de consommation plus important, bien que cela n'ait pas un degré de signification statistique très élevé).
- *Les migrants qui se rendent d'une zone urbaine vers une autre ville présentent des résultats similaires – mais non supérieurs – à leurs homologues non-migrants qui résident dans ces villes.* Les migrants urbains-urbains s'établissant dans une métropole sont davantage susceptibles d'avoir un emploi et de travailler davantage d'heures que les non-migrants urbains (moins toutefois que les migrants urbains-urbains qui s'établissent dans des villes petites et moyennes)[24], mais leurs salaires sont en moyenne légèrement inférieurs, ce qui contrebalance les revenus plus élevés associés à un volume d'heures travaillées plus important ; au final, cela aboutit à des niveaux de revenus et de consommation similaires à ceux des non-migrants urbains. En termes absolus, cependant, les migrants se déplaçant d'une zone urbaine vers une grande ville bénéficient d'une meilleure situation que les migrants se déplaçant d'une zone urbaine vers des villes petites ou moyennes, ce qui est peut-être le résultat d'un avantage salarial plus élevé dans les grandes villes[25].

- *Les migrants ruraux s'établissant dans une grande ville sont souvent les migrants les moins bien intégrés.* L'écart salarial important auquel sont confrontés les migrants ruraux par rapport aux non-migrants urbains aboutit à des revenus nettement inférieurs, en dépit de taux d'emploi plus élevés et de semaines de travail plus longues[26]. Néanmoins, similairement à la situation des migrants urbains-urbains qui s'établissent dans une métropole, les niveaux de revenus et de consommation des migrants ruraux-urbains des métropoles restent plus élevés, en termes absolus, que ceux des migrants ruraux-urbains s'établissant dans d'autres aires urbaines (ce qui concorde avec les analyses détaillées de Christiaensen, De Weerdt et Kanbur [2019] relatives aux migrants de la région de Kagera, située dans le nord-ouest de la Tanzanie).
- *Les niveaux de revenus et de consommation sont souvent relativement similaires entre migrants de courte durée et de longue durée*, en dépit de légères différences sur le plan des indicateurs de performance sur le marché du travail urbain. Plus particulièrement, les taux d'emploi et les niveaux de salaire légèrement moins élevés chez les migrants récents ont tendance à être compensés par leur volume plus important d'heures travaillées, ce qui aboutit à des résultats similaires en matière de bien-être.
- *Dans l'ensemble, les hommes sont davantage insérés dans le marché du travail que les femmes et bénéficient de meilleures conditions.* En moyenne, les hommes ont davantage de chances d'avoir un emploi que les femmes ; ils travaillent davantage d'heures et perçoivent des salaires sensiblement plus élevés. Par ailleurs, dans l'ensemble des pays, les hommes migrants sont davantage susceptibles de travailler que les hommes non migrants, tandis qu'il n'existe pas de différence systématique au niveau du taux d'emploi entre les femmes migrant vers les villes et les non-migrantes urbaines[27].

En résumé, les exemples de l'Éthiopie, de la Tanzanie et de l'Ouganda au cours des années 2000 et 2010 ne viennent pas confirmer l'idée selon laquelle les migrants seraient peu intégrés dans les marchés du travail urbains, dans la lignée des conclusions établies par Beauchemin et Bocquier (2004) concernant les migrants des centres urbains d'Afrique de l'Ouest durant les années 1980 et 1990. Par ailleurs, les migrants sont davantage susceptibles d'être employés et de travailler plus d'heures, bien qu'à des salaires souvent moindres. Dans l'ensemble, ils bénéficient d'un niveau de vie similaire ou supérieur à leurs homologues urbains non migrants, à l'exception possible des migrants ruraux-urbains des grandes villes, dont la situation est peut-être la plus proche de la représentation populaire des migrants sous la forme d'individus venant grossir les rangs des chômeurs ; les données susceptibles d'étayer ce point de vue demeurent cependant ténues.

Dans les villes étudiées, les migrants ruraux-urbains des grandes villes souffrent effectivement d'écarts de salaires conséquents, qu'ils ne parviennent pas à compenser entièrement par un volume d'heures travaillées plus important, ce qui conduit à des écarts sur le plan du bien-être par rapport à la population non migrante. Cependant, les constats issus de l'échantillon des trois pays d'Afrique de l'Est étudiés ici ne s'appliquent pas à d'autres pays (Gollin, Kirchberger et Lagakos, 2021). Lorsque l'on examine d'autres indicateurs de bien-être dans douze pays d'Afrique subsaharienne depuis les années 2010, telles que les évaluations des biens durables possédés et des services de distribution accessibles (électricité, eau courante), de la qualité des logements, ainsi que de la qualité de l'air intérieur, on constate que les ménages de migrants ruraux-urbains dans le quartile où la densité de population est la plus forte (ce qui concerne la majorité de la superficie des grandes villes ainsi que le centre des villes secondaires) présentent une situation au moins aussi bonne que celle des non-migrants. De plus, bien que des niveaux de salaire inférieurs puissent être le signe d'une concentration des migrants ruraux-urbains dans des fragments spécifiques du marché urbain, voire d'une discrimination salariale, un volume d'heures travaillées plus important indique cependant que les migrants travaillent et contribuent à l'économie, et que compte tenu des complémentarités, ils peuvent même faire augmenter les salaires des travailleurs urbains[28]. Du point de vue des migrants, les villes représentent les lieux où ils perçoivent les salaires les plus élevés et bénéficient de revenus supplémentaires par rapport à leur lieu de résidence – rural – d'origine, comme cela a été montré par Henderson et Kriticos (2018) dans le cas du Nigeria, de la Tanzanie et de l'Ouganda. De même, concernant les biens durables possédés, l'accès aux services de distribution, la qualité du logement et la qualité de l'air intérieur dans les douze pays étudiés par Gollin, Kirchberger et Lagakos (2021), la situation des migrants ruraux-urbains est largement meilleure dans le quartile de la population habitant les zones les plus densément peuplées que dans le quartile de la population habitant dans des zones les moins densément peuplées (les zones rurales). De même, en Afrique du Nord, les études récentes portant sur la Tunisie suggèrent que les migrants ruraux-urbains présentent des dépenses par habitant supérieures, en moyenne, à celles des non-migrants ruraux. Par ailleurs, les jeunes migrants ruraux-urbains présentent des dépenses par habitant supérieures à celles des jeunes urbains (Amara, Ayadi et Jemmali, 2019).

D'autre part, les migrants s'établissant dans une ville petite, moyenne ou secondaire, lesquelles sont au centre du présent rapport, ont tendance à présenter une situation au moins aussi bonne que les non-migrants (dans le cas de migrants provenant des zones rurales), voire meilleures (dans le cas de migrants provenant d'autres villes). Les performances supérieures des migrants urbains-urbains par rapport aux non-migrants constatées dans les villes petites, moyennes et secondaires (et similaires ou légèrement inférieures dans les grandes villes) pourraient être le reflet d'un processus de sélection spatiale des populations rurales et urbaines avancé par Young (2013) pour expliquer l'écart salarial entre ruraux et urbains. Dans le cadre de cette conception, les éléments les plus entreprenants ou les plus instruits des populations rurales rejoignent les zones urbaines, tandis que les individus les moins performants ou les moins instruits des populations urbaines rejoignent les zones rurales, chacun de ces groupes présentant ensuite de meilleurs résultats que dans sa zone d'origine ; les migrants urbains-ruraux se placent alors souvent parmi les individus dont le niveau de bien-être est le plus élevé dans leur région de destination rurale. De même, les résultats de la présente étude suggéreraient que la population urbaine opère elle-même une forme de sélection spatiale, les personnes ayant le plus d'aptitudes s'établissant dans de les grandes métropoles, où elles améliorent leur niveau vie sans pour autant surclasser les non-migrants, tandis que les personnes ayant moins d'aptitudes au sein de la population urbaine (qu'elles proviennent d'une grande métropole ou d'autres aires urbaines) finissent par rejoindre une ville petite, moyenne ou secondaire, où elles réussissent elles aussi à améliorer leur niveau de vie, jusqu'à y surclasser les non-migrants[29].

Capital humain, choix de profession et lieu de résidence

Des résultats similaires en matière de bien-être ne sont pas synonymes d'une absence de problèmes d'intégration. Les données collectées jusqu'à présent ne prennent pas en compte les différences potentielles entre migrants et non-migrants sur le plan du capital humain (éducation, âge) ou du choix de la profession (secteur d'emploi, type de profession), ni du reclassement (retour des migrants ayant échoué). Bien que ces omissions ne soient pas de nature à invalider les constats établis ci-dessus, elles peuvent expliquer pourquoi les migrants s'en sortent relativement bien ; il est en effet possible qu'ils disposent d'un niveau d'instruction plus élevé. Si tel est le cas, les résultats peuvent également dissimuler une discrimination potentielle (inégalités des opportunités à compétences égales, ou niveau de salaire inférieur pour un travail similaire nécessitant des compétences similaires). Ces discriminations ont fait l'objet de nombreuses études en Chine (Gagnon, Xenogiani et Xing, 2014 ; Lee, 2012 ; Pakrashi et Frijers, 2017 ; Yao et coll., 2018), où les migrants sont également explicitement exclus des services sociaux urbains[30]. De même, les migrants qui ne réussissent pas dans leur nouveau lieu de résidence peuvent être davantage susceptibles de quitter la ville, ce qui cache un taux de rotation important ainsi que des pressions temporaires sur les logements, les infrastructures et les services sociaux, qui poseraient des défis aux autorités de la ville s'il fallait les entretenir en continu. En résumé, il est possible que la situation des migrants diffère de façon systématique de celle des non-migrants. C'est pourquoi une intégration satisfaisante sur le marché du travail ainsi que des niveaux de bien-être corrects ne doivent pas être considérés par les maires comme le signe automatique d'une absence de discriminations potentielles, ni d'une absence de problèmes d'intégration de manière plus générale.

Les migrants sont plus jeunes et se caractérisent par un nombre de personnes à charge moins important, même si les niveaux de bien-être sont supérieurs même lorsque l'on tient compte des taux de dépendance dans les variables (cela vaut pour tous les groupes à l'exception des migrants ruraux-urbains s'établissant dans les grandes villes). Une analyse de régression concernant six pays d'Afrique subsaharienne révèle que les migrants sont plus jeunes que les non-migrants de cinq à six années en moyenne. Ce constat se vérifie quelle que soit la taille de la ville ou l'origine des migrants (graphique 2.2, partie a)[31]. Le fait d'être plus jeune se traduit par un taux de dépendance plus faible parmi les migrants que parmi les non-migrants (Menashe-Oren et Stecklov, 2017), l'écart étant plus grand pour les migrants urbains-urbains que pour les migrants ruraux-urbains (dont le taux de fertilité est souvent plus élevé) ; par ailleurs, plus la ville est importante, plus cet écart diminue (graphique 2.2, partie b). Comme ils ont moins de bouches à nourrir et doivent s'occuper de moins d'enfants ou de personnes âgées, les migrants sont davantage susceptibles d'avoir un volume d'heures travaillées plus important et de bénéficier de niveaux de bien-être supérieurs (revenus, dépenses) par équivalent adulte, même si leurs salaires horaires ou mensuels sont moins élevés (Jedwab, Pereira et Roberts, 2021). Ce paramètre, cependant, ne peut à lui seul expliquer les écarts. À l'exception des migrants ruraux-urbains des grandes villes, le bien-être des migrants est souvent plus élevé, même lorsque l'on tient compte du nombre de personnes à charge dans les ménages. Ce constat se vérifie tout particulièrement parmi les migrants des villes petites, moyennes et secondaires (tableau 2.7, colonnes (4) et (5))[32], bien que les écarts avec les non-migrants en matière de taux de dépendance y soient les plus élevés.

En outre, les migrants disposent d'un niveau d'instruction plus élevé que les non-migrants, cette différence diminuant de façon inversement proportionnelle à la taille de la ville, jusqu'à être négative dans le cas des migrants ruraux-urbains des grandes villes. Dans l'ensemble, le niveau d'instruction des travailleurs urbains augmente parallèlement à la taille de la ville, les individus résidant dans les grandes métropoles – migrants et non-migrants confondus – possédant un niveau d'instruction supérieur à ceux des villes moyennes et des villes secondaires, qui sont quant à eux plus instruits que les résidents des petites villes[33]. Par ailleurs, les migrants possèdent en moyenne un niveau d'instruction supérieur aux non-migrants (un an de plus d'éducation en moyenne) sur l'ensemble des catégories de villes, l'écart diminuant à mesure que la taille de la ville augmente (graphique 2.2, partie c). Lorsqu'ils s'établissent dans des centres urbains plus importants, les migrants rejoignent également dans un vivier de travailleurs plus instruits, ce qui explique pourquoi les écarts en matière d'éducation diminuent lorsque la taille de la ville augmente[34]. L'avantage dont

Graphique 2.2 Caractéristiques socioéconomiques des migrants et des non-migrants en milieu urbain

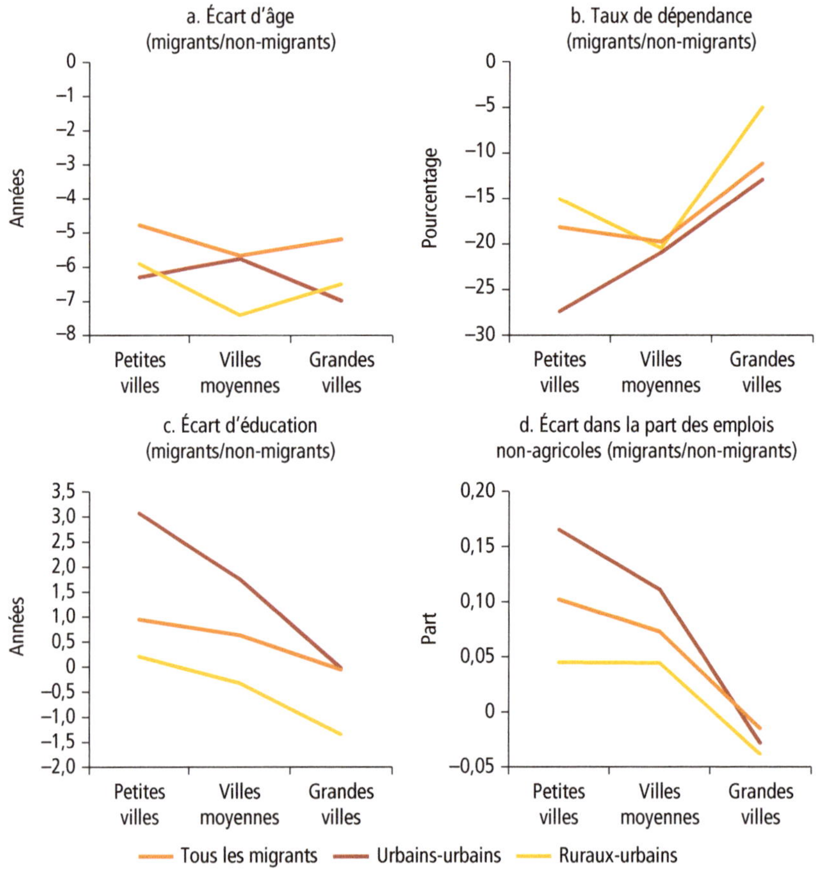

Source : Banque mondiale.

Remarque : définition des variables : taux de dépendance = [membres du foyer non en âge de travailler) / (membres du foyer en âge de travailler)] x 100 ; population en âge de travailler = 15-65 ans ; rural-urbain = migrant d'une zone rurale vers une zone urbaine ; urbain-urbain = migrant d'une zone urbaine vers une zone urbaine. Population de l'échantillon : résultats obtenus à partir de la régression, en utilisant la méthode des moindres carrés ordinaires, de l'équation $y_{ij} = \alpha + \beta_1 SC + \beta_2 LC + \gamma_1 RU + \delta_1 RU \times SC + \delta_2 RU \times LC + \delta_2 UU + \delta_3$ $UU \times SC + \delta_4 UU \times LC + \vartheta MigDur + v_j + e_{ij}$ pour les populations urbaines cumulées de trois pays cibles (Éthiopie, Tanzanie, Ouganda), dans laquelle y = éducation, âge, taux de dépendance, secteur d'emploi (1 = non-agricole), SC = ville moyenne (entre 20 000 et un million d'habitants), LC = grande ville (supérieure à un million d'habitants), RU = migrant rural-urbain, UU = migrant urbain-urbain, $MigDur$ = nombre d'années de résidence dans la ville depuis la migration (0-10), v_j = indicateur du pays, e_{ij} = terme d'erreur aléatoire. Les résultats pour la totalité des migrants ont été obtenus à partir de six pays (Éthiopie, Ghana, Kenya, Mali, Tanzanie, Ouganda), sans établir de distinction sur le plan de l'origine du migrant, soit $y_{ij} = \alpha + \beta_1 SC + \beta_2 LC + g_1 M + d1M'LC + uMIGDur + v_j + e_{ij}$.

les migrants disposent sur ce plan par rapport aux non-migrants urbains reste cependant essentiellement limité aux migrants urbains-urbains. Les migrants ruraux-urbains, en réalité, sont confrontés à un déficit important en matière d'éducation lorsqu'ils s'établissent dans des centres urbains plus grands (passant d'un niveau d'instruction similaire à celui des non-migrants résidant dans les petites villes à un écart de plus d'une année dans les grandes métropoles).

Les meilleurs résultats que présentent les migrants urbains-urbains dans les villes petites et moyennes s'expliquent essentiellement par leur meilleur niveau d'instruction. Comme cela a été montré plus haut, les migrants urbains-urbains des villes petites et moyennes travaillent davantage d'heures et perçoivent des salaires plus élevés que les non-migrants urbains de ces villes (tableau 2.7, colonnes (2) et (3)). Cet avantage disparaît lorsque l'on tient compte des paramètres d'âge et de niveau d'instruction dans les variables (tableau 2.8, colonnes (1), (2), (4) et (5)). Ces résultats sont essentiellement la conséquence d'un niveau d'instruction supérieur parmi les migrants (on aurait pu s'attendre à des avantages en tenant compte uniquement du paramètre de l'âge)[35]. Toutefois, le nombre d'heures travaillées et les avantages salariaux diminuent fortement dans le cas des migrants urbains-urbains des villes petites et moyennes. En d'autres termes, si le volume d'heures travaillées et les salaires de ces migrants sont plus élevés, cela est essentiellement dû à un niveau d'instruction supérieur par rapport aux non-migrants urbains de ces villes petites et moyennes. Le niveau d'instruction permet également d'expliquer les volumes horaires plus importants des migrants ruraux-urbains dans les villes petites et moyennes, bien que cela soit moins marqué[36]. L'écart avec les non-migrants urbains de ces villes est en effet bien moins important. L'écart salarial, qui était bien plus restreint au départ déjà, ne diminue par ailleurs que faiblement et n'est pas significatif sur le plan statistique.

Cependant, seules des différences d'instruction peuvent expliquer une partie des écarts salariaux des migrants ruraux-urbains des grandes villes. Contrairement aux migrants urbains-urbains des villes petites et moyennes, les migrants ruraux-urbains des grandes villes présentent un niveau d'instruction nettement inférieur à celui des non-migrants urbains (avec un écart moyen de 1,5 année d'instruction) ; comme prévu, ils travaillent encore plus d'heures que les non-migrants urbains à niveau d'instruction et à âge égaux, tout en souffrant d'un écart salarial de 31 % par rapport à la moyenne nationale (tableau 2.8, colonne (2) et (5)), ce qui correspond à l'idée répandue selon laquelle les migrants se concentrent dans des professions faiblement rémunérées (voir plus bas).

L'agriculture demeure un secteur non-négligeable de l'emploi urbain en Afrique subsaharienne, tout particulièrement dans les villes petites, moyennes et intermédiaires, et cela s'applique également aux non-migrants. Dans les petites villes (inférieures à 20 000 habitants), environ un non-migrant sur quatre est encore employé dans le secteur agricole, contre environ un sur sept

Tableau 2.8 Impact d'un meilleur niveau d'instruction sur les performances sur le marché du travail

Population en âge de travailler	Heures travaillées par semaine (Tobit) (non conditionnées à un emploi)			Salaire individuel réel (MCO)			
	(1)	(2)	(3)[a]	(4)	(5)	(6)	(7)
Métropole (1 = oui)	−1,442*	−9,392***	5,589***	0,397***	0,296***	0,285***	0,189***
Migrant urbain-urbain (1 = oui)	9,442***	−1,420	0,0384	0,289***	0,0385	0,0487	0,0192
Migrant rural-urbain (1 = oui)	8,769***	6,072***	−0,383	−0,102*	−0,0883	−0,0838	−0,0818*
Migrant urbain-urbain x grande ville	−1,383	8,061***	−1,245	−0,392***	−0,183	−0,187	−0,0863
Migrant rural-urbain x grande ville	6,249***	11,81***	4,532**	−0,387***	−0,215**	−0,221**	−0,161*
Migrant récent (0-3 ans) (1 = oui)	4,167***	9,727***	3,107***	−0,137***	0,0993*	0,101**	0,101**
Sexe (homme = 1)	18,88***	15,38***	4,911***	0,627***	0,543***	0,541***	0,542***
Âge		5,106***	0,845***		0,0689***	0,0689***	0,0686***
Âge au carré		−0,058***	−0,0099***		−0,0007***	−0,0007***	−0,0007***
Enseignement primaire (partiel ou complet)		5,271***	−0,374		−0,0993	−0,115	−0,0685
Enseignement primaire ou secondaire (premier ou deuxième cycle)		9,760***	2,742**		0,0358	0,00807	0,0602
Enseignement secondaire achevé		17,40***	6,376***		0,323***	0,288***	0,322***
Tout type d'études supérieures		21,59***	3,787***		0,957***	0,889***	0,933***
Industrie manufacturière			5,854***			0,322**	0,173

(suite page suivante)

Tableau 2.8 Impact d'un meilleur niveau d'instruction sur les performances sur le marché du travail (suite)

Population en âge de travailler	Heures travaillées par semaine (Tobit) (non conditionnées à un emploi)			Salaire individuel réel (MCO)			
	(1)	(2)	(3)[a]	(4)	(5)	(6)	(7)
Services			7,772***			0,262**	0,119
Constante	−16,60***	−101,3***	6,886***	0,584***	−1,089***	−1,311***	−1,145***
Effet fixe lié au district	Non	Non	Non	Non	Non	Non	Oui
R^2				0,120	0,194	0,195	0,258
Observations	*110 935*	*109 146*	*47 952*	*27 377*	*27 109*	*27 086*	*27 086*

Source : calculs de la Banque mondiale.
Remarque : pays analysés : Éthiopie, Tanzanie, Ouganda. Les heures travaillées désignent le nombre total d'heures travaillées au cours de la dernière semaine en Éthiopie et en Ouganda, mais seulement les heures travaillées dans le cadre d'un emploi salarié en Tanzanie.
Les régressions qui incluent les salaires des individus sont des indices, via lesquels la valeur de chaque observation est pondérée par leur moyenne nationale, afin que ces chiffres puissent être comparés entre les pays. Les régressions permettent de prendre en compte les effets fixes liés à chaque pays ; les erreurs dans la conception de l'enquête ont été corrigées et les régressions ont été évaluées en se basant sur le modèle Tobit (colonnes (1) à (3)) et la méthode MCO (méthode des moindres carrés ordinaires) (colonnes (4)-(6)).
Les chiffres indiqués sont des coefficients. Lorsqu'ils sont multipliés par 100, les coefficients indiqués dans les colonnes (4) à (6) peuvent être interprétés comme l'écart supérieur ou inférieur, en pourcentage, par rapport à la moyenne nationale. La population active urbaine est constituée d'individus âgés de 15 à 64 ans.
a. Les régressions pour les heures travaillées englobent l'ensemble de la population active, ce qui inclut les personnes sans emploi (colonnes (1) et (2)) ; lorsque le secteur d'emploi est indiqué, ces régressions se limitent à la population possédant un emploi (colonne (3)).
Niveau de significativité : * = 10 % ; ** = 5 % ; *** = 1 %.

dans les villes moyennes et les intermédiaires combinées (villes comprises entre 20 000 et un million d'habitants). Le nombre continuellement élevé d'emplois dans le secteur agricole des centres urbains d'Afrique subsaharienne – qui est également élevé par rapport à d'autres pays présentant un niveau de développement similaire – a été déjà constaté dans des recherches antérieures. Cela est en partie une conséquence de l'urbanisation *in situ* et des problématiques de définition associées, comme cela a été expliqué en détail par Potts (2018) ; cela souligne également la faible industrialisation de l'Afrique (Henderson et Kriticos, 2018), ainsi que le rôle central des liens urbains-ruraux pour les villes secondaires et les grandes villes (Cattaneo et coll., 2022)[37]. Sans surprise, comte tenu du rôle de l'urbanisation *in situ*, les emplois agricoles en milieu urbain concernent essentiellement des non-migrants urbains. En moyenne, les migrants des petites villes sont moins susceptibles d'être employés dans le secteur agricole que leurs homologues non migrants (−11 %), cette différence étant moins importante à mesure que les centres urbains s'étendent et finissent par se fondre dans les grandes métropoles, où les emplois agricoles sont déjà beaucoup moins fréquents (atteignant tout au plus quelques points de pourcentage dans l'emploi total). Les migrants urbains-urbains sont encore moins susceptibles que les migrants ruraux-urbains d'être employés dans le secteur agricole que les non-migrants (graphique 2.2, partie d).

L'écart salarial entre migrants ruraux-urbains et non-migrants dans les grandes villes subsiste lorsque l'on tient compte de l'impact inégal de l'emploi agricole (en plus de l'âge et du niveau d'instruction). Dans les grandes métropoles, la part de personnes travaillant dans le secteur agricole est peu élevée et les migrants sont seulement légèrement plus susceptibles que les non-migrants urbains de pratiquer ces activités. Sans surprise, les facteurs liés aux différents secteurs d'emploi – secteur agricole, secteur industriel, services – ne permettent guère d'expliquer les niveaux de salaire inférieurs des migrants ruraux-urbains dans les grandes villes. Par ailleurs, cela ne change rien à l'absence constatée d'une différence salariale avec les autres groupes de migrants (une fois les facteurs d'âge et d'instruction pris en compte) (tableau 2.8, colonnes (5) et (6)).

Les migrants ruraux qui s'établissent dans les grandes métropoles sont fréquemment employés en tant que travailleurs salariés temporaires à des postes faiblement rémunérés du secteur des services, ce qui peut expliquer leur niveau de salaire continuellement moins élevé que celui des non-migrants urbains. Une analyse plus poussée indique que les migrants, de manière générale, sont davantage susceptibles d'avoir un emploi salarié que les non-migrants ; plus ils restent longtemps dans une ville, plus cette différence diminue[38]. Pour les migrants ruraux-urbains des grandes villes, le travail salarié concerne souvent des emplois salariés temporaires dans le secteur des services, notamment dans le cadre du travail domestique (Éthiopie, Ouganda), ce qui peut expliquer les niveaux de salaire plus faibles (cf. chapitre 3 pour des données plus détaillées relatives aux villes étudiées).

Un faible nombre de barrières à l'entrée et à la sortie sur le marché du travail facilitent l'accès à ces emplois, tout particulièrement dans les grandes villes où les migrants ruraux s'établissent le plus souvent pour tenter leur chance sans disposer d'un accès à un emploi convenu à l'avance. D'autre part, il est nettement plus fréquent pour les migrants urbains-urbains des villes petites, moyennes et secondaires d'avoir un emploi en tant que salariés du public, par exemple, ce qui peut partiellement expliquer leurs meilleures performances sur le marché du travail par rapport aux non-migrants (au moins en Éthiopie). En Tanzanie, en revanche, ce sont les migrants ruraux-urbains qui ont davantage tendance à disposer d'un emploi dans le secteur public par rapport aux non-migrants. De manière générale, une analyse plus détaillée des profils professionnels des migrants est nécessaire pour mieux identifier les écarts de salaire qui pénalisent les migrants ruraux-urbains dans les grandes villes.

Les constats relatifs à l'intensité de l'emploi et aux salaires s'appliquent également après avoir pris en compte – outre le niveau d'instruction, l'âge et le secteur d'emploi – les caractéristiques propre à la ville (tableau 2.8, colonne (7)). Le choix de la destination est rarement arbitraire, et il est probable que les migrants optent massivement pour des centres urbains dynamiques dans lesquels ils estiment avoir plus de chance de trouver un emploi et de percevoir des salaires plus élevés. Par conséquent, les migrants peuvent bénéficier d'un avantage en matière d'emplois et de salaires dans la mesure où ils sélectionnent eux-mêmes des destinations majoritairement plus dynamiques, par rapport aux non-migrants, qui ne disposent pas de la même flexibilité de mouvement. Cela a pu être observé au cours des migrations de masse des Européens vers les États-Unis (1850-1913), par exemple, les immigrants étant davantage susceptibles que les non-migrants de s'établir dans des États où existait un éventail de professions à rémunération élevée. Il s'agissait d'une stratégie importante par laquelle les immigrants pouvaient obtenir la parité professionnelle avec les non-migrants (Abramitzky, Boustan et Eriksson, 2014). Il a par ailleurs été montré que le choix de la ville joue un rôle dans les différences salariales entre migrants et non-migrants en Chine, bien que ce rôle soit sensiblement moins important (Combes et coll., 2020). L'inclusion de variables liées à des indicateurs de district visant à prendre en compte les caractéristiques propres à chaque ville, pour les trois pays étudiés ici, suggère également que les caractéristiques de la ville ne jouent qu'un rôle marginal dans les écarts salariaux entre migrants et non-migrants (tableau 2.8, colonne (7)), et seulement pour les migrants ruraux-urbains des villes petites et moyennes (l'écart salarial devient statistiquement significatif lorsque l'on inclut le paramètre des caractéristiques des villes)[39].

Considérés dans leur ensemble, les migrants présentent des niveaux de bien-être au moins aussi élevés que les non-migrants, indépendamment de leur origine (rurale ou urbaine), de leur destination (ville petite, moyenne ou grande), ou de la durée de leur séjour (migrants de courte ou de longue durée).

Tableau 2.9 Niveau de vie des migrants et des non-migrants

Population en âge de travailler	Revenus réels par équivalent adulte (1)	Revenus réels par équivalent adulte (2)	Consommation réelle par équivalent adulte (3)	Consommation réelle par équivalent adulte (4)
Métropole (1 = oui)	0,877***	0,448	0,523***	−0,293
Migrant urbain-urbain (1 = oui)	0,124	−0,0100	0,339*	0,201
Migrant rural-urbain (1 = oui)	0,407	0,321	0,136*	−0,00968
Migrant urbain-urbain x grande ville	−0,147	−0,0910	−0,211	−0,0265
Migrant rural-urbain x grande ville	−0,962**	−0,929**	−0,090	0,130
Migrant récent (0-3 ans) (1 = oui)	0,0948	0,118	−0,079	0,125
Effet fixe lié au district	Non	Oui	Non	Oui
R^2	0,167	0,261	0,182	0,220
Observations	*4113*	*4113*	*4368*	*4368*

Source : calculs de la Banque mondiale.
Remarque : pays analysés : Tanzanie, Ouganda. À des fins de compatibilité entre les pays, les variables dépendantes ont été pondérées par la moyenne de leur pays respectif. Lorsqu'ils sont multipliés par 100, les coefficients indiqués dans les colonnes (4) à (6) peuvent être interprétés comme l'écart supérieur ou inférieur, en pourcentage, par rapport à la moyenne nationale. Des variables de contrôle supplémentaires ont été ajoutées pour prendre en compte la taille des ménages et le taux de dépendance, le niveau d'instruction du membre du foyer le plus instruit, ainsi que des contrôles nationaux. La plupart des districts contiennent plus d'un centre urbain. La régression est réalisée au niveau des individus pour la population active, en attribuant à chaque membre du foyer le même niveau de revenus et de consommation que les autres membres. Les ménages comprenant un migrant sont classés comme des ménages migrants, dans la catégorie de migrant correspondante. Lorsque des migrants proviennent d'origines différentes (rurales et urbaines) ou de destinations différentes (villes petites et moyennes ou secondaires d'une part, et grande ville d'autre part) dans un même ménage, les catégories attribuées sont une origine rurale et une ville petite ou moyenne. Estimation par la méthode des moindres carrés ordinaires en prenant en compte la conception de l'enquête. La population active urbaine est constituée d'individus âgés de 15 à 64 ans.
Niveau de significativité : * = 10 % ; ** = 5 % ; *** = 1 %.

Les niveaux de consommation des migrants ne sont pas différents, statistiquement, de ceux des non-migrants, quelles que soient leur ville destination ou leur origine (tableau 2.9, colonne (4)). En fait, en choisissant des destinations urbaines plus dynamiques, les migrants qui rejoignent des villes petites, moyennes et secondaires peuvent même mieux s'en sortir que les non-migrants. Lorsque les caractéristiques des villes ne sont pas prises en compte dans les facteurs (tableau 2.9, colonne (3)), les migrants qui rejoignent les villes petites, moyennes et secondaires présentent des niveaux de consommation statistiquement supérieurs à ceux des non-migrants, l'écart étant le plus important pour ceux originaires d'autres zones urbaines[40].

Les niveaux de salaire plus faibles des migrants ruraux-urbains des grandes villes par rapport à leurs homologues non-migrants (en contrôlant le capital humain, le taux de dépendance, le secteur d'emploi et la localité) (tableau 2.8, colonne (7)) se répercutent également sur des revenus plus faibles (tableau 2.9, colonne (2)), et ce en dépit d'un volume d'heures travaillées plus important (tableau 2.8, colonne (3)). Cependant, cela ne se traduit pas par un niveau de consommation moins élevé (tableau 2.9, colonne (3) et (4)). Dans les grandes villes, les migrants ruraux-urbains de même âge, de même sexe et présentant des taux de dépendance et des niveaux d'instruction similaires présentent des niveaux de bien-être équivalents à ceux des non-migrants urbains, du moins dans les deux pays analysés ici et au cours des années prises en compte (2010 pour la Tanzanie, 2016 pour l'Ouganda).

Enfin, la durée du séjour n'affecte pas le niveau de bien-être des migrants par rapport aux non-migrants (tableau 2.9, colonnes (1) à (4)), même après avoir pris en compte ces différences de caractéristiques sociodémographiques dans une variable. Il apparaît que les migrants les plus récents sont moins susceptibles d'avoir un emploi que les migrants plus anciens ; par ailleurs, ils sont légèrement pénalisés sur le plan du salaire, ce qu'ils compensent en travaillant davantage d'heures, aboutissant à des revenus et à des niveaux de bien-être légèrement plus faibles (bien que les différences ne soient pas statistiquement significatives, cf. tableau 2.7). Lorsque l'on intègre une variable liée à leurs caractéristiques socio-démographiques, la différence en matière de bien-être par rapport aux migrants plus anciens devient positive mais demeure statistiquement insignifiante. Plus la durée de résidence des migrants s'allonge, plus leurs profils sociodémographiques commencent à s'aligner sur ceux des non-migrants urbains. Plus âgés, présentant des taux de dépendance plus élevés et des niveaux d'instruction légèrement plus faibles, ils forment alors un groupe aux caractéristiques plus proches des non-migrants urbains.

Des tendances similaires d'intégration positive des migrants ont été constatées en Afrique subsaharienne francophone dans les années 1990. Beauchemin et Bocquier (2004, p. 2261) concluent ainsi : « Les recherches récentes menées en Afrique de l'Ouest francophone dressent un tableau radicalement différent de celui présentant généralement les migrants comme des personnes mal adaptées à la vie urbaine et impliquées dans des activités économiques situées en bas de l'échelle. » Selon eux, la « migration pourrait être considérée comme une qualité plutôt qu'un obstacle sur le marché du travail urbain [...]. Du point de vue du logement et de l'emploi, les migrants s'adaptent remarquablement bien dans la ville. Les problèmes d'intégration urbaine ne concernent pas exclusivement les migrants mais l'ensemble des citadins. »

Quelle est la solidité de ces constats ?

Jusqu'à présent, l'analyse s'est basée sur des échantillons urbains. Ces échantillons n'incluent pas les migrants ruraux-urbains qui sont retournés vers leur lieu de résidence d'origine. Si les individus ont entrepris une migration de retour en raison de difficultés à trouver un emploi, alors les résultats d'intégration présentés ci-dessus peuvent être trop optimistes, dans la mesure où ils se fondent sur la situation des personnes qui sont restées dans la ville. Ensuite, ces constats ont été obtenus à partir de données multi-sectorielles, ce qui limite la capacité à générer des inférences concernant les dynamiques d'intégration. Si les profils des migrants changent au fil du temps, les inférences relatives aux effets de l'ancienneté des migrants sur leur intégration se confondront avec les effets liés aux caractéristiques changeantes des migrants. Enfin, si certaines observations (emploi, caractéristiques sociodémographiques des migrants) analysent les situations dans ensemble de pays relativement étendu, y compris deux pays d'Afrique de l'Ouest, d'autres (heures travaillées et salaire, revenus et consommation) concernent essentiellement l'Afrique de l'Est (la Tanzanie, l'Ouganda, et partiellement l'Éthiopie). Cependant, la migration rurale-urbaine demeure un facteur plus important pour la croissance de la population urbaine en Afrique de l'Est que dans le reste du continent (Bocquier et Schoumaker, 2018), ce qui peut affecter la rapidité de l'expansion urbaine ainsi que la capacité des villes de toute taille à absorber les migrants dans leurs marchés du travail, rendant difficile la généralisation de ces constats.

Rien ne semble indiquer qu'une migration de retour sélective serait le facteur déterminant de ces résultats. La migration de retour urbaine-rurale peut constituer un phénomène important, la part de la population concernée diminuant généralement parallèlement au développement des pays. En Afrique subsaharienne, environ un tiers des migrants ruraux-urbains de sexe masculin finissent par retourner dans leur région d'origine, contre 20 % chez les femmes[41]. Le retour des migrants peut s'inscrire dans une stratégie visant à optimiser leur bien-être à long terme : ils migrent pour trouver un emploi mieux rémunéré et économiser de l'argent, puis reviennent dans leur région d'origine une fois atteints leurs objectifs d'épargne. Cette migration de retour peut également être le résultat d'un échec à s'établir dans leur nouvelle ville. Si le premier motif domine, alors les échantillons urbains sous-estiment l'intégration des migrants dans le marché du travail ; lorsque le second domine, cette intégration est surestimée.

Les données disponibles concernant les raisons des migrations de retour sont rares, et les résultats sont mitigés. Une étude de cas réalisée en Tanzanie associe essentiellement les migrations de retour effectuées par les hommes à des résultats décevants sur le marché du travail, tandis que celles entreprises par les femmes sont principalement motivées par une séparation d'avec leur époux, les femmes retournant dans leur région d'origine légèrement plus fréquemment que les hommes (20 % contre 16 %) (Hirvonen et Lilleor, 2015). Par comparaison, en Inde, où il a été constaté que 10 % des migrants internes finissent par revenir dans leur région d'origine, les hommes plus riches, plus âgés et plus instruits sont particulièrement plus susceptibles de revenir dans leur région d'origine ; ils sont nombreux à s'établir à leur propre compte, à devenir rentiers ou retraités (Dhar et Bhagat, 2020)[42]. Enfin, une étude portant sur le Burkina

Faso, où les migrations de retour en milieu rural ont été particulièrement élevées par le passé, montre que les migrants conservent leur avantage dans l'obtention des emplois urbains, ce qui compense une potentielle émigration sélective (Zourkaléini et Piché, 2013).

Outre le fait d'affecter la représentativité de la population de migrants urbains, l'émigration sélective peut également affecter la représentativité des non-migrants urbains. Un homme sur deux et une femme sur trois parmi les migrants urbains-ruraux sont à l'origine des non-migrants urbains (ce ne sont pas des personnes qui retournent dans leur région) (Catteneo et Robinson, 2020). Si ces personnes sont les moins performantes dans les aires urbaines et peuvent trouver un emploi correspondant mieux à leurs compétences dans une zone rurale, comme le suggère Young (2013) ainsi que Cattaneo et Robinson (2020), alors les écarts d'intégration des migrants sont surestimés.

Il est difficile de déterminer si l'émigration sélective (entreprise par des migrants ou des non-migrants) alimente une vision trop optimiste du bien-être et de l'intégration des migrants dans le marché du travail par rapport aux non-migrants urbains quand on étudie les échantillons urbains ; cela est particulièrement difficile lorsque l'on prend également en compte le facteur de la sélectivité dans l'émigration des non-migrants urbains. En fait, les données disponibles pourraient signaler que c'est l'inverse qui se produit. En matière d'instruction, on peut estimer que les niveaux légèrement supérieurs des migrants de courte durée par rapport aux migrants de longue durée confirment également l'idée selon laquelle les résultats résistent bien aux variables de migration de retour (en d'autres termes, ce sont les personnes les plus instruites et qui ont le plus de chances de réussir qui vont entreprendre une migration de retour). Dans le même temps, on ne peut entièrement écarter l'idée selon laquelle une migration de retour urbaine-rurale due à une situation de chômage fasse partie intégrante des dynamiques d'intégration, tout particulièrement pendant des périodes de déclin économique. Si cela est le cas, la flexibilité des migrants joue également un rôle particulièrement important pour permettre aux marchés du travail urbain de s'ajuster, comme cela a été le cas en Zambie au cours des années 1990 (Crankshaw et Borel-Saladin, 2019).

Aucune différence n'a été constatée entre migrants de courte durée et de longue durée concernant les niveaux de bien-être, même si les groupes de migrants doivent être étudiés sur la durée afin de bien identifier les conséquences de l'ancienneté des migrants sur leur intégration. Bien que les migrants récents rencontrent davantage de difficultés pour trouver du travail que les migrants plus anciens, ils ont tendance à travailler davantage d'heures, à un salaire cependant moins élevé. Ces différences ne se traduisent pas par un niveau de bien-être inférieur à celui des migrants plus anciens, même lorsque l'on intègre les variables de l'âge et du niveau d'instruction. Toutefois, les différences socio-démographiques entre certains groupes de migrants ne peuvent pas être exclues et sont susceptibles d'impacter dans la durée l'intégration sur le marché du travail ainsi que le bien-être des individus. Les niveaux d'instruction légèrement supérieurs constatés chez les migrants plus récents dans les données multisectorielles (graphique 2.2) peuvent par exemple signaler des progrès rapides sur le plan des inscriptions en école primaire dans les régions rurales africaines depuis les années 1990, plutôt qu'une émigration sélective des individus les plus performants et les plus instruits. Si tel est le cas, il faudrait cesser d'interpréter les écarts d'instruction entre les cohortes récentes et plus anciennes comme la cause d'une meilleure intégration dans le marché du travail. D'autres changements non observés peuvent également être à l'œuvre. Une baisse distinctive des différences d'instruction entre zones rurales et urbaines (à mesure que les taux d'inscription augmentent) peut avoir réduit les niveaux de compétences des groupes de migrants récents par rapport aux groupes passés, ce qui est susceptible d'affecter leur intégration sur le marché du travail.

Enfin, en l'absence d'historique de migration, il est également difficile de démêler les facteurs influençant les résultats des migrants urbains-urbains, qui peuvent être des citadins n'ayant jamais migré auparavant et ayant décidé de s'établir dans une autre ville, ou bien des individus ayant entrepris une migration par étapes qui commencent par rejoindre les petites villes les plus accessibles avant de s'établir dans des centres urbains plus importants. Dans l'ensemble, il est cependant probable que le phénomène de migration par étapes soit relativement limité (encadré 2.1) (Lucas, 2022), bien qu'il puisse être davantage présent dans certains environnements, comme le montrent les études de cas relatives aux villes tunisiennes abordées dans ce rapport (chapitre 3).

En résumé, afin de déterminer correctement les performances des migrants dans la durée par rapport aux non-migrants et analyser l'importance de certains types de migrations de transit, il est nécessaire de disposer d'échantillons de données issues d'un suivi continu des mêmes personnes migrantes[43]. Néanmoins, l'incapacité à rendre davantage compte de l'hétérogénéité des migrants urbains-urbains, au-delà des variables socioéconomiques déjà abordées, n'invalide par le constat général selon lequel ces migrants ont tendance à être mieux intégrés dans les marchés du travail urbains que les non-migrants urbains.

On peut raisonnablement penser que la bonne intégration des migrants sur le marché du travail dans des villes d'Afrique de l'Est où la croissance est plus forte n'enlève rien à l'idée selon laquelle les migrants s'intègrent bien dans les marchés urbains de manière générale, mais vient au contraire la renforcer. En effet, les données relatives à l'intégration des migrants présentées jusqu'ici reposent essentiellement sur les analyses menées dans des pays d'Afrique de l'Est (Éthiopie, Tanzanie et Ouganda). Ces pays ne sont pas seulement les moins urbanisés d'Afrique subsaharienne, mais c'est également là que la croissance de la population urbaine est la plus forte, la migration rurale-urbaine – ainsi que l'étalement urbain – contribuant deux fois plus à cette croissance que l'accroissement naturel (D'Aoust, 2021). La rapidité de l'expansion urbaine met les centres urbains sous pression, lesquels doivent maintenir leur offre de logements, leurs infrastructures et leur offre de services ; cette situation est potentiellement accentuée lorsqu'elle résulte de l'afflux de personnes extérieures et s'ajoute aux barrières à l'emploi auxquelles sont déjà confrontés les migrants lorsqu'ils s'établissent dans un nouvel environnement de travail. Des performances similaires en matière de bien-être et d'emploi dans ces environnements peuvent confirmer l'idée selon laquelle la situation des migrants n'est pas forcément moins bonne que celle de leurs homologues résidant déjà dans la ville ; elles suggèrent une intégration aussi réussie (voire davantage) dans des environnements où la croissance urbaine est moins marquée et moins alimentée par la migration, comme c'est le cas dans le reste du continent africain (Bocquier et Schoumaker, 2018).

Les constats présentés ici correspondent par ailleurs à ceux concernant l'intégration réussie des migrants sur le marché du travail telle qu'elle a été analysée par Beauchemin et Bocquier (2004) en Afrique francophone dans les années 1990 et au début des années 2000 (à la suite des programmes d'ajustement structurel des années 1980 et 1990). Cependant, l'Afrique subsaharienne a également connu une croissance économique durant les années 2000, l'Éthiopie, la Tanzanie et l'Ouganda présentant des résultats bien supérieurs à la moyenne, et ce même lorsque ces chiffres étaient ramenés à la croissance par habitant. Par ailleurs, les constats de l'étude semblent indiquer que les résultats diffèrent en fonction de la taille de la ville et de l'origine des migrants, les migrants ruraux-urbains des grandes villes démontrantrelativement plus de difficultés à s'intégrer que les migrants urbains-urbains des villes petites et moyennes, lesquels ont souvent tendance à présenter des performances supérieures à celles des non-migrants. L'impact des performances économiques nationales, des caractéristiques urbaines (taille de la ville, composition démographique, croissance démographique) ainsi que des caractéristiques de l'environnement des migrants sur leur absorption dans le marché du travail mériterait de faire l'objet de recherches plus approfondies.

Les marchés urbains à l'œuvre : une perspective dynamique

L'impact de la migration sur tel ou tel marché ou sur telle ou telle ville dépend également de l'impact des migrants sur la dynamique globale du marché urbain. Une vision statique a été adoptée jusqu'à présent, qui se focalise sur les performances des migrants sur les marchés du travail urbains ainsi que sur leur niveau de bien-être par rapport à leurs homologues urbains. Or, les migrants vont également impacter la dynamique urbaine plus générale. À chaque fois qu'un migrant entre (ou quitte) le centre urbain, il accroît (ou fait diminuer) la taille de celui-ci et affecte la rapidité de son expansion. En quittant la ville, il peut également changer la composition de la main-d'œuvre urbaine (s'il présente des caractéristiques démographiques ou des compétences différentes des non-migrants urbains, par exemple, ou bien si seuls les migrants possédant ces caractéristiques quittent la ville). En fonction du quartier où il décide de s'établir, il peut également avoir un impact sur la productivité urbaine en influençant l'aménagement spatial de la ville.

La migration peut ainsi ouvrir de nouvelles opportunités, par exemple en générant des économies d'agglomération, qui s'observent souvent lorsque les centres urbains s'étendent ou se densifient, ou bien du fait d'une complémentarité des compétences professionnelles. Mais elle peut également poser des défis, tout particulièrement lorsque les effets d'agglomération génèrent des bénéfices avec un temps de décalage, ou bien lorsque les non-migrants sont négativement impactés (pénurie de logements, congestion, concurrence pour la main-d'œuvre). Une expansion urbaine rapide alimentée par la migration est par exemple susceptible d'enfermer les centres urbains dans des niveaux de performance peu élevés, en freinant l'amélioration du niveau de vie des migrants comme des citadins en raison d'un retard dans la mise à niveau des infrastructures, des logements ou des services. À l'inverse, l'immigration intérieure peut également permettre de réduire la pauvreté urbaine du fait de la complémentarité des compétences avec les non-migrants, ce qui peut conduire à une adaptation des infrastructures en conséquence, comme cela a été observé au Brésil durant les années 1990 (Ferré, 2011).

L'évolution de ces dynamiques dépendra en outre du niveau de développement du pays et de ses performances économiques. Elles diffèrent par ailleurs en fonction de la taille de la ville (ville petites, moyennes et secondaires d'une part, grandes villes d'autre part). Les effets dynamiques sont bien souvent le sujet le plus pressant pour les maires, les migrants pouvant rapidement devenir les boucs émissaires de tous les maux. En l'absence de données empiriques directes concernant la direction et l'intensité des effets de la migration sur la productivité urbaine et le bien-être[44], les pages suivantes se concentrent sur les domaines via lesquels les migrants peuvent impacter la taille des aires urbaines ainsi que la rapidité de leur expansion, et par voie de conséquence les éventuelles économies ou déséconomies d'échelle, ainsi que l'impact de la migration sur la structure de la main d'œuvre urbaine, c'est-à-dire la vigueur et la composition de son capital humain ainsi que les potentielles externalités ou complémentarités en matière de capital humain. Les conséquences sur l'aménagement spatial de la ville (quartiers où arrivent les migrants et où ils s'établissent) ainsi que les problématiques associées de décalage spatial (distance importante entre le lieu de travail et le lieu de vie), qui s'inscrivent plus directement dans l'action du maire, seront abordées dans le chapitre 4. Par ailleurs, de nouvelles données économétriques relatives aux conséquences de la migration sur la productivité urbaine seront détaillées pour un pays d'Afrique, l'Ouganda, en vue de combler les lacunes empiriques concernant l'impact de la migration sur la productivité urbaine et le niveau de bien-être en Afrique, et compléter les déductions établies dans les deux sections qui suivent.

La contribution déclinante des migrants à la croissance démographique urbaine

Dans les initiatives politiques en matière d'urbanisation, la migration est encore considérée comme le principal facteur de croissance urbaine. La croissance urbaine représente la vitesse à laquelle la population urbaine augmente. Elle est déterminée par la somme de l'accroissement naturel urbain, de la migration nette rurale-urbaine, ainsi que de l'étalement urbain (reclassification des zones rurales périphériques en zones urbaines). L'accroissement naturel urbain fait ainsi augmenter la croissance urbaine de manière linéaire : chaque point de pourcentage ajouté à la population naturelle urbaine fait augmenter la croissance urbaine de 1 point de pourcentage. En revanche, le taux d'urbanisation, soit l'augmentation de la part de la population urbaine dans la population totale, dépend également du taux de l'accroissement naturel rural, qui peut atténuer l'effet de l'accroissement naturel urbain sur le taux d'urbanisation. À l'extrême, si les taux d'accroissement naturel rural et urbain sont identiques (l'accroissement naturel des zones rurales est égal à celui des zones urbaines), alors le taux d'urbanisation est entièrement déterminé par la migration rurale-urbaine (ainsi que par l'étalement urbain)[45], ce qui fait de la migration rurale-urbaine le principal facteur de l'urbanisation (avec l'étalement urbain)[46]. En pratique, cependant, l'urbanisation et la croissance urbaine sont des concepts qui sont souvent utilisés de façon interchangeable ; compte tenu de la focalisation des politiques nationales sur l'urbanisation, l'attention se porte de plus en plus sur la migration rurale-urbaine dans l'examen des défis de gouvernance urbaine, ce qui conduit à une relative négligence des facteurs démographiques dans la transformation de la ville[47].

Des niveaux similaires d'urbanisation peuvent cependant coexister avec des taux d'accroissement naturel urbain faibles ou élevés. La différence entre l'accroissement naturel urbain (et rural) en Asie et en Afrique, par exemple, constitue un élément important permettant d'expliquer pourquoi ces deux continents ont connu un taux d'urbanisation similaire durant la deuxième moitié du XXe siècle, mais avec des taux de réduction de la pauvreté et de croissance économique radicalement différents. Ils ont tous deux commencé avec des niveaux de développement et d'urbanisation similairement faibles, ainsi qu'avec des niveaux de pauvreté similairement élevés, tandis que le taux de migration rurale-urbaine était équivalent entre les deux continents. Cependant, l'accroissement naturel urbain et rural était nettement plus élevé en Afrique, ce qui a conduit à une croissance urbaine bien supérieure dans ce continent, ainsi qu'à des situations d'urbanisation sans croissance économique (Jedwab, Christiaensen et Gindelsky, 2017).

Pour les maires, c'est la croissance urbaine, soit la vitesse à laquelle s'accroît la population urbaine, qui constitue l'indicateur le plus pertinent, et non le taux d'urbanisation ; les politiques doivent donc se concentrer sur les facteurs de croissance urbaine[48]. La croissance urbaine va en grande partie déterminer le niveau de leurs investissements, qui visent à maintenir un niveau suffisant de capital physique et de services publics. Des investissements insuffisants auront pour conséquence d'augmenter la congestion et de diminuer les bénéfices liés aux effets d'agglomération. D'autre part, l'urbanisation, soit l'augmentation de la part de la population vivant dans les aires urbaines, constitue une problématique clé pour les gouvernements nationaux dans la mesure où elle conditionne l'attribution de leurs investissements au niveau spatial. Compte tenu des différents processus sous-jacents, et en dépit d'un certain nombre de composants en commun comme cela a été montré ci-dessus, la difficulté à distinguer l'urbanisation de la croissance urbaine peut conduire à des conclusions trompeuses pour l'étude du développement urbain et la conception de politiques (D'Aoust, 2021 ; Farrell, 2017 ; Fox, 2012 ; Jedwab, Christiaensen et Gindelsky, 2017).

Si la croissance de la population urbaine, qui atteint plus de 4 %, demeure importante en Afrique subsaharienne, elle est de plus en plus alimentée par l'accroissement naturel, et non plus par la migration. Une croissance annuelle de 4 % revient à multiplier la population par deux tous les 18 ans[49], ce qui poserait des défis à n'importe quel gouvernement – même à ceux disposant d'institutions et de finances solides. Les données disponibles sur certains pays en développement suggèrent elles aussi que l'accroissement naturel urbain, qui s'établissait à 60 %, était déjà le principal facteur de croissance de la population urbaine dans ces États au cours de la seconde moitié du XXe siècle (et nettement plus que de dans les pays développés, où il était estimé à environ 40 %) (Farrell, 2017). Le travail de Bocquier et Schoumaker (2018) suggère que la part de l'accroissement naturel urbain devrait augmenter davantage encore. La migration rurale-urbaine nette continue à diminuer dans une majorité des pays africains, tout particulièrement parmi les groupes les plus âgés (Menashe-Oren et Stecklov, 2017), tandis que les taux de fertilité, après des années de baisse, sont en train de se stabiliser, tout particulièrement dans les capitales du continent mais également de plus en plus dans d'autres aires urbaines, ce qui fait augmenter la contribution de l'accroissement naturel urbain.

C'est dans les grandes villes de pays où les taux d'urbanisation sont faibles que la contribution de la migration à la croissance urbaine demeure la plus importante, comme en Afrique de l'Est (graphique 2.3) ; elle se stabilise en revanche dans de nombreuses capitales africaines. Ce ralentissement fait écho

Graphique 2.3 **Sources de la croissance démographique dans les villes tanzaniennes**

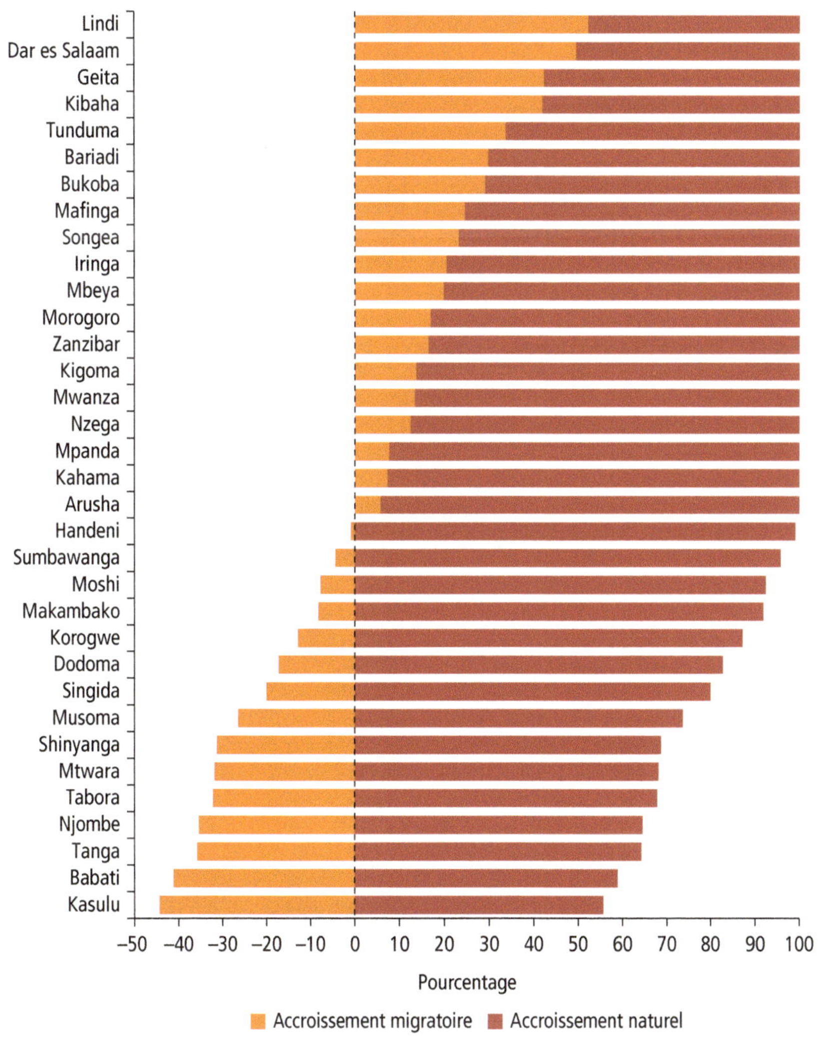

Source : Banque mondiale, 2021.

aux constats empiriques concernant l'intégration sur le marché du travail et le bien-être des migrants en milieu urbain, comme cela a été abordé plus haut dans ce chapitre. Bien que les migrants urbains des pays étudiés (Éthiopie, Tanzanie et Ouganda) présentent en général des résultats qui ne sont pas inférieurs à ceux des non-migrants en termes d'intégration sur le marché urbain du travail et de niveau de bien-être, on constate que ce sont les migrants ruraux-urbains des grandes villes qui rencontrent le plus de difficultés pour s'intégrer, davantage que ce que cela avait été observé dans les villes francophones au cours des années 1980 et 1990. Ces pays francophones étaient déjà davantage urbanisés au départ. En utilisant les données de 449 villes brésiliennes, Busso, Chauvin et Herrera (2021) en concluent de même que les conditions d'équilibre du modèle Harris-Todaro concernant la contribution de la migration rurale-urbaine au chômage urbain sont plus grandes dans les villes les plus importantes, dont la zone d'influence s'étend vers les régions rurales avoisinantes (et plus fortes pour les travailleurs disposant d'un niveau d'instruction en enseignement primaire mais non dans le secondaire). Dans ces circonstances, la migration est encore plus susceptible de venir s'ajouter à l'accroissement naturel et d'accélérer la croissance urbaine, mettant encore davantage les maires sous pression pour maintenir un parc locatif et des infrastructures adaptées, afin d'éviter les situations de congestion et préserver les économies d'agglomération. Néanmoins, tandis que la migration nette prévue dans les capitales africaines était élevée dans les années 1990 (50 % de la population des capitales) et encore positive en 2015 (18 %)[50], la contribution des zones rurales a décliné rapidement, passant de 50 % de la population de la capitale à un niveau comparable à celui des autres aires urbaines (9 % de la population de la capitale) (Bocquier et Schoumaker, 2018). L'accroissement naturel urbain est de plus en plus le principal facteur de croissance urbaine.

La contribution déclinante de la migration à la croissance urbaine dans les villes petites, moyennes et secondaires peut permettre à celles-ci de tirer profit de la migration, sous réserve d'investissements complémentaires suffisants. La pression migratoire continue qui s'exerce sur les capitales d'Afrique de l'Est suggère que les autres aires urbaines, les villes secondaires, ainsi que les villes petites et moyennes, jouent un rôle important pour absorber et tirer profit de la migration. Sur l'ensemble des pays, il a été constaté que la migration à destination des villes petites, moyennes et secondaires permet de réduire la pauvreté plus efficacement que la migration vers les grandes villes (Christiaensen et Kanbur, 2017), tandis que contrairement aux pays développés, aucun effet positif relatif à la taille des grandes villes n'a été relevé dans les pays en développement[51]. De nombreuses économies d'agglomération peuvent déjà être réalisées à un niveau bien inférieur à l'échelle de la métropole (Rodriguez-Pose et Griffiths, 2021). De manière plus générale, dans d'autres régions d'Afrique subsaharienne, de nouvelles aires urbaines, et tout particulièrement des villes secondaires, voient leur population quitter l'agglomération pour rejoindre la capitale, tandis que le flux migratoire net provenant des régions rurales est en baisse (Bocquier et Schoumaker, 2018), ce qui aboutit à une baisse de la migration nette. Le phénomène des villes secondaires constituant des « centres de transit » est également illustré par les études de cas relatives aux deux villes tunisiennes, qui se situent toutes deux dans des régions relativement à la traîne[52].

La pression migratoire plus faible qui s'exerce sur les villes petites, moyennes et secondaires, combinée à une absorption efficace des migrants dans les marchés urbains de manière générale, comme détaillé ci-dessus, suggère que les centres urbains intermédiaires peuvent jouer un rôle important afin d'aider les populations rurales à sortir du secteur agricole parallèlement au développement de leur pays, sous réserve que ces centres disposent de financements suffisants et d'une gestion adaptée.

Impact des migrants sur les caractéristiques de la main-d'œuvre urbaine (âge et compétences)

Les migrants sont en moyenne plus jeunes que les non-migrants, ce qui conduit à des taux de dépendance moins élevés et à un impact positif durable sur la productivité urbaine[53]. Comme dans le cas du niveau d'instruction, l'écart est plus important dans les villes petites, moyennes et secondaires, ainsi que pour les ménages de migrants urbains-urbains (graphique 2.2, partie b). Les taux de dépendance entre migrants ruraux-urbains et non-migrants ne sont guère différents dans les grandes villes. Des taux de dépendance plus élevés ont pour effet direct de réduire la part de la population active dans la population urbaine, ainsi que la part de la population active dans le marché du travail, compte tenu des besoins plus importants en matière de soin aux personnes, ce qui conduit à des revenus par habitant plus faibles et peut au final affecter l'accumulation de capital humain (les sommes économisées étant moindres, tout comme l'investissement en capital humain), ainsi qu'à une baisse des externalités en matière de capital humain, affaiblissant la croissance économique de la ville.

Il a été démontré que les taux de dépendance urbains plus élevés des pays en développement par rapport aux pays développés constituent un autre facteur important pour expliquer les performances moindres de l'Afrique urbaine, ainsi que le phénomène plus général d'une « urbanisation africaine sans croissance » (Jedwab, Pereira et Roberts, 2021). De même, la croissance de la population urbaine provoquée par la migration contribuerait bien moins à la congestion urbaine que l'accroissement naturel urbain, ce qui serait dû aux taux de dépendance moins élevés des ménages migrants (Jedwab, Christiaensen et Gindelsky, 2017). De manière indirecte, cependant, comme ils sont plus jeunes et présentent un taux de fertilité plus élevé, les migrants vont augmenter le taux brut de natalité dans un avenir proche, et donc l'accroissement naturel urbain, ce qui aura pour effet de ralentir la transition démographique urbaine à moyen terme. Ce dernier constat correspond à la tendance récente d'une stagnation de la diminution du taux de fertilité total de la population urbaine africaine, qui est particulièrement prononcée dans les grandes villes du continent où la part des migrants est plus élevée ; cela est cependant relativement moins le cas dans les autres centres urbains, où la proportion de migrants est également moins marquée (Bocquier et Schoumaker, 2018 ; Farrell, 2017).

En renforçant le vivier de compétences urbain, les migrants ruraux-urbains et urbains-urbains peuvent également favoriser la croissance de la productivité urbaine. L'importance du capital humain dans les performances économiques et la croissance des villes, associé aux économies d'agglomération, a été plusieurs fois démontré (De la Roca et Puga, 2017 ; Moretti, 2004). L'instruction favorise quant à elle le développement et la diffusion de technologies plus productives ; c'est pourquoi les individus résidant dans des villes de toute taille où le niveau d'instruction est plus élevé deviennent rapidement plus productifs sur la durée. En augmentant le niveau de compétences moyen de la main-d'œuvre urbaine dans les villes petites, moyennes et secondaires (mais non dans les grandes villes), les migrants contribuent positivement à ce processus. Cela est d'autant plus vrai dans le cas des migrants urbains-urbains, qui, par rapport aux non-migrants, ont tendance à disposer d'un avantage plus important en matière d'instruction que les migrants ruraux-urbains (graphique 2.2, partie c).

De plus, en dépit d'un niveau d'achèvement scolaire moins élevé, les migrants provenant de régions rurales et s'établissant dans les grandes villes peuvent malgré tout contribuer à la croissance de la productivité urbaine, compte tenu de la complémentarité des compétences qu'ils proposent, des économies d'agglomération de manière plus générale, ou de ces deux éléments à la fois. Le niveau d'instruction moins élevé des migrants ruraux dans les grandes villes, par rapport aux non-migrants (graphique 2.2, panneau c), ne se traduit pas forcément par des performances économiques plus faibles de la ville de destination. Cela dépendra fortement de leur capacité à venir compléter les compétences des travailleurs existants, ce qui permet à ces derniers d'améliorer leur situation, par exemple en obtenant de meilleurs emplois et en générant des externalités positives ; à l'inverse, les migrants peuvent remplacer ces travailleurs, cette concurrence se faisant souvent essentiellement ressentir chez les travailleurs existants peu qualifiés. Néanmoins, même en prenant en compte cette logique de remplacement, les travailleurs non-migrants peu qualifiés (ce qui inclut les migrants récents) peuvent tout même bénéficier de la migration lorsque des pressions à la baisse sur les salaires, lesquelles se limitent souvent au secteur industriel de la ville, sont compensées par des économies d'agglomération plus générales au niveau de la ville.

En Chine, au début des années 2000, il a été constaté que le ratio entre migrants ruraux et non-migrants urbains peu qualifiés constituait le facteur déterminant de l'avantage salarial nominal des citadins urbains (un facteur plus important que les effets liés à la localité, c'est-à-dire les caractéristiques de la ville telles que sa taille). C'est parmi les travailleurs urbains hautement qualifiés que cet avantage était le plus important, suivis des travailleurs urbains peu qualifiés ; il demeurait cependant également positif pour les migrants ruraux récemment arrivés dans une grande ville. Bien qu'il ait été constaté que les nouveaux migrants concurrencent les migrants ruraux récents sur des emplois similaires (exerçant ainsi des pressions à la baisse sur les salaires), les effets positifs généraux de la migration sur les économies d'agglomération au niveau de la ville compensent largement cette concurrence, de sorte que les migrants ruraux récents situés tout en bas de la pyramide des emplois continuent à voir leur salaire augmenter, bien que très légèrement, dans un contexte d'afflux migratoire (Combes et coll., 2020)[54].

Données récentes concernant l'effet positif de la migration sur la productivité urbaine

Les impacts de la densité urbaine sur la productivité du travail urbain (salaires) et sur le bien-être des ménages en Afrique subsaharienne n'ont été que peu étudiés et demeurent *a priori* flous. D'aucuns estiment que les bénéfices liés à la densité de population dans les pays en développement pourraient être plus importants que prévu, dans la mesure où le marché est dominé par de petites entreprises informelles et par des entrepreneurs ou des travailleurs ne disposant pas d'un niveau d'instruction élevé (Duranton, 2015). Comme ils dépendent davantage de leur environnement externe, cela offre davantage d'opportunités de partage des ressources[55] et permet des appariements emploi-travailleur plus nombreux et plus efficaces, ainsi que des apprentissages plus nombreux et plus rapides. D'autres estiment en revanche que les grandes villes africaines, tout particulièrement, présentent non seulement une densité économique faible[56] et des coûts urbains plus élevés (congestion, pollution, criminalité) (Grover, Lall et Timmis, 2021), mais également un accès limité aux marchés régionaux et internationaux. Les contraintes institutionnelles et réglementaires conduiraient à une mauvaise affectation des terres et de la main-d'œuvre dans les villes africaines, fragmenteraient leur développement spatial et décourageraient les investissements étrangers (Lall, Henderson et Venables, 2017). Ces facteurs limitent les services proposés par la ville ainsi que sa production de biens échangés à l'échelle locale, réduisant les effets d'entraînement et le potentiel économique[57]. De ce point de vue, la migration, sans en être la cause directe, peut aggraver l'impact de politiques urbaines inefficaces qui conduisent à des performances économiques faibles. Il n'existe cependant que peu de preuves directes permettant de déterminer les interactions entre ces facteurs.

La majorité des recherches indiquent que la densité urbaine aurait un impact relativement plus important dans les pays en développement que dans les pays développés (Duranton, 2015). De même, une étude se fondant sur des mesures standardisées et soigneusement agrégées de la densité urbaine dans six pays d'Afrique subsaharienne indique que le fait de résider dans des environnements urbains plus denses conduit à des gains salariaux plus élevés, ainsi qu'à des bénéfices encore plus grands sur le plan des revenus des ménages (Henderson, Nigmatulina et Kriticos, 2021). Par ailleurs, ces impacts sont généralement plus élevés que les estimations calculées dans d'autres pays en développement du reste du monde. Cette recherche en conclut à un impact positif de la densité urbaine sur les performances du marché du travail dans le contexte africain, sans pour autant analyser le rôle potentiel de la migration.

De nouvelles données tendent à confirmer que les migrants fournissent par ailleurs une contribution positive à la productivité du travail et au bien-être en milieu urbain, essentiellement par l'augmentation de la densité de population qu'ils provoquent. Plus spécifiquement, la question qui se pose est de déterminer si les effets d'agglomération sur la productivité du travail urbain et sur le niveau de bien-être se vérifient également lorsqu'ils sont générés par les migrants. En utilisant des données de panel longitudinales relatives aux individus dans le cadre de six relevés statistiques s'étalant entre 2005/2006 et 2005/16[58] et incluant des variables uniques pour contrôler la sélectivité, les erreurs de mesure, ainsi que l'apprentissage dynamique résultant des effets fixes liés aux caractéristiques des individus et des localités, une étude portant sur l'Ouganda confirme l'existence d'effets d'agglomération positifs importants (tableau 2.10) (Keenan et Christiaensen, 2023). En outre, elle indique que ces effets sont également présents lorsque la densité urbaine est alimentée par l'arrivée de migrants. Ce constat empirique est le premier de ce type ; compte tenu des critères empiriques exigeants établis pour réaliser cette étude, il semble relativement solide[59]. Des analyses de suivi ont confirmé que l'impact positif des migrants sur la productivité du travail et sur le bien-être, via l'augmentation de la densité urbaine, dépasse largement leur impact sur le vivier de compétences et sur la moyenne d'âge des aires urbaines où ils s'établissent[60]. Les migrants peuvent également accroître la rapidité de la croissance urbaine, ce qui ne semble pas affecter négativement les niveaux de salaire ou de bien-être dans la ville.

De manière générale, si l'on adopte une perspective plus dynamique, la migration se présente comme une force de changement positive, tout particulièrement dans les villes petites, moyennes et secondaires. Elle permet de réduire le taux de dépendance de la main-d'œuvre urbaine et d'élargir le vivier de compétences ; de plus, l'accroissement naturel et l'étalement urbain – et non la migration – ayant constitué par le passé les éléments moteurs de l'expansion urbaine, ces effets positifs de la migration s'appliquent d'autant plus à l'heure actuelle et pour le futur proche. Cependant, ces facteurs doivent être mis en regard des capacités financières et institutionnelles permettant de créer l'environnement des affaires et les services urbains nécessaires au développement de centres urbains dynamiques pour l'ensemble des citadins (récents ou anciens), entretenir une main-d'œuvre active et performante, et absorber les nouveaux arrivants de façon productive[61]. Le chapitre suivant examinera si cela est le cas, en analysant de façon approfondie la situation de quatre villes situées dans trois pays (l'Éthiopie, la Tunisie et l'Ouganda). Plus généralement, l'impact plus ou moins positif des migrants dans la transformation de la ville dépendra également du contexte économique général dans lequel se situent les centres

Tableau 2.10 Contribution des migrants à la productivité du travail urbain et au bien-être via des effets d'agglomération en Ouganda

	Salaires (valeur logarithmique)		Salaires (valeur logarithmique)		Revenus réels par équivalent adulte (valeur logarithmique)		Consommation réelle par équivalent adulte (valeur logarithmique)	
Caractéristiques du centre urbain	**(1)**	**(2)**	**(3)**	**(4)**	**(5)**	**(6)**	**(7)**	**(8)**
Densité de population urbaine (valeur logarithmique)	1,228***		0,486**		2,385***		1,075***	
Densité de la population urbaine migrante (valeur logarithmique)		0,800*		0,814**		0,517		0,467***
Densité de la population urbaine non migrante (valeur logarithmique)		0,741		−0,470		2,493***		1,111***
Croissance de la densité de population urbaine (sur 3 ans)	−0,00378		−0,00844**		0,0102**		0,00287*	
Croissance de la densité de la population urbaine migrante (sur 3 ans)		−0,00061		−0,00114		0,00171**		0,000669***
Croissance de la densité de la population urbaine non migrante (sur 3 ans)		0,00537		−0,00349		0,00704		0,00686***
Observations	*2039*	*2011*	*2039*	*2011*	*5090*	*4980*	*5090*	*4980*
Contrôles individuels	Oui	Oui	Oui	Oui	Oui	Oui	Oui	Oui
Effets fixes relatifs aux individus	Oui	Oui	Oui	Oui	Oui	Oui	Oui	Oui
Effets fixes relatifs à l'emplacement géographique	Oui	Oui	Non	Non	Oui	Oui	Oui	Oui

Source : Keenan et Christiaensen, 2023.
Remarque : des contrôles supplémentaires incluent, au niveau de la ville, des variables destinées à rendre compte des effets d'agglomération (valeur logarithmique de l'aire urbaine [km^2], potentiel du marché), de la croissance urbaine (croissance de l'aire urbaine sur 3 ans, croissance du potentiel du marché sur 3 ans), de la composition de la population par âge (nombre d'enfants à charge, population âgée dépendante), des compétences de la main-œuvre urbaine (ratio d'achèvement de l'enseignement primaire par rapport à l'absence d'instruction ; ratio d'achèvement d'un niveau secondaire ou supérieur par rapport à l'absence d'instruction), de la concentration du marché dans le centre urbain (indice de Herfindahl), de paramètres et de chocs agroécologiques (moyenne des précipitations annuelles et écart-type), ainsi que du nombre de conflits dans la région. Des contrôles supplémentaires ont été ajoutés pour des paramètres individuels tels que l'âge, le niveau d'instruction, le taux de dépendance du ménage, ainsi que le secteur d'emploi (agriculture, industrie manufacturière, services).
Niveau de significativité : * = 10 % ; ** = 5 % ; *** = 1 %.

urbains intermédiaires, ce qui comprend leur proximité aux marchés (intérieurs et internationaux) ainsi que leurs ressources économiques (ressources naturelles, ressources minières et agriculture, industrie manufacturière, services). Cet aspect doit cependant faire l'objet de recherches spécifiques.

Notes

1. Si le nombre de districts ou de zones varie en fonction du pays, de la source de données et de l'année examinée, le présent rapport comptabilise systématiquement entre 100 et 200 districts ou zones par pays, à l'exception du Mali et du Soudan. L'Éthiopie compte ainsi 100 zones (enquête sur la population active, 2013) : le Ghana 148 districts (recensement de 2010) ; le Kenya 127 districts (recensement de 2009) ; le Mali 27 districts (recensement de 2009) ; le Soudan 86 districts (recensement de 2008) ; la Tanzanie 169 districts (étude sur les indicateurs de niveau de vie, 2010) ; l'Ouganda 113 districts (enquête nationale sur les ménages, 2016/2017).
2. Dans la littérature sur le sujet, le lieu de naissance est parfois également pris en compte pour définir les individus comme migrants ou non (que ce soit de façon indépendante ou en tant que critère supplémentaire). Les tableaux et les graphiques présentés dans ce chapitre intègrent ce paramètre dans le cas de l'Éthiopie et de la Tanzanie, des pays pour lesquels un migrant est défini comme une personne s'étant établie dans un nouveau district au cours des dix dernières années (le lieu de naissance étant utilisé comme critère supplémentaire). Par conséquent, les individus qui sont nés dans une aire urbaine, ont vécu ailleurs pendant un temps, puis sont revenus s'établir dans l'aire urbaine au cours des dix dernières années sont considérés comme des non-migrants urbains. Néanmoins, dans les tableaux du présent chapitre, les individus nés dans un autre district et s'étant établis dans une nouvelle aire urbaine depuis plus de dix ans sont également définis comme des non-migrants urbains.
3. On se concentre ici sur les individus appartenant à la population active urbaine, qu'ils aient un emploi ou non. Les individus situés en dehors de la tranche d'âge comprise entre 15 et 64 ans ne sont pas pris en compte.
4. En principe, il serait possible d'utiliser les études longitudinales sur la mesure des niveaux de vie réalisées par la Banque mondiale. Ces études représentatives à l'échelon national suivent certains individus analysés dans le temps et l'espace dans huit pays africains, ce qui constitue une étape aussi notable qu'exceptionnelle en la matière. Toutefois, ces études ne suivant généralement les individus que sur deux à quatre ans, cela ne permet pas d'analyser leur intégration à long terme sur le marché du travail (https://www.worldbank.org/en/programs/lsms/initiatives/lsms-ISA).
5. Sur le plan conceptuel, des délimitations politico-administratives, morphologiques (basées sur l'utilisation des terres) et fonctionnelles (flux de personnes et de biens) peuvent être utilisées afin de distinguer les aires urbaines des aires rurales (OCDE/CSAO, 2020). La littérature sur le sujet parle de villes, d'agglomérations et de métropoles. En pratique, les définitions nationales d'une aire urbaine se fondent sur des critères quantitatifs (un seuil minimal pour le nombre d'habitants, par exemple),

spatiaux (limites administratives) et fonctionnelles (chef-lieu de région, siège de collectivité territoriale, etc.), ou d'une combinaison de ces éléments. Dans les faits, cela englobe les concepts de grande ville, d'agglomération et de métropole. On y ajoute parfois comme critère la nature des professions des individus (en fixant par exemple un seuil maximal pour le pourcentage de personnes employées dans le secteur agricole) afin de prendre en compte le degré de transformation structurelle que devrait présenter une aire dite urbaine, et donc son éloignement des activités économiques se fondant sur une exploitation directe des ressources naturelles (terres, forêts, poissons) (Potts, 2018). Ces différences conduisent à une grande hétérogénéité des définitions nationales relatives aux statistiques « urbaines », entraînant des impacts variables sur le calcul de la croissance urbaine et du taux d'urbanisation. Potts (2018), par exemple, décrit précisément comment l'étalement urbain, lorsqu'il fait fusionner des villages essentiellement ruraux avec le milieu urbain en se fondant sur une définition de l'aire urbaine reposant essentiellement sur des critères démographiques (ou bien sur des seuils peu élevés ou obsolètes), conduit souvent à une surestimation de la croissance urbaine et de l'urbanisation en Afrique par rapport à ce qu'indiquerait l'évolution du type de professions exercées dans ces zones.

6. Voir Cattaneo et coll. (2022) pour une analyse de l'importance d'une comparaison différenciée du continuum rural-urbain dans la hiérarchie urbaine.
7. Bien que ce seuil soit forcément quelque peu arbitraire, on constate que de nouvelles activités et de nouveaux services apparaissent souvent au-dessus d'un seuil de 10 000 habitants, signalant un changement qualitatif. En Afrique, le seuil de 10 000 habitants représente entre 1000 et 1500 ménages (contre 3500 à 4000 ménages en Europe) (OCDE/CSAO, 2020). Un environnement bâti, par définition, ne contient aucune zone où des bâtiments seraient séparés par plus de 200 mètres.
8. La commission de statistique de l'ONU applique la méthodologie du « degré d'urbanisation » comme méthode recommandée pour comparer différents pays. Cette définition repose à la fois sur les paramètres de concentration et de densité de la population.
9. Cela inclut l'Angola, le Burundi, la Côte d'Ivoire, le Gabon, le Kenya, le Lesotho, le Malawi, la Mauritanie, le Niger, le Soudan du Sud, la Tanzanie et l'Ouganda.
10. Ce n'est pas par hasard que le modèle Harris-Todaro, qui examine l'impact de la migration rurale-urbaine sur le chômage urbain et pour lequel ses auteurs ont reçu le prix Nobel, a été élaboré à la fin des années 1960, à un moment où la croissance démographique de plusieurs capitales africaines était en pleine explosion. La ville de Nairobi a plus que doublé au cours des années 1950, et elle a augmenté de 80 % durant la décennie suivante. De même, la population de Dar es Salaam a respectivement augmenté de 103 % et de 121 % durant les années 1950 et 1960 ; à Kampala, ces chiffres ont atteint 322 % et 152 %, contre 114 % et 85 % à Accra.
11. Selon l'OCDE/CSAO (2020), c'est le phénomène d'urbanisation *in situ*, fréquemment observé en Afrique au cours des dernières décennies, qui est un facteur clé de l'urbanisation actuelle d'un grand nombre de zones d'urbanisation majeures sur le continent, et non les migrations rurales-urbaines ni la croissance de la population urbaine. Les constats établis par Bocquier et Schoumaker (2018), ainsi que par Menashe-Oren et Bocquier (2021), se fondent sur des données de recensement et se concentrent sur le rôle de l'accroissement naturel urbain. Quoi qu'il en soit, ces

recherches concluent toutes deux que la migration rurale-urbaine constitue bien moins un facteur d'urbanisation et de croissance urbaine en Afrique qu'auparavant, à l'exception de l'Afrique de l'Est (voir section « Données récentes concernant l'effet positif de la migration sur la productivité urbaine »).

12. De même, les Indicateurs du développement dans le monde (fondés sur le rapport de l'ONU relatif aux perspectives de l'urbanisation mondiale, ou *World Urbanization Prospects*), estiment à 39 % la part des agglomérations urbaines de plus d'un million d'habitants dans la population urbaine totale de l'Afrique subsaharienne.
13. Les informations résidentielles d'un individu ne sont généralement pas enregistrées au niveau individuel mais à un niveau géographique supérieur (zone de recensement, sous-district, district). Des informations géolocalisées relatives aux zones de recensement seraient normalement suffisantes pour catégoriser les individus comme vivant en milieu urbain et les classer en fonction de la taille de leur ville ; or, ces informations ne sont pas accessibles publiquement pour des raisons de confidentialité. Le district constitue généralement le niveau géographique de résidence le plus précis disponible pour chaque individu, ce qui s'applique pour la majorité des échantillons analysés dans les enquêtes sur les ménages et les recensements de la présente étude.
14. En Ouganda, où le lieu de résidence fourni pour chaque individu est le sous-district, ce sont les sous-districts – et non les districts – qui ont été associés aux agglomérations urbaines correspondantes de la base de données d'Africapolis.
15. Au Kenya, un nombre trop important de districts comportaient des agglomérations de tailles différentes : il était inenvisageable de les omettre tous. Par conséquent, lorsqu'au moins 70 % des agglomérations totales d'un district spécifique appartenaient selon Africapolis à une même catégorie de taille de ville, c'est cette catégorie qui a été attribuée au district dans son ensemble. Finalement, neuf districts ont dû être laissés de côté, la composition urbaine par taille de ville ne remplissant pas le critère ci-dessus.
16. Pour les pays examinés ici, c'est dans le cas de l'Ouganda que la répartition par taille de ville diffère le plus de la répartition telle qu'elle a été établie par Africapolis (avec un écart compris entre 12 et 35 points de pourcentage selon les catégories de taille de ville), tandis que cette répartition était quasi similaire en Éthiopie. Dans les autres pays, la différence est essentiellement comprise entre 5 et 15 points de pourcentage, selon la catégorie de taille de ville.
17. Pour l'Afrique subsaharienne dans son ensemble, l'estimation donnée par les Indicateurs du développement dans le monde (consultés le 15 avril 2021) concernant la part de la population urbaine vivant 2015 dans une agglomération urbaine de plus d'un million d'habitants est très proche de celle donnée par Africapolis (39 % contre 40 %). Les écarts au niveau des pays sont compris entre 4 % et 9 % (à l'exception du Mali, où cet écart est de 25 %). Les pourcentages de la population urbaine vivant dans d'autres catégories de taille de ville ne sont pas inclus dans les Indicateurs du développement dans le monde.
18. La contribution de la migration à l'urbanisation et à la croissance urbaine est plus importante dans des situations où la dynamique d'urbanisation est faible, tout particulièrement dans les capitales, comme c'est le cas en Afrique de l'Est, et elle diminue dès que l'urbanisation augmente (Bocquier et Schoumaker, 2018).

19. La part peu élevée des migrants dans la population urbaine de l'Ouganda est essentiellement liée à la définition qui y est donnée aux migrants. En effet, seuls les individus s'étant établis depuis moins de cinq ans étaient identifiés comme migrants dans l'étude sur les indicateurs de niveau de vie. Si l'on se base sur le recensement de 2014 et que l'on considère comme migrants tous les individus s'étant établis dans un nouveau district au cours des 10 dernières années, la part des migrants dans la population ougandaise totale s'élève à 19 %.
20. On pourrait s'attendre à ce que la proportion de migrants de courte durée soit plus élevée dans les villes petites et moyennes que dans les grandes villes lorsque la migration par étapes représente un phénomène non négligeable parmi les migrants ruraux-urbains. Les données collectées dans le tableau 2.3 viendraient plus ou moins étayer cette idée, la part des migrants de courte durée étant légèrement supérieure dans l'ensemble des pays répertoriés, à l'exception de la Tanzanie, où les migrations de courte durée dans les grandes villes sont particulièrement fréquentes (58 %, contre 48 % en moyenne dans l'ensemble des autres pays). Néanmoins, dans les quatre autres pays, la différence entre les villes petites et moyennes d'une part, et les grandes villes d'autre part, au niveau du pourcentage de migrants de courte durée dans la population totale, est relativement faible (48,4 % en moyenne dans les villes petites et moyennes, contre 45,8 % dans les villes secondaires et les grandes villes combinées). Conformément à ce qui a pu être constaté par Lucas (2022), le phénomène de la migration par étapes existe mais demeure relativement limité (encadré 2.1).
21. En Éthiopie, il a été constaté que 65 % des hommes migrent pour des raisons relatives à l'emploi, contre 45 % chez les femmes. De même, en Ouganda, 51 % des hommes migrent afin de trouver un travail ; ce motif concernait seulement 31 % des femmes migrantes. En Tanzanie, ces chiffres étaient respectivement de 15 % et de 5 %. En Tanzanie, le regroupement familial était le motif de migration le plus fréquemment avancé (hommes et femmes confondus).
22. Les données relatives aux heures travaillées, aux salaires, ainsi qu'aux revenus et aux dépenses, étaient uniquement disponibles dans les enquêtes, et non dans les recensements.
23. Bien que les dépenses ne permettent pas de calculer la consommation de biens publics, les dépenses et la consommation sont ici utilisées de façon interchangeable.
24. La somme des coefficients de la variable relative aux migrants urbains-urbains et du terme d'interaction migrant urbain-urbain/ville demeure positif.
25. Cela peut être vérifié par le coefficient positif important et statistiquement signifiant de la variable relative à l'indicateur de grande ville, dans les colonnes (3) à (5) du tableau 2.7.
26. L'écart salarial total entre les migrants ruraux-urbains des grandes villes et les non-migrants urbains des grandes villes atteint près de 50 %. Pour voir cela, il faut ajouter les coefficients du terme d'interaction relatif aux migrants ruraux-urbains et de celui relatif aux migrants ruraux-urbains et à la ville : (−0.19 − 0,295) × 100 = −48,5 % (tableau 2.7, colonne (3)). Pour voir dans quelle mesure les revenus des migrants ruraux-urbains des grandes villes diminuent par rapport aux non-migrants urbains, il faut ajouter les coefficients du terme d'interaction migrant rural-urbain et ville/migrant rural-urbain : (0,516 − 1,016) = −0.5, ou environ 50 %.

27. Ce constat se fonde sur les résultats générés en appliquant les régressions du tableau 2.7 séparées en fonction du sexe. Les résultats n'ont pas été détaillés ici.
28. Zhao (2020) démontre qu'en Chine, la présence des migrants ruraux-urbains fait augmenter les salaires des travailleurs urbains, l'impact étant plus important chez les travailleurs urbains les plus qualifiés. Cela est dû à la requalification professionnelle des travailleurs urbains (tout particulièrement les travailleurs faiblement et moyennement qualifiés), ainsi qu'à l'augmentation de la demande de main-d'œuvre par l'augmentation du nombre d'entreprises industrielles et de leur production, lesquelles peuvent à présent profiter d'une offre continue de travailleurs peu qualifiés.
29. Cette sélection spatiale entre les différentes catégories de ville de la hiérarchie urbaine a pu par exemple être observé parmi les jeunes diplômés en Colombie. Les individus les plus talentueux s'orientent vers les grandes villes, essentiellement parce qu'ils y demeurent après y avoir suivi leurs études. Si les individus s'établissant dans des villes plus petites pour y travailler après la fin de leurs études présentent des compétences relativement moindres par rapport à ceux qui restent dans la ville de leurs études, ils font cependant souvent partie des personnes aux salaires les plus élevés dans leur ville de destination. Les diplômés qui s'établissent dans des villes plus grandes après leurs études ne surclassent pas, en général, les résidents de leur ville de destination, bien qu'ils disposent de compétences légèrement supérieures dans leur ville universitaire d'origine (Bacolod, De la Roca et Ferreyra, 2021).
30. En Éthiopie, où un système similaire d'enregistrement des ménages a été mis en place, les migrants ruraux-urbains sont confrontés aux mêmes difficultés pour accéder aux services sociaux urbains.
31. L'écart d'âge des migrants ruraux-urbains et urbains-urbains par rapport aux non-migrants a été calculé pour trois pays, tandis que l'écart d'âge pour l'ensemble des migrants a été calculé pour six pays, ce qui explique pourquoi ce dernier n'est pas présent entre les deux autres indicateurs, comme cela est le cas des autres sections du graphique 2.2.
32. Les comparaisons indiquées dans le tableau 2.7 entre migrants et non-migrants urbains en matière de bien-être (colonnes (4) et (5)) incluent des variables intégrant les facteurs de personnes à charge du ménage et de la taille du ménage.
33. Par exemple, dans les villes intermédiaires, les grandes villes et les métropoles des six pays étudiés, il y avait respectivement 13,9 % et 6,0 % plus de citadins ayant achevé l'enseignement secondaire ou bénéficié d'un enseignement supérieur que dans les petites villes. De même, il y avait 11,2 % moins de citadins dépourvus de tout type d'instruction officielle dans les grandes villes que dans les petites villes, et 4,2 % moins de citadins dépourvus de tout type d'instruction officielle dans les villes petites, moyennes et secondaires que dans les petites villes. Ces résultats ne sont pas inclus dans le graphique 2.2.
34. Le niveau d'achèvement scolaire plus élevé constaté chez les individus s'établissant dans un centre urbain plus important ne leur permet cependant pas d'atteindre les niveaux d'instruction moyens des individus habitant déjà dans ces centres.
35. Les personnes plus âgées disposent plus souvent d'un emploi et perçoivent un salaire plus important ; les migrants sont plus jeunes (y compris les migrants urbains-urbains des villes petites et moyennes), c'est pourquoi les coefficients estimés, en l'absence de contrôles relatifs à l'âge, sont plus faibles (tableau 2.8, colonnes (1) et (4)).

36. Lorsque l'on tient compte des facteurs de l'âge et du niveau d'instruction dans les variables, on ne constate qu'une diminution relativement faible du coefficient des heures travaillées. L'écart salarial devient également légèrement plus faible et n'est plus significatif sur le plan statistique.
37. La mobilité pendulaire constitue l'une des manifestations des liens urbains-ruraux, comme le montre les études de cas portant sur les villes secondaires de Jinja (Ouganda) et de Kairouan (Tunisie) (chapitre 3). L'importance de la prise en compte du continuum rural-urbain dans la définition de politiques de développement est analysée par Cattaneo et coll. (2022), qui recommandent par ailleurs de délimiter les zones d'influence rurales en se fondant sur le temps de trajet vers le centre urbain le plus proche, et de différencier en fonction de la place du centre urbain dans la hiérarchie urbaine.
38. L'emploi salarié, au cours duquel des compétences sont accumulées et des économies sont réalisées, précède souvent la création d'entreprise et l'entrée dans le niveau supérieur du travail indépendant (Basu et coll., 2019).
39. Au contraire, l'écart salarial entre migrants ruraux-urbains des grandes villes et non-migrants se réduit lorsque l'on intègre des variables spécifiques au district, bien que l'impact des caractéristiques de la ville sur ce paramètre soit parfois difficile à évaluer dans les grandes villes, dans la mesure où les grandes villes ne comprennent que quelques districts et que l'impact lié à la présence d'une grande ville a déjà été pris en compte.
40. Les coefficients du statut de migrant s'établissant dans une ville petite, moyenne ou secondaire diminuent lorsque l'on prend en compte les caractéristiques de la ville via des effets fixes spécifiques au district (comparer les coefficients du tableau 2.9, colonne (3) et (4)). En l'absence de contrôles sur les districts, et en partant de l'idée selon laquelle les migrants sont davantage susceptibles de s'établir dans des villes où ils bénéficieront d'un niveau de consommation plus élevé, des niveaux de bien-être plus élevés relatifs à la localité s'ajouteraient aux coefficients des migrants, ce qui est observé pour les migrants des villes petites et moyennes. Le degré d'importance du choix de la ville pour expliquer les différences de bien-être entre migrants et non-migrants dans les grandes villes est plus difficile à déterminer, dans la mesure où les grandes villes comprennent peu de districts ; le plus souvent, une ville équivaut à un district.
41. Les estimations se basent sur les dynamiques de retour observées dans les enquêtes démographiques et sanitaires dans les années 1990 et 2000 (Cattaneo et Robinson, 2020). Pour l'Éthiopie (2000) et la Tanzanie (1999), deux des pays étudiés ici, les pourcentages de retour des migrants ruraux-urbains de sexe masculin sont respectivement de 31 % et de 15 %, et respectivement de 15 % et 29 % pour les femmes migrantes rurales-urbaines.
42. Si les femmes sont moins susceptibles d'entreprendre une migration de retour, la part de retours parmi les femmes mettant un terme à leur mariage est élevée (en Tanzanie, par exemple). Sur l'ensemble des résultats, il n'y pas de différence importante au niveau des taux de retour par statut de consommation ; par ailleurs, un grand nombre de femmes revenant vers leur résidence d'origine sont également peu instruites.
43. Il a été clairement démontré qu'il était crucial de contrôler l'évolution des caractéristiques des migrants pour étudier leur intégration sur le marché du travail, par exemple dans le cadre d'une étude de l'intégration des migrants étrangers sur le marché du travail aux États-Unis (Abramitzky, Boustan et Eriksson, 2014 ; Lubotsky, 2007 ; Minns, 2000).

44. L'ouvrage de Combes et coll. (2020) portant sur la Chine constitue une exception notable.
45. C'est l'écart entre les taux d'accroissement urbain et rural qui importe. Si les deux sont équivalents, alors le taux d'urbanisation est entièrement alimenté par la migration (ainsi que par l'étalement urbain). À l'heure actuelle, dans les pays en développement, le taux d'accroissement naturel rural dépasse le taux d'accroissement naturel urbain (les zones urbaines ayant souvent une longueur d'avance sur les zones rurales dans leur transition démographique), ce qui élimine une partie de l'impact de la migration sur le taux d'urbanisation (Jedwab, Christiaensen et Gindelsky, 2017).
46. La migration est souvent calculée sous la forme d'une catégorie résiduelle, une fois déduit l'accroissement naturel urbain dans la croissance urbaine totale. Les contributions de la migration et de l'étalement urbain sont ainsi agrégées, surtout parce qu'il est souvent difficile d'accéder à des données systématisées sur l'étalement urbain en tant que facteur de croissance urbaine.
47. Tandis que le nombre de pays en développement ayant mis en œuvre des politiques visant à réduire la croissance de la population est resté quasi inchangé depuis 1996, le nombre de pays mettant en œuvre des politiques destinées à ralentir la migration rurale-urbaine a triplé (passant d'environ 40 à environ 120) (Farrell, 2017).
48. Le concept de croissance urbaine est abordé ici dans le contexte des gouvernements urbains, lesquels s'intéressent avant tout à l'expansion de *leurs* villes, et non de l'expansion de la population urbaine du pays dans son ensemble.
49. Le taux réel de l'expansion est relativement plus faible, étant donné qu'une partie de la croissance urbaine africaine est la conséquence de l'étalement urbain (voir la section intitulée « Hiérarchie urbaine ») (Potts, 2018). La recatégorisation de villages en nouvelles villes doit être exclue de ce calcul. L'absorption des villages voisins dans des centres urbains existant, en revanche, sera incluse. Cette absorption constitue un réel défi de gestion urbaine, comme l'ont signalé les entretiens avec les autorités locales dans l'étude de cas portant sur Jinja, en Ouganda (chapitre 3).
50. Ces résultats se basent sur huit pays (le Botswana, le Burkina Faso, le Cameroun, le Ghana, le Mozambique, le Sénégal, l'Afrique du Sud et la Zambie). Des résultats similaires ont été obtenus en ajoutant six autres pays d'Afrique de l'Est et de l'Ouest pour lesquels seuls les flux entrants et sortants pour la capitale ainsi que pour le reste du pays ont pu être calculés, et non pour chaque autre aire urbaine ou rurale (Guinée, Kenya, Mali, Soudan, Tanzanie, Ouganda). La migration nette dans la capitale a ensuite diminué, passant de 82 % de sa population en 1975 à 12 % en 2015.
51. Lorsqu'une grande partie des industries bénéficient d'économies d'agglomération, d'infrastructures urbaines de qualité, ainsi que d'une gouvernance efficace, les pays peuvent alors profiter pleinement des économies d'échelles dues aux effets d'agglomération. Ces conditions ne sont pas remplies dans la majorité des grandes villes africaines. Par conséquent, l'absence d'une relation positive entre la taille de la ville et la croissance économique n'est guère surprenante (Frick et Rodriguez-Pose, 2016, 2018a, 2018b ; Lall, Henderson et Venables, 2017).

52. Cela les rend également plus susceptibles d'atteindre des conditions d'équilibre de type Harris-Todaro (Busso, Chauvin et Herrera, 2021).
53. Les jeunes adultes (âgés de 15 à 29 ans) forment la majeure partie des flux migratoires ruraux-urbains (jeunes professionnels en début de carrière, jeunes pères et mères de famille, et individus relativement facilement mobilisables). La migration rurale-urbaine des jeunes adultes s'est maintenue à des niveaux relativement élevés au cours de la période 1980-2015, avec des impacts importants sur le taux de dépendance urbain, qui étaient plus importants que le taux de fertilité ou de mortalité. La migration des adultes plus âgés (âgés de 30 à 59 ans), si elle n'est pas aussi importante, a un impact inverse sur les taux de dépendance. La part de ces migrations a décliné au cours des 20 dernières années, et elles s'effectuent plus fréquemment dans le sens inverse (zone urbaine vers zone rurale), ou du moins tout autant dans ce sens (Menashe-Oren et Stecklov, 2017).
54. Les résultats contrôlent les caractéristiques individuelles observées.
55. Cela inclut le partage de biens publics indivisibles, les équipements productifs et les marchés, ainsi que l'accès à une plus grande variété d'intrants et à une mutualisation des risques, qui permettent chacun d'améliorer la spécialisation et les économies d'échelle.
56. Une densité économique peu élevée peut être causée par la lenteur ou le coût élevé de la mobilité intra-urbaine, ce qui conduit à une fragmentation de la ville.
57. Il a été avancé que les biens urbains non échangeables ne bénéficient pas autant d'une densité accrue que les biens urbains échangeables (Burger, Ianchovichina et Akbar, 2022), et qu'ils sont davantage affectés par des externalités négatives urbaines telles qu'une mauvaise mobilité intra-urbaine et des embouteillages, le premier de ces facteurs – des trajets lents même en l'absence d'embouteillages – étant le plus préjudiciable (Akbar et coll., 2022).
58. Les informations relatives à certaines caractéristiques urbaines variables dans le temps, notamment les niveaux et la croissance de la densité urbaine (pour les non-migrants et les migrants considérés séparément), ainsi que les niveaux et la croissance de l'aire urbaine et de l'accès au marché, ont été obtenues en se basant sur des recensements (2002 et 2014) et des données géospatiales.
59. Des niveaux de salaire et de bien-être plus élevés peuvent être causés par l'arrivée d'individus plus productifs dans des villes plus denses (et non par la densité en soi), ou bien par la capacité de certaines caractéristiques urbaines – patrimoine local, équipements productifs, autres caractéristiques géographiques – à attirer des migrants tout en faisant augmenter les niveaux de salaire dans la ville. Les effets fixes liés aux individus et à la localité permettent de contrôler cet aspect ; lorsqu'ils ne sont pas inclus, l'impact de la densité urbaine sur les salaires sera estimé comme étant plus fort que dans la réalité. De même, les effets fixes relatifs aux individus permettent de compenser l'existence de compétences incorrectement mesurées (l'éducation n'étant qu'une mesure approximative), du moins lorsqu'elles font référence à des éléments invariables dans le temps, ainsi que l'apprentissage dynamique (dans la mesure où celui-ci est alimenté par des traits de caractère invariables dans le temps). L'inclusion d'effets fixes liés aux individus et à la localité ne permet pas d'écarter tout biais potentiel lié à des caractéristiques invariables dans le temps et spécifiques à un individu ou à une localité, bien qu'une série de caractéristiques invariables dans le temps aient été également incluses afin d'atténuer tout biais potentiel généré par des caractéristiques invariables dans le temps n'ayant pas été envisagées.

60. L'impact sur les salaires et le bien-être urbains de la contribution des migrants à la densité de population ne diminue que faiblement lorsque l'on intègre le paramètre du taux de dépendance du centre urbain (et augmente légèrement lorsque l'on intègre comme paramètre les ratios de compétences de l'aire urbaine).
61. On notera qu'en contrôlant les effets fixes liés à la localité, les estimations contrôlent également les performances en matière de gouvernance urbaine (du moins leurs niveaux moyens) ainsi que la présence d'autres équipements urbains susceptibles d'impacter les performances urbaines. De ce point de vue, il n'est guère surprenant de constater que l'impact de la densité de population sur les salaires est plus faible lorsque l'on omet les effets fixes spécifiques à la localité, tout particulièrement lorsque les problématiques de gouvernance urbaine sont encore plus prononcées dans les grandes villes que dans les villes petites et moyennes (tableau 2.10, colonnes (1) et (3), et colonnes (2) et (4)). Un tel déclin de l'impact de la densité de population sur les salaires correspondrait également à l'idée selon laquelle la sélection de la ville repose sur la présence d'équipements urbains permettant d'améliorer les performances urbaines.

Bibliographie

Abramitzky, Ran, Leah Platt Boustan et Katherine Eriksson. 2014. « A Nation of Immigrants: Assimilation and Economic Outcomes in the Age of Mass Migration. » *Journal of Political Economy*, vol. 122, n° 3 : pp. 467-506.

Akbar, P., V. Couture, G. Duranton et A. Storeygard. 2022. « The Fast, the Slow, and the Congested: Urban Transportation in Rich and Poor Countries. » Inédit.

Amara, Mohamed, Mohamed Ayadi et Hatem Jemmali. 2019. « Rural-Urban Migration and Income Disparity in Tunisia: A Decomposition Analysis. » *Papers in Regional Science*, vol. 98, n° 2 : pp. 1053-1083.

Bacolod, Marigee, Jorge De la Roca et Maria Marta Ferreyra. 2021. « In Search of Better Opportunities: Sorting and Agglomeration Effects among Young College Graduates in Colombia. » *Regional Science and Urban Economics*, n° 87 : 103656.

Basu, Arnab K., Nancy H. Chau, Gary S. Fields et Ravi Kanbur. 2019. « Job Creation in a Multi-Sector Labour Market Model for Developing Countries. » *Oxford Economic Papers*, vol. 71, n° 1 : pp. 119-144.

Beauchemin, Cris et Philippe Bocquier. 2004. « Migration and Urbanization in Francophone West Africa: An Overview of the Recent Empirical Evidence. » *Urban Studies*, vol. 41, n° 11, pp. 2245-2272.

Bocquier, Philippe et Bruno Schoumaker. 2018. « The Demographic Transition in Sub-Saharan Africa and the Role of Urban Areas in this Transition. » Inédit.

Burger, Martijn, Elena Ianchovichina et Prottoy Akbar. 2022. « Heterogeneous Agglomeration Economies in the Developing Countries: The Roles of Firm Characteristics, Sector Tradability, and Urban Mobility. » Document de travail de recherche sur les politiques n° 9954, Banque mondiale, Washington.

Busso, Matias, Juan Pablo Chauvin et Nicolás Herrera. 2021. « Rural-Urban Migration at High Urbanization Levels. » *Regional Science and Urban Economics*, vol. 91 : 103658.

Cattaneo, Andrea, Anjali Adukia, David Brown, Luc Christiaensen, David K. Evans, Annie Haakenstad, Theresa McMenomy, Mark Partridge, Sara Vaz et Daniel J. Weiss. 2022. « Economic and Social Development along the Urban-Rural Continuum: New Opportunities to Inform Policy. » *World Development*, n° 157 : 105941.

Cattaneo, Andrea et Sherman Robinson. 2020. « Multiple Moves and Return Migration within Developing Countries: A Comparative Analysis. » *Population, Space, and Place*, vol. 26, n° 7 : e2335.

Agence centrale de statistique (CSA). 2013 Enquête sur la population active éthiopienne. République démocratique fédérale d'Éthiopie.

Christiaensen, Luc, Joachim De Weerdt et Ravi Kanbur. 2019. « Decomposing the Contribution of Migration to Poverty Reduction: Methodology and Application to Tanzania. » *Applied Economics Letters*, vol. 26, n° 12 : pp. 978-982.

Christiaensen, Luc et Ravi Kanbur. 2017. « Secondary Towns and Poverty Reduction: Refocusing the Urbanization Agenda. » *Annual Review of Resource Economics*, n° 9 : pp. 05-419.

Combes, Pierre-Philippe, Sylvie Démurger, Shi Li et Jianguo Wang. 2020. « Unequal Migration and Urbanisation Gains in China. » *Journal of Development Economics*, vol. 142 : pp. 1-16.

Crankshaw, Owen et Jacqueline Borel-Saladin. 2019. « Causes of Urbanization and Counter-Urbanization in Zambia: Natural Population Increase or Migration. » *Urban Studies*, vol. 56, n° 10 : pp. 2005-2020.

D'Aoust, Olivia. 2021. « Sub-Saharan Africa. » 2021. In *Demographic Trends and Urbanization*, d'Alex Baeumler, Olivia D'Aoust, Annie Gapihan, Soraya Goga, Carina Lakovits, Paula Restrepo Cavadid, Gayatri Singh et Horacio Terraza, pp. 24-44. Washington : Banque mondiale.

De la Roca, Jorge et Diego Puga. 2017. « Learning by Working in Big Cities. » *Review of Economic Studies* , vol. 84, n° 1 : pp. 106-142.

De Weerdt, Joachim. 2010. « Moving out of Poverty in Tanzania: Evidence from Kagera. » *Journal of Development Studies*, vol. 46, n° 2 : pp. 331-349.

Dhar, Bidita et R. B. Bhagat. 2020. « Return Migration in India: Internal and International Dimensions. » *Migration and Development*, vol. 10, n° 1 : pp. 107-121.

Duranton, Gilles. 2015. « Growing through Cities in Developing Countries. » *World Bank Research Observer*, vol. 30, n° 1 : pp. 39-73.

Farrell, Kyle. 2017. « The Rapid Urban Growth Triad: A New Conceptual Framework for Examining the Urban Transition in Developing Countries. » *Sustainability*, vol. 9, n° 8 : p. 1407.

Ferré, Céline. 2011. « Is Internal Migration Bad for Receiving Urban Centres? Evidence from Brazil 1995–2000. » Document de travail de l'UNU-WIDER n° 2011/21, Helsinki.

Fox, Sean. 2012. « Urbanization as a Global Historical Process: Theory and Evidence from Sub-Saharan Africa. » *Population and Development Review*, vol. 38, n° 2 : pp. 285-310.

Frick, Susanne A. et Andrés Rodriguez-Pose. 2016. « Average City Size and Economic Growth. » *Cambridge Journal of Regions, Economy, and Society*, vol. 9, n° 2 : pp. 301-18.

Frick, Susanne A. et Andrés Rodriguez-Pose. 2018a. « Big or Small Cities? On City Size and Economic Growth. » *Growth and Change*, vol. 49, n° 1 : pp. 4-32.

Frick, Susanne A. et Andrés Rodriguez-Pose. 2018b. « Change in Urban Concentration and Economic Growth. » *World Development*, vol. 105 (mai) : pp. 156-170.

Gagnon, Jason, Theodora Xenogiani et Chunbing Xing. 2014. « Are Migrants Discriminated against in Chinese Urban Labour Markets? » *IZA Journal of Labor and Development*, n° 3 : p. 17.

Gollin, Douglas, Martina Kirchberger et David Lagakos. 2021. « Do Urban Wage Premia Reflect Lower Amenities? Evidence from Africa. » *Journal of Urban Economics*, vol. 121 : p. 103301.

Grover, Arti, Somik V. Lall et Jonathan Timmis. 2021. « Agglomeration Economies in Developing Countries. » Document de travail de recherche sur les politiques n° 9730, Groupe Banque mondiale, Washington.

Henderson, J. Vernon, Dzhamilya Nigmatulina et Sebastian Kriticos. 2021. « Measuring Urban Economic Density. » *Journal of Urban Economics*, vol. 125 : p. 103188.

Henderson, J. Vernon et Sebastian Kriticos. 2018. « The Development of the African System of Cities. » *Annual Review of Economics*, vol. 10, n° 1 : pp. 287-314.

Hirvonen, Kalle et Helen Bie Lilleor. 2015. « Going Back Home: Internal Return Migration in Rural Tanzania. » *World Development* , n° 70 : pp. 186-202.

Ingelaere, Bert, Luc Christiaensen, Joachim De Weerdt et Ravi Kanbur. 2018. « Why Secondary Towns Can Be Important for Poverty Reduction—A Migrant Perspective. » *World Development*, n° 105 : pp. 273-282.

OIM (Organisation internationale pour les migrations). 2019. *Glossaire de la migration.* Genève : OIM.

Jedwab, Remi, Luc Christiaensen et Marina Gindelsky. 2017. « Demography, Urbanization and Development: Rural Push, Urban Pull and … Urban Push? » *Journal of Urban Economics*, vol. 98 : pp. 6-16.

Jedwab, Remi, Daniel Pereira et Mark Roberts. 2021. « Cities of Workers, Children, or Seniors? Stylized Facts and Possible Implications for Growth in a Global Sample of Cities. » *Regional Science and Urban Economics*, n° 87 : p. 103 610.

Keenan, Michael et Luc Christiaensen. 2023. « Migration and Urban Agglomeration: How Changing City Characteristics Influence Urban Wages in Uganda. » Inédit.

Lagakos, David. 2020. « Urban-Rural Gaps in the Developing World: Does Internal Migration Offer Opportunities? » *Journal of Economic Perspectives*, vol. 34, n° 3 : pp. 174-192.

Lall, Somik V., J. Vernon Henderson et Anthony J. Venables. 2017. *Africa's Cities: Opening Doors to the World.* Washington : Banque mondiale.

Lee, Leng. 2012. « Decomposing Wage Differentials between Migrant Workers and Urban Workers in Urban China's Labor Market. » *China Economic Review*, vol. 23, n° 2 : pp. 461-470.

Lubotsky, Darren. 2007. « Chutes or Ladders? A Longitudinal Analysis of Immigrant Earnings. » *Journal of Political Economy*, vol. 115, n° 3 : pp. 820-867.

Lucas, Robert. 2022. *Crossing the Divide: Rural to Urban Migration in Developing Countries*. Oxford : Oxford University Press.

Menashe-Oren, Ashira et Philippe Bocquier. 2021. « Urbanization Is No Longer Driven by Migration in Low- and Middle-Income Countries (1985–2015). » *Population and Development Review* , vol. 47, n° 3 : pp. 639-63.

Menashe-Oren, Ashira et Guy Stecklov. 2017. « Population Age Structure and Sex Composition in Sub-Saharan Africa. A Rural-Urban Perspective. » Collection Research du FIDA, n° 17, Fonds international de développement agricole, Rome.

Minnesota Population Center. 2019. Integrated Public Use Microdata Series, International: Version 7.2 [base de données]. Minneapolis : IPUMS. https://doi.org/10.18128/D020.V7.2.

Minns, Chris. 2000. « Income, Cohort Effects, and Occupational Mobility: A New Look at Immigration to the United States at the Turn of the 20th Century. » *Explorations in Economic History*, n° 37 : pp. 326-350.

Moretti, Enrico. 2004. « Human Capital Externalities in Cities. » In *Handbook of Regional and Urban Economics, Vol. 4,* sous la direction de J. Vernon Henderson et Jacques-François Thisse, pp. 2243-2291. Amsterdam : North-Holland.

Mueller, Valerie et Hak Lim Lee. 2019. « Can Migration Be a Conduit for Transformative Youth Employment? » In *Youth and Jobs in Rural Africa: Beyond Stylized Facts*, sous la direction de Valerie Mueller et James Thurlow, pp. 25-46. Oxford : Oxford University Press.

Bureau national de statistique. 2015. Tanzania, National Panel Survey 2008-2015, Uniform Panel Dataset (NPS-UPD), 2008-2015. Réf. : TZA_2008-2014_NPS-UPD_v01_M.

OCDE/CSAO (Organisation de coopération et de développement économiques et Secrétariat du club du Sahel et de l'Afrique de l'Ouest). 2020. *Africa's Urbanisation Dynamics 2020: Africapolis, Mapping a New Urban Geography.* West African Studies. Paris : Éditions OCDE. https://doi.org/10.1787/b6bccb81-en.

Ofori-Boateng, Kenneth. 2017. « Analysis of Severity of Poverty and Social Cohesion among the Urban Poor Migrants in Ghana. » *Journal of Poverty*, vol. 21, n° 3 : pp. 265-287.

Pakrashi, Debayan et Paul Frijters. 2017. « Migration and Discrimination in Urban China: A Decomposition Approach. » *Review of Income and Wealth*, vol. 63, n° 4 : pp. 821-840.

Potts, Deborah. 2018. « Urban Data and Definitions in Sub-Saharan Africa: Mismatches between the Pace of Urbanization and Employment and Livelihood Change. » *Urban Studies*, vol. 55, n° 5 : pp. 965-86.

Rodriguez-Pose, Andrés et Jamie Griffiths. 2021. « Developing Intermediate Cities. » *Regional Science Policy and Practice*, vol. 13, n°3 : pp. 441-56. doi:10.1111/rsp3.12421.

Todaro, Michael P. 1997. Urbanization, Unemployment and Migration in Africa: Theory and Policy. New York : Population Council.

Bureau des statistiques de l'Ouganda. 2015. Enquête nationale sur les ménages, 2016/2017. UBOS, Kampala, Uganda.

Banque mondiale. 2021. *Transforming Tanzania's Cities: Harnessing Urbanization for Competitiveness, Resilience, and Livability.* Washington : Banque mondiale.

Yao, Yao, George S. Chen, Ruhul Salim et Xiaojun Yu. 2018. « Schooling Returns for Migrant Workers in China: Estimations from the Perspective of the Institutional Environment in a Rural Setting. » *China Economic Review*, n° 51 (octobre) : pp. 240-256.

Young, Alwyn. 2013. « Inequality, the Urban-Rural Gap, and Migration. » *Quarterly Journal of Economics* , vol. 128, n° 4 : pp. 1727-1785.

Zhao, Xiliang. 2020. « Migrants and Urban Wage: Evidence from China's Internal Migration. » *China Economic Review*, n° 61 : p. 101 287.

Zourkaléini, Younoussi et Victor Piché. 2013. « Migration et Emploi Urbain: Le Cas de Ouagadougou au Burkina Faso. » *African Population Studies*, vol. 20, n° 1 : pp. 69-87.

Chapitre 3

Études de cas : constats relatifs aux villes de trois pays

Introduction

Ce chapitre présente une exploration approfondie de quatre villes de trois pays, chacune d'entre elles s'inscrivant des contextes très différents : Jijiga en Éthiopie, Jinja en Ouganda et Jendouba et Kairouan en Tunisie. Jijiga est la capitale régionale de la région Somali, en Éthiopie. Elle constitue un centre d'échanges essentiel sur l'axe commercial reliant l'Éthiopie, la Somalie et le Djibouti. La région qui entoure Jijiga, essentiellement aride et faiblement peuplée, présente des différences culturelles et linguistiques par rapport au reste du pays. Elle connaît une croissance rapide, tant sur le plan du bâti que de la démographie, du fait de l'arrivée de migrants en quête de meilleures opportunités. L'Éthiopie présente un faible taux d'urbanisation et un système qui lui est propre en termes de permis de résidence, les citoyens devant en effet détenir un permis pour pouvoir accéder aux services urbains. La commune de Jinja se situe à 80 kilomètres de la capitale de l'Ouganda, Kampala. Elle présente elle aussi un potentiel économique important, se classant en quatrième position sur un panel de 32 villes analysées en Ouganda. La ville a hébergé des activités de production et de transformation agroalimentaire par le passé ; destination touristique, elle bénéficie d'un emplacement idéal sur la rive du lac Victoria, dans un couloir de routes commerciales majeures. Jinja a en outre acquis le statut de « cité » (*city*) en 2020 et attire un grand nombre de travailleurs pendulaires : de jour, sa population est cinq fois supérieure à sa population nocturne (Cities Alliance, 2016). Enfin, les municipalités de Jendouba et de Kairouan, en Tunisie, sont des villes intermédiaires situées dans les deux gouvernorats les plus pauvres du pays ; toutes deux sont confrontées à des défis pour assurer l'inclusion socioéconomique de leurs habitants, tout particulièrement de leurs migrants ruraux, et une partie de leur population migre également vers les grandes villes en quête de meilleures opportunités.

Mohamed Amara, Tom Bundervoet, Kirsten Hommann, Michael Keenan, Nancy Lozano-Gracia, Lana Salman et Dinkneh Tefera

Ce chapitre étudie chaque ville par rapport aux dynamiques d'urbanisation et de migration plus générales de leur pays ; il présente ensuite les perspectives des migrants et des autorités municipales quant à l'intégration des migrants dans la ville et les améliorations à envisager en matière de qualité de vie. À cette fin, ce chapitre s'appuie sur des méthodes qualitatives (entretiens recueillant les trajectoires de vie, groupes de discussion, entretiens menés auprès d'informateurs clés) et sur des enquêtes quantitatives représentatives menées auprès de ménages (Tunisie, Ouganda)[1]. Les principales conclusions sont synthétisées ici. Les documents de référence offrent des informations plus approfondies[2].

Le cas de Jijiga, en Éthiopie

Urbanisation et migrations internes en Éthiopie

Avec une population de 110 millions d'habitants, l'Éthiopie est le deuxième pays le plus peuplé d'Afrique et présente une urbanisation rapide en dépit d'une base de départ faible. En effet, à seulement 17,3 % en 2012, la part de la population urbaine en Éthiopie était l'une des plus faibles au monde, largement inférieure à la moyenne de l'Afrique subsaharienne, qui était de 37 %. Mais ces chiffres sont amenés à changer de façon spectaculaire : selon les chiffres officiels communiquées par l'Agence centrale de la statistique du gouvernement éthiopien, la population urbaine pourrait presque tripler, passant de 15,2 millions en 2012 à 42,3 millions en 2037, à raison d'un accroissement de 3,8 % par an. Une étude sur l'urbanisation réalisée par la Banque mondiale en 2016 fait état d'une estimation plus élevée quant au taux de croissance démographique urbaine, à 5,4 %. La population urbaine serait donc amenée à tripler d'ici 2034. Jusqu'en 2018, l'accroissement naturel s'est révélé être le principal facteur sous-tendant la croissance démographique urbaine ; plus récemment, cependant, ce sont les migrations urbaines-urbaines qui en constituent le moteur le plus important (Banque mondiale, 2015a).

Au cours des prochaines décennies, la majeure partie de la croissance de la population urbaine devrait se produire dans les villes petites, moyennes et secondaires. On prévoit en effet que la population des villes secondaires, soit les villes de 100 000 à 500 000 habitants, passera de 3,5 millions en 2015 à plus de 20 millions d'ici à 2035 (graphique 3.1). Une hausse similaire est prévue pour la population des petites villes (moins de 50 000 habitants), qui devrait passer de 9 millions en 2015 à 21 millions d'ici à 2035. Cette croissance rapide de la population urbaine, si elle est bien gérée, permettra de transformer la structure et la géographie de l'activité économique, qui reposent en premier lieu sur l'agriculture rurale, pour les axer sur les secteurs de l'industrie et des services urbains, qui sont de plus grande ampleur et mieux diversifiés.

Graphique 3.1 **Tendances et projections en matière de population urbaine en Éthiopie, 2007-2035**

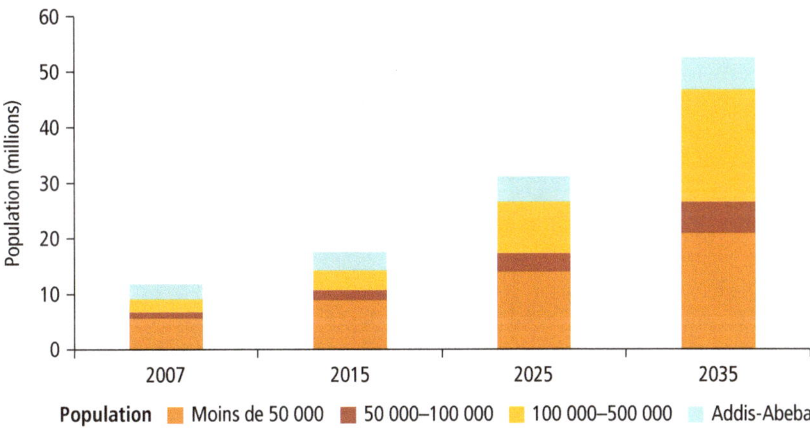

Source : Schmidt et coll., 2018.

Toutefois, dans le cas d'une gestion inadéquate, cette croissance rapide de la population urbaine risque de générer un grand nombre de difficultés, les villes peinant à mettre à disposition les emplois, les infrastructures, les services et les logements nécessaires. De nombreuses villes ont déjà épuisé leurs capacités en termes de prestation de services et d'infrastructures, en raison d'une expansion urbaine très rapide et de lignes budgétaires municipales utilisées à leur niveau maximal. Parallèlement, les marchés d'emplois formels ne parviennent pas à répondre à la demande.

Au cours des dernières années, les grandes villes et les petites agglomérations éthiopiennes ont connu un recul rapide de la pauvreté. Ainsi, le taux de pauvreté urbaine, qui s'établissait à 26 % en 2011, a diminué pour atteindre 15 % en 2016 ; cette dynamique est plus évidente dans les villes petites et moyennes (graphique 3.2). Ce recul de la pauvreté a été essentiellement généré par une forte croissance de l'emploi et une hausse du travail indépendant (s'accompagnant de rendements plus élevés), lequel constitue la principale forme d'emploi pour les personnes pauvres. Le marché du travail connaît cependant une évolution inverse depuis 2016 : les troubles sociaux s'étant généralisés, ils ont donné lieu à un nette augmentation du chômage urbain.

L'Éthiopie a été par le passé un pays à faible mobilité ; d'après l'étude sur la main-d'œuvre de 2013 (l'étude la plus récente contenant des données sur les migrations), les migrations internes sont toujours limitées. Au cours des cinq années qui ont précédé cette étude sur la main-d'œuvre de 2013, plus de 6 % des Éthiopiens ont changé de zone de résidence (tableau 3.1)[3]. Même si les

Graphique 3.2 Contribution à la réduction de la pauvreté urbaine en fonction de la taille des villes en Éthiopie, 2011-2016

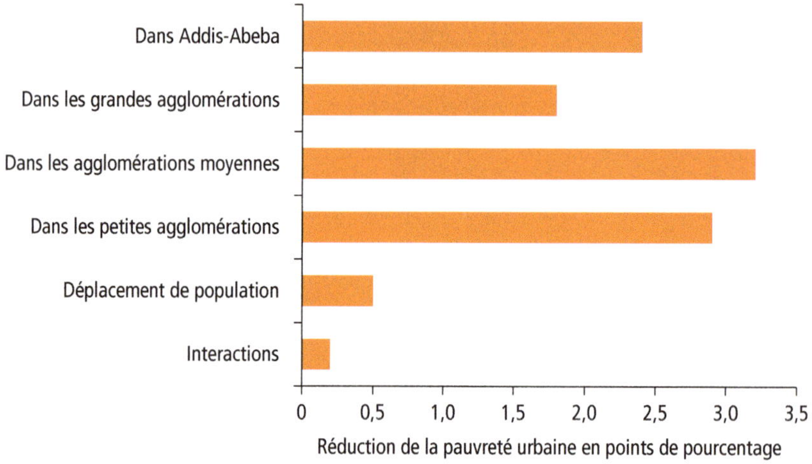

Source : calculs de la Banque mondiale fondés sur l'étude de 2016 portant sur les dépenses de consommation des ménages (Agence centrale de la statistique du gouvernement éthiopien, 2016).

Tableau 3.1 Part de la population éthiopienne de migrants internes récents et permanents, par année

	1999		2005		2013	
	Migrants récents (%)	Migrants permanents (%)	Migrants récents (%)	Migrants permanents (%)	Migrants récents (%)	Migrants permanents (%)
Tout le pays	5,70	32,34	7,52	28,17	6,49	22,59
Zones rurales	3,61	25,88	4,93	20,58	3,49	13,42
Zones urbaines	16,87	66,51	19,99	64,64	17,25	55,41
Ville						
Adama	—	—	16,89	71,72	21,66	69,57
Addis-Abeba	9,00	60,08	7,92	53,33	9,61	46,41
Adigrat	25,13	82,94	21,26	68,89	12,67	42,86
Arba Minch	25,55	82,11	26,23	77,95	19,03	64,73
Asosa	38,69	92,46	26,47	80,82	24,88	74,57
Assela	—	—	25,07	70,99	22,12	69,98
Awassa	31,43	78,80	25,66	75,81	22,75	71,63
Bahir Dar	—	—	23,09	69,83	26,17	69,69
Bishoftu	—	—	13,52	59,39	20,01	58,25
Debre Birhan	—	—	26,16	74,18	17,79	53,61

(suite page suivante)

Tableau 3.1 Part de la population éthiopienne de migrants internes récents et permanents, par année (suite)

	1999		2005		2013	
	Migrants récents (%)	Migrants permanents (%)	Migrants récents (%)	Migrants permanents (%)	Migrants récents (%)	Migrants permanents (%)
Dessie	—	—	18,15	67,62	14,32	49,61
Dire Dawa	14,01	70,29	13,81	68,29	10,63	49,71
Gambela	19,05	79,22	22,18	75,33	14,13	54,57
Gonder	39,73	73,97	22,40	66,54	11,99	52,58
Harar	16,14	63,83	13,63	56,67	12,54	48,41
Jijiga	17,26	68,69	13,32	55,95	10,82	37,72
Jimma	—	—	14,62	57,38	18,55	60,41
Mekele	22,46	66,11	17,26	67,06	15,87	49,19
Nekemte	—	—	15,42	61,31	26,04	73,82
Shashemene	26,72	72,50	15,87	68,93	22,12	62,76
Sodo	27,78	88,89	30,73	66,96	16,93	54,77

Source : calculs de la Banque mondiale fondés sur les données issues de l'étude sur la main-d'œuvre (Agence centrale de la statistique du gouvernement éthiopien, 1999, 2005, 2013).
Remarque : les migrants récents sont des individus qui ont migré moins de cinq ans avant la collecte des données de l'étude. D'après les données issues de la population âgée de 15 ans et plus. — = non disponible.

migrations internes n'ont pas augmenté entre 1999 et 2013, leur dynamique, elle, a changé : la migration rurale-urbaine est ainsi devenue le principal flux migratoire entre 2008 et 2013 (graphique 3.3), une tendance qui perdure de nos jours. Même si l'on constate que les villes petites et moyennes attirent le plus de migrants ruraux lorsqu'on mesure la part de ces derniers dans la population de l'agglomération (tableau 3.1), en termes absolus, cependant, la principale destination est Addis-Abeba : près de 40 % de l'ensemble des migrants ruraux rejoignent en effet la capitale.

En Éthiopie, la migration interne dépend du niveau d'instruction et des caractéristiques démographiques. Les analyses statistiques permettent de constater que les habitants des campagnes plus jeunes et plus instruits sont plus susceptibles de migrer que les villageois plus âgés ou moins instruits ; ce constat s'applique aux migrations rurales-urbaines tout comme aux migrations rurales-rurales. Le niveau d'éducation a un impact considérable : les résidents urbains qui ont accompli au moins une partie du cycle d'enseignement secondaire sont 26 % plus susceptibles de migrer, *mutatis mutandis* (la plupart des migrants ruraux-urbains ayant uniquement suivi un enseignement de niveau primaire). La migration rurale-urbaine comprend deux catégories : les femmes jeunes qui ont tendance à avoir fait moins d'études rejoignent Addis-Abeba pour effectuer des travaux domestiques, tandis que les résidents ruraux un peu plus âgés et plus instruits rejoignent des centres urbains secondaires

Graphique 3.3 Répartition des migrations en Éthiopie, par type et par année

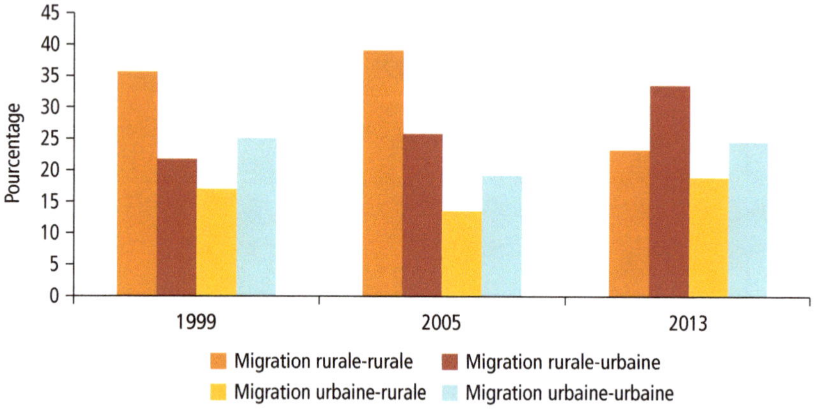

Source : Agence centrale de la statistique du gouvernement éthiopien (1999, 2005, 2013).
Remarque : les migrants sont des individus qui ont migré moins de cinq ans avant la collecte des données de l'étude. Données issues de la population âgée de 15 ans et plus.

pour travailler dans le commerce, l'agriculture et les services. Les caractéristiques de la zone d'origine ont également une influence sur la propension à migrer : les habitants de zones rurales densément peuplées étaient ainsi plus susceptibles de se déplacer, une tendance qui se justifie par le manque de terres disponibles. La pauvreté et les zones isolées constituent quant à elles des obstacles à la migration : les habitants de zones qui accusent un taux de pauvreté élevé, plus éloignées d'une route à même de résister aux intempéries, sont ainsi moins susceptibles de migrer. Comme dans tous les autres pays, la migration rurale-urbaine s'accompagne d'avantages concrets : les migrants ruraux-urbains en Éthiopie jouissent de gains considérables en consommation réelle (de Brauw, Mueller et Woldehanna, 2017).

Bien que les migrants ruraux aient tendance à être plus instruits que les personnes ne quittant pas leur village natal, leur niveau d'éducation reste nettement inférieur à celui des non-migrants urbains, et le type d'emploi auquel ils prétendent est de fait différent. Selon l'enquête sur la population active de 2013, plus de 57 % des migrants ruraux dans les zones urbaines n'avaient pas terminé le cycle d'enseignement primaire (dernière colonne du tableau 3.2), contre 36 % seulement des non-migrants urbains. En outre, 13 % des migrants avaient terminé le cycle d'enseignement secondaire ou atteint un niveau supérieur, contre 25 % des non-migrants urbains. Ces différences en termes d'instruction se traduisent par différentes trajectoires en matière d'emploi. Les migrants ruraux sont moins susceptibles d'occuper un emploi salarié permanent dans le secteur public ou privé ou d'avoir un travail indépendant dans le secteur formel, et plus

Tableau 3.2 Caractéristiques des migrants ruraux par rapport aux non-migrants urbains en Éthiopie, par emplacement géographique

	Addis-Abeba		Grandes agglomérations		Agglomérations intermédiaires		Petites agglomérations		Tous les centres urbains	
	Migrants	Non-migrants	Migrants	Non-migrants	Migrants	Non-migrants	Migrants	Non-migrants	Migrants	Non-migrants
Sexe										
Hommes	35,1***	49,3	40,8***	49,2	44,6***	49,3	47,6	50,3	43,6***	49,4
Femmes	64,9	50,7	59,2	50,8	55,4	50,7	52,4	49,7	56,4	50,6
Éducation										
Aucune scolarité	20,8***	3,1	19,2***	9,2	22,4***	14,7	26,0***	20,5	23,1***	11,4
Cycle d'enseignement primaire non achevé	44,6***	14,5	37,3***	22,6	32,2**	28,9	30,6	32,8	34,2***	24,3
Cycle d'enseignement primaire achevé	10,2	9,5	9,7***	11,5	9,5**	11,6	8,8**	10,9	9,3***	10,7
Cycle d'enseignement secondaire non achevé	17,5***	30,4	20,1***	29,3	20,6***	27,2	17,7***	22,8	19,1***	27,6
Cycle d'enseignement secondaire achevé	2,2***	18,6	3,7***	10,8	3,8***	5,4	1,9***	3,4	2,9***	10,0
Enseignement supérieur	4,7***	23,6	9,5***	16,2	10,8	10,5	12,5***	8,3	10,2***	15,0
Formation pour adultes	0,1	0,2	0,6	0,5	0,7***	1,8	2,5***	1,4	1,2	1,0
Situation professionnelle										
Employé(e) du secteur public	6,4***	24,9	13,0***	22,6	19,1	20,0	21,1	20,2	17,1***	21,9
Employé(e) du secteur privé (permanent)	21,7	23,3	7,7	8,4	5,7***	2,6	2,2	1,4	6,9***	9,5
Employé(e) du secteur privé (temporaire)	39,8***	16,0	32,2***	13,8	19,6***	8,3	8,3	6,5	20,4***	11,1
Employé(e) du secteur privé (contrat)	5,0	5,6	4,4	4,0	2,6**	1,5	2,6	1,6	3,2	3,2
Employé(e) du secteur privé (temporaire)	6,7***	2,4	4,9**	3,6	3,8**	2,1	1,7	1,0	3,6***	2,2
Indépendant(e) (travail formel)	2,7***	9,1	2,2***	4,1	1,5***	3,4	1,3***	3,0	1,7***	5,1

(suite page suivante)

Tableau 3.2 Caractéristiques des migrants ruraux par rapport aux non-migrants urbains en Éthiopie, par emplacement géographique (suite)

	Addis-Abeba		Grandes agglomérations		Agglomérations intermédiaires		Petites agglomérations		Tous les centres urbains	
	Migrants	**Non-migrants**	**Migrants**	**Non-migrants**	**Migrants**	**Non-migrants**	**Migrants**	**Non-migrants**	**Migrants**	**Non-migrants**
Indépendant(e) (travail informel)	14,3	14,4	27,7**	30,8	34,1*	37,2	38,1	37,2	31,9***	29,4
Autre	3,5	4,3	7,9***	12,8	13,6***	25,0	24,8**	29,3	15,3***	17,6
NEET	23,1**	25,6	20,4***	23,9	19,4	20,4	13,0***	18,3	17,9***	22,2
Chômage	20,4***	26,1	17,1***	22,9	14,2***	18,4	7,6***	12,8	13,3***	20,3
Heures de travail (emploi principal)	52,7***	47,5	48,1***	44,9	40,2***	36,9	29,9***	34,9	39,2***	40,8
Salaire réel (birr)[a]	1 411,0***	2 291,5	1 052,0***	1 540,4	2 213,0	2 001,2	2 151,1	2 122,2	1 841,9	2 034,9
Âge (médiane)	23,0***	29,0	24,0***	28,0	26,0***	28,0	27,0	28,0	26,0***	28,0
Observations	1 850	11 829	4 077	12 196	3 235	7 752	2 022	3 622	11 239	35 481
Observations (emploi)	1 133	5 776	2 477	5 921	1 986	3 785	1 356	1 836	6 985	17 353

Source : calculs de la Banque mondiale fondés sur les données issues de l'enquête sur la population active (Agence centrale de la statistique du gouvernement éthiopien, 2013).
Remarque : le tableau compare les migrants de zones rurales aux non-migrants. Tous les individus âgés de 15 à 64 ans sont inclus. Les migrants désignent uniquement les personnes ayant quitté une zone rurale. NEET = ni en emploi, ni en études, ni en formation.
a. Salaire réel mensuel aux prix de 2013.
Test de séparation des moyennes : $^{***}p < 0{,}01$, $^{**}p < 0{,}05$, $^{*}p < 0{,}1$.

susceptibles d'accepter des postes temporaires ou d'exercer une activité indépendante informelle. Les migrants ruraux sont également moins susceptibles d'être sans emploi ou inactifs par rapport aux non-migrants urbains, une tendance qui s'explique en partie par l'empressement des migrants à accepter toute opportunité de travail manuel, tandis que les non-migrants au niveau d'éducation plus élevé attendent de trouver un emploi salarié permanent (Banque mondiale, 2015b). Les différences en matière d'éducation et d'emploi entre les migrants et les non-migrants sont moins marquées dans les petites villes ; en effet, dans les petites villes, les migrants ruraux font augmenter le niveau de compétences de la main-d'œuvre locale.[4] D'autre part, les migrants urbains-urbains ont tendance à être plus instruits que les non-migrants urbains (données non rapportées ici), cet avantage en termes de scolarité s'infléchissant au fur et à mesure que la taille de la ville augmente.

Les faibles taux de migration s'expliquent en partie par les faibles niveaux d'instruction en Éthiopie rurale, mais également par des facteurs inhérents au foncier et à la politique relative à la carte d'identité. En Éthiopie, les terres sont détenues par le gouvernement ; si une personne quitte son *kébélé* (village) rural natal pour une durée plus longue qu'une période prédéfinie, elle abandonne ses droits au foncier. Dans certaines régions éthiopiennes (le foncier dépendant de mandats régionaux), l'obtention d'un emploi non fermier peut être synonyme de perte d'accès aux terres, un risque qui décourage la migration et la diversification. En outre, l'Éthiopie ne dispose pas de système d'identification national : elle utilise un système de cartes d'identité locales en fonction du kébélé de naissance des habitants. L'accès aux services publics ou aux dispositifs de soutien dans des kébélés différents du kébélé de naissance est limité, même si les villes restent relativement libres de fixer leurs propres règles[5]. L'obtention d'une carte d'identité dans un kébélé rural constitue souvent un processus long et fastidieux pour les migrants ruraux.

En dépit des obstacles à la migration et de l'absence de données récentes, il est communément admis que la migration rurale-urbaine a connu une envolée spectaculaire au cours des dernières années. Les intempéries, les troubles sociaux et les conflits en différentes régions du pays ont donné lieu à des mouvements de population considérables et probablement renforcé le relatif attrait des zones urbaines. En raison de la fragmentation accrue des terres dans certaines régions montagneuses, celles-ci ne peuvent plus être divisées en parcelles plus petites, et un grand nombre de jeunes actifs s'en trouvent de fait privés. Les recherches qualitatives suggèrent que les migrants ruraux sont confrontés à une multitude de difficultés dans leurs villes de destination : difficulté à trouver un logement et un emploi, méconnaissance de la vie urbaine, harcèlement par les autorités locales, accès limité aux services publics et dispositifs de soutien (ne disposant pas de la carte du kébélé) et dans certains cas, différences linguistiques et culturelles.

Jijiga

L'étude de cas sur les migrations rurales-urbaines en Éthiopie porte sur la ville de Jijiga, la capitale de la région Somali. La région Somali est l'un des 10 États régionaux éthiopiens, à la frontière du Kenya et de la Somalie. La région est essentiellement aride et faiblement peuplée ; la majorité de ses habitants sont des bergers semi-nomades. La région Somali est différente sur les plans culturel et linguistique du centre du pays : en effet, on y parle le somali et la religion majoritaire y est l'Islam plutôt que le christianisme orthodoxe. Située à un emplacement stratégique sur l'axe commercial reliant l'Éthiopie, la Somalie et le Djibouti, Jiga se caractérise par des interactions et des échanges commerciaux dynamiques (carte 3.1). Comme de nombreuses autres villes d'Éthiopie, Jijiga connaît une croissance rapide, tant sur le plan du bâti que de la démographie, du fait de l'arrivée de migrants à la recherche de meilleures opportunités (carte 3.2).

Carte 3.1 Jijiga, un emplacement stratégique sur les routes commerciales avec la Somalie et le Djibouti

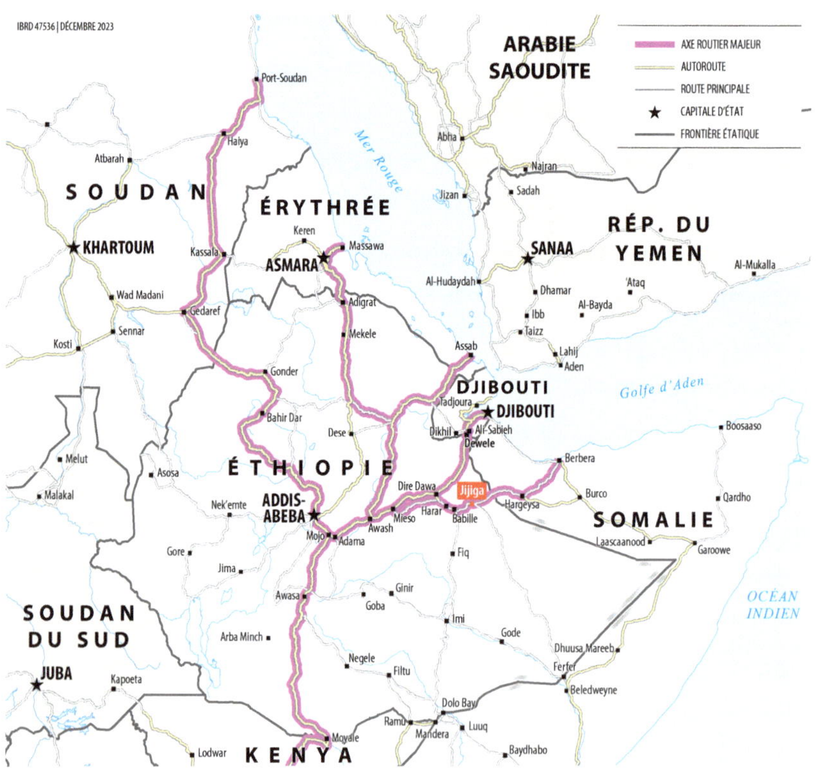

Source : Banque mondiale.

Carte 3.2 Croissance de Jijiga depuis 2000

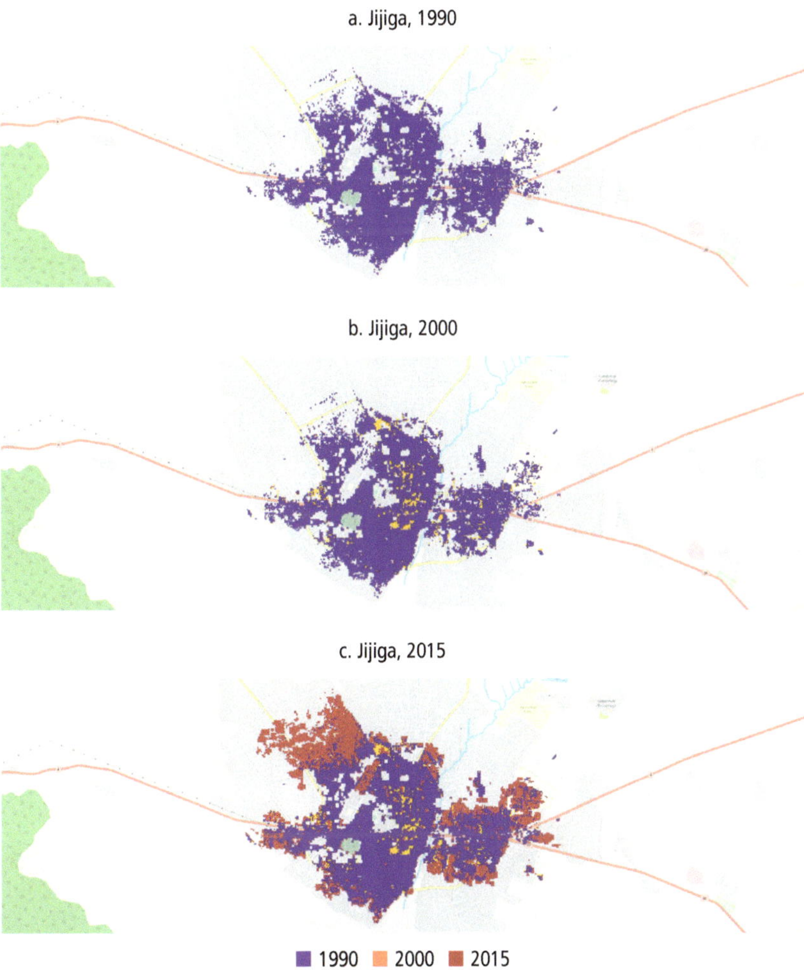

Source : Banque mondiale, fondé sur la base de données World Settlement Footprint, 2015. https://doi.org/10.6084/m9.figshare.10048412.v1.

En l'absence d'un recensement récent (le dernier recensement ayant été effectué en 2007), on estimait sa population à 221 000 habitants en 2020, ce qui en ferait la dixième ville du pays.[1]

À environ 20 % en 2018, le taux de chômage de Jijiga est similaire à celui de l'Éthiopie urbaine. Il existe néanmoins une forte dimension genrée, avec un taux de chômage masculin plus faible à Jijiga (par rapport à l'Éthiopie urbaine),

Graphique 3.4 Pauvreté et chômage, Jijiga et Étiopie urbaine, 2018

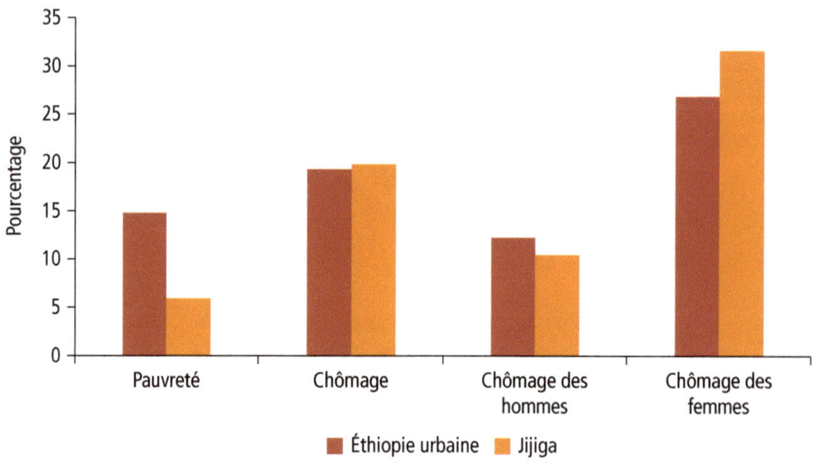

Source : étude sur l'emploi et le chômage urbain (Agence centrale de la statistique du gouvernement éthiopien, 2018).

Graphique 3.5 Secteurs d'emploi, Jijiga et Éthiopie urbaine, 2018

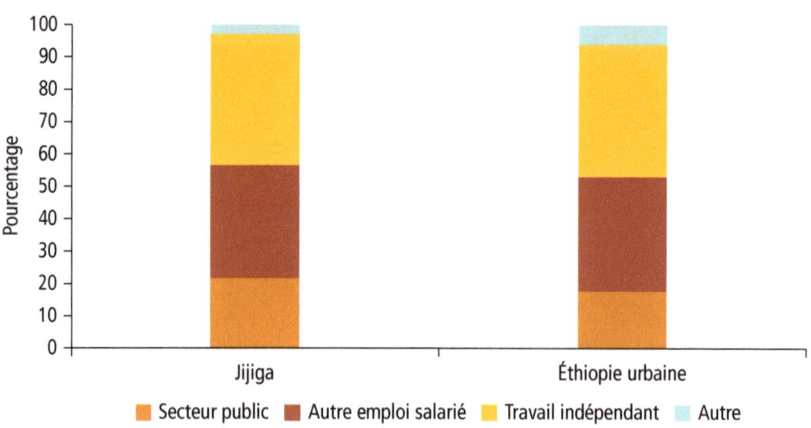

Source : étude sur l'emploi et le chômage urbain (Agence centrale de la statistique du gouvernement éthiopien, 2018).

mais un taux de chômage féminin qui y est beaucoup plus élevé (tableau 3.4). Comme en Éthiopie urbaine de manière générale, l'emploi salarié représente la plus grande part de l'emploi à Jijiga. En 2018, 56 %des personnes employées à Jijiga occupaient un emploi salarié, contre 53 % pour l'Éthiopie urbaine dans son ensemble. La part plus élevée des emplois salariés à Jijiga est notamment due à un taux d'emploi relativement plus élevé dans le secteur public (tableau 3.5). En 2018, les salaires étaient significativement plus élevés à Jijiga que dans l'Éthiopie urbaine, mais ces données doivent être interprétées avec prudence étant donné le nombre limité d'observations recueillies à Jijiga. Selon les données officielles, le taux de pauvreté à Jijiga est le plus bas du pays.

Conformément aux chiffres nationaux figurant dans le tableau 3.2, s'il a été constaté que les migrants de Jijiga sont davantage susceptibles d'avoir un emploi que les non-migrants, ils travaillent cependant souvent dans des secteurs différents. Dans l'enquête sur la population active de 2013, 59 % des migrants à Jijiga (âgés de 15 à 64 ans) étaient employés, contre 38 % des non-migrants (tableau 3.3). Les salaires des migrants étaient plus bas, bien que cela s'explique par le fait qu'ils soient plus jeunes, avec un niveau d'éducation inférieur, et non par le simple fait qu'ils soient migrants. Les migrants étaient plus susceptibles que les non-migrants de travailler dans l'industrie manufacturière et les services aux ménages (principalement des migrantes travaillant comme domestiques). Les non-migrants étaient davantage susceptibles de travailler dans des secteurs exigeant plus de compétences, tels que les services financiers, les affaires et l'administration publique.

Tableau 3.3 Profil des migrants et des non-migrants en matière d'emploi à Jijiga

	Migrants	Non-migrants
Employés (% de « oui »)	59,2	37,9***
Sans emploi (% de « oui »)	7,0	9,0*
Inactifs (% de « oui »)	33,7	53,0**
Observations	*693*	*954*
Employés rémunérés (% de « oui »)	53,4	50,6
Travailleurs indépendants (% de « oui »)	45,8	47,6
Observations	407	370
Salaire en birr éthiopien par mois (uniquement pour les employés salariés)	1,990	2,738**
Observations	*221*	*186*
Agriculture (% de « oui »)	3,6	3,5
Industrie manufacturière (% de « oui »)	8,6	5,3**
Bâtiment	14,4	10,1
Commerce (% de « oui »)	24,6	28,2
Transport et communications (% de « oui »)	10,7	12,6
Services financiers et environnement des affaires (% de « oui »)	4,2	7,9**
Administration publique, éducation et santé (% de « oui »)	15,9	21,4**
Services à la communauté et travail domestique (% de « oui »)	15,7	7,3**
Observations	407	370

Source : calculs de la Banque mondiale fondés sur les données issues de l'enquête sur la population active (Agence centrale de la statistique du gouvernement éthiopien, 2013).
Remarque : les migrants sont des individus qui se sont implantés à Jijiga au maximum 10 ans avant la collecte des données de l'étude. D'après les données issues de la population âgée de 15 ans et plus.
Test de différence de moyennes : $***p < 0{,}01$, $**p < 0{,}05$, $*p < 0{,}1$.

Tableau 3.4 Emploi, heures travaillées et salaires des migrants par rapport aux non-migrants à Jijiga

Variables	(1) Employés	(2) Heures travaillées	(3) Salaires
Migrants urbains	0,200***	26,87***	–534,0
	(0,0548)	(6,313)	(420,9)
Migrants ruraux	0,303***	39,18***	–884,6
	(0,0413)	(5,472)	(566,6)
Hommes	0,232***	31,39***	1,461***
	(0,0254)	(4,236)	(366,0)
Cycle d'enseignement primaire non achevé	0,0386	2,093	–571,0
	(0,0331)	(4,838)	(600,0)
Cycle d'enseignement primaire achevé	0,0741	7,230	520,6
	(0,0598)	(8,561)	(1,645)
Cycle d'enseignement secondaire achevé	0,0344	–0,729	–696,0
	(0,0481)	(5,620)	(624,6)
Enseignement supérieur achevé	0,301***	22,54**	1 548*
	(0,0419)	(5,430)	(857,4)
Observations	*1 632*	*1 632*	*403*

Source : Banque mondiale.
Remarque : la colonne (1) présente les résultats, en effets marginaux, d'une régression logistique. La colonne (2) présente les résultats, en effets marginaux, d'une estimation Tobit des heures travaillées par semaine. La colonne (3) présente les résultats d'une régression du salaire mensuel. Chaque régression inclut l'âge et la situation matrimoniale. Écarts-types robustes entre parenthèses.
*** $p < 0{,}01$, ** $p < 0{,}05$, * $p < 0{,}1$.

L'analyse de régression confirme que les migrants à Jijiga présentent un taux d'emploi plus élevé et travaillent davantage d'heures que les non-migrants. Les migrants originaires d'autres zones urbaines étaient davantage susceptibles d'avoir un emploi que les non-migrants de Jijiga à hauteur de + 20 points de pourcentage, tandis que les migrants ruraux étaient davantage susceptibles d'avoir un emploi à hauteur de + 30 points de pourcentage (tableau 3.4, colonne (1)). Les migrants ruraux et urbains présentent en outre un nombre d'heures travaillées significativement plus élevé que les non-migrants (tableau 3.4, colonne (2)). En tenant compte d'autres caractéristiques telles que le genre et l'éducation, il s'avère que les salaires que perçoivent les migrants ne sont pas plus bas que ceux des non-migrants (cf. les coefficients non significatifs sur les variables de migration du tableau 3.4, colonne (3)).

Migration à Jijjga : la perspective des migrants

En dépit de sa culture, de sa religion et de sa langue spécifiques, Jijiga attire des migrants de toute l'Éthiopie. La plupart des participants à l'étude qualitative ont migré depuis les zones rurales de l'Amhara et de la région des nations, nationalités et peuples du Sud (voir l'encadré 3.1 pour des informations sur la

ENCADRÉ 3.1

Méthodologie de la recherche qualitative menée à Jijiga

Pour mieux comprendre les opportunités et les défis rencontrés par les migrants ruraux à Jijiga et les comparer avec ceux des non-migrants, une étude qualitative d'échelle réduite a été menée en 2020. Elle incluait 12 discussions de groupes réalisées avec différents groupes de migrants classés par statut migratoire (migrants récents, migrants plus anciens et non-migrants) et par genre (tableau B3.1.1) ; 24 entretiens sur les trajectoires de vie, menés auprès d'individus sélectionnés dans différentes catégories, classés par statut migratoire et par genre ; et 13 entretiens auprès d'informateurs clés locaux : autorités locales, fonctionnaires et experts de différents bureaux de secteurs. Au total, 72 personnes jeunes ont participé aux discussions de groupes et aux entretiens sur la trajectoire de vie, répartis entre migrants (48) et non-migrants (24), avec une distribution égale entre les genres. Les discussions en groupes de travail ont été menées séparément pour les hommes et pour les femmes.

La plupart des participants à l'étude étaient jeunes et peu qualifiés, reflétant le profil général des migrants ruraux. Plus de 70 % des participants étaient âgés de 18 à 21 ans ; en termes de scolarité, 70 % ont indiqué avoir atteint l'enseignement primaire ou un niveau inférieur. La plupart des participants étaient célibataires. La plupart d'entre eux, par ailleurs, étaient salariés, ce qui reflète à la fois la structure de l'emploi à Jijiga et le fait que les migrants sont moins susceptibles de travailler à leur compte.

Tableau B3.1.1 Caractéristiques des participants à l'étude qualitative

Caractéristiques	Catégorie	*N*	%
Âge	18–21	47	73
	22–30	17	27
	Total	64	100
Éducation	Primaire (école primaire - collège)	45	70
	Secondaire (lycée)	15	23
	Enseignement supérieur ou études universitaires	4	7
	Total	64	100
Situation matrimoniale	Marié(e)	18	28
	Célibataire	43	67
	Séparé(e) ou divorcé(e)	3	5
	Total	64	100
Situation professionnelle	Salarié(e)	38	59
	Indépendant(e)	24	38
	Sans emploi	2	3
	Total	64	100

Source : Banque mondiale.

méthodologie de recherche utilisée à Jijiga). Les migrants se rendent à Jijiga car ils entendent souvent parler de la disponibilité d'emplois peu qualifiés et de salaires plus élevés par rapport à d'autres villes. La plupart des migrants ont obtenu des informations sur les perspectives d'emploi à Jijiga avant de migrer, le plus souvent auprès d'amis, de membres de la famille et de pairs originaires du même village et ayant déjà migré à Jijiga. Les principales motivations pour migrer découlaient sans exception d'un manque d'opportunités de revenus et de mauvaises conditions de vie dans les zones rurales d'origine des migrants.

Bien que l'entrée dans la ville puisse s'avérer difficile pour les migrants, trouver un emploi l'est moins. À l'entrée de la ville, les bus doivent s'arrêter aux points de contrôle de police pour des vérifications de sécurité. Les migrants, qui ne possèdent pas de documents d'identification délivrés par la ville (la « carte du kébélé »), font souvent l'objet d'extorsions par la police, laquelle peut les empêcher d'entrer dans la ville. Un migrant a ainsi déclaré : « Quand je suis arrivé à Jijiga pour la toute première fois, j'ai eu très peur. Les policiers m'ont maltraité à mon arrivée et m'ont demandé de l'argent pour passer le point de contrôle à l'entrée de la ville. Je leur ai donné un pot-de-vin de 100 birr pour qu'ils me laissent entrer. J'ai également dû appeler un ami à moi résidant à Jijiga pour qu'il les supplie de me permettre d'entrer dans la ville. Ce jour-là, ils avaient déjà renvoyé trois autres migrants qui venaient d'arriver au point de contrôle. » Mais une fois passé cet obstacle, il semble étonnamment facile de trouver un emploi. La plupart des migrants ont réussi à trouver du travail dans les deux semaines qui ont suivi leur arrivée à Jijiga. La majorité des migrants ont trouvé un emploi temporaire dans le travail journalier et le secteur du bâtiment, et pour les jeunes femmes, dans le travail domestique. Afin d'entrer en contact avec des employeurs potentiels, les migrants utilisent des réseaux informels et des intermédiaires.

En comparaison, il s'avère plus difficile pour les non-migrants de trouver un travail. Cette difficulté s'explique par le fait que les non-migrants aspirent à des types d'emplois différents de ceux que recherchent les migrants. Alors que les migrants ont tendance à accepter tout emploi disponible pour des besoins immédiats de subsistance, les non-migrants recherchent des emplois permanents et dans le secteur public. Cependant, de tels emplois sont relativement rares, ce qui donne lieu à longues périodes de chômage. La plupart des non-migrants sont réticents à s'engager dans des activités caractérisées par un travail manuel et des salaires relativement bas et irréguliers. Bien que les migrants et les non-migrants opèrent clairement dans des segments différents du marché du travail, les non-migrants estiment que la forte immigration est responsable des difficultés auxquelles ils sont confrontés dans leur recherche d'emploi, en évoquant une concurrence plus féroce des migrants. Les femmes non migrantes, notamment, ont déclaré rencontrer des difficultés pour trouver un emploi, qu'elles attribuent à des barrières culturelles importantes ainsi qu'aux stéréotypes selon lesquels les femmes devraient rester à la maison et s'occuper des tâches ménagères[6]. En revanche, les migrantes peuvent facilement trouver un emploi, compte tenu de la forte demande de travailleurs domestiques à Jijiga.

Bien que la plupart des migrants soient relativement peu qualifiés (enseignement primaire ou inférieur), les migrants mieux instruits se retrouvent généralement à occuper des emplois similaires à ceux des personnes moins qualifiées. Les migrants tout comme les non-migrants estiment que les emplois exigeant un niveau de scolarité plus élevé ou un diplôme sont le privilège des non-migrants. Une non-migrante déclarait en ce sens : « Il existe une distinction entre migrant et non-migrant. Par exemple, si un migrant possède des qualifications et des compétences similaires aux miennes, ce sera sans aucun doute à moi qu'on donnera le poste. »

Bien que les migrants parviennent facilement à trouver un emploi, les emplois en question sont difficiles à assumer. Les migrants évoquent essentiellement des heures de travail excessivement longues et des retards ou des irrégularités dans leur rémunération, des problèmes auxquels ils ne sont pas en mesure de remédier compte tenu de leur statut informel et de leur dépendance à leur travail. Une majorité de femmes migrantes travaillant comme domestiques ont également subi des violences domestiques.

Les interactions avec les autorités locales (et les perceptions de celles-ci) diffèrent fortement entre migrants et non-migrants. Les migrants ont fait part de leur frustration face à l'insuffisance des services et de l'accompagnement proposés par les administrations de la ville de Jijiga et du kébélé. La majorité des migrants ont le sentiment que les services proposés par les administrations de la ville et du kébélé ne s'adressent pas à eux. Une migrante qui en a fait l'expérience exprime ce sentiment d'exclusion des services publics et de toute forme d'aide : « Je n'ai pas vraiment l'impression de vivre en Éthiopie. C'est comme si je n'appartenais pas à ce pays. » Les migrants ont déclaré pouvoir accéder à l'hôpital public, mais n'avoir aucun accès aux services d'emploi ou de subsistance proposés par l'administration de la ville, car ils ne disposent pas de la carte d'identité du kébélé. Pour les migrants, cela signifie qu'ils ne peuvent pas accéder à des activités plus lucratives nécessitant des permis et des licences officiels, et pour lesquels une carte d'identité du kébélé est nécessaire (par exemple, l'obtention d'un permis de conduire nécessite la carte du kébélé, tout comme l'obtention d'une licence commerciale qui permettrait d'exercer un travail indépendant formel). Les non-migrants bénéficiaient quant à eux d'un meilleur accès aux opportunités d'emploi nécessitant des titres de compétence formels ; ils indiquent pourtant avoir peu d'attentes quant à la capacité des autorités de la ville à relever le défi de l'emploi de la population des jeunes actifs, principalement en raison d'une bureaucratie excessive et d'une corruption perçue.

En dépit de relations difficiles avec les autorités locales et la police, les migrants indiquent avoir l'intention de demeurer à Jijiga dans un avenir proche.

Bien que leurs emplois soient souvent durs et précaires, la majorité des migrants ont déclaré que les conditions de vie à Jijiga étaient meilleures que dans leur lieu d'origine, la plupart des migrants se disant satisfaits de leur décision de s'implanter à Jijiga. Les migrants aspirent à travailler à leur compte : les migrants masculins souhaitent ainsi obtenir un permis de conduire et posséder leur propre « Bajaj » (véhicule motorisé à trois roues pour les services de taxi). Quant aux femmes migrantes, elles souhaitent lancer leur propre petite entreprise, comme une boutique ou un restaurant. Pour exercer ces activités, cependant, il faut détenir la carte du kébélé.

Migration à Jijiga : la perspective de la ville

Les autorités de la ville et les bureaux de secteur interrogés dans le cadre de l'étude en 2020 ont confirmé que la migration de main-d'œuvre à Jijiga a augmenté au fil des années, une tendance qu'ils décrivent comme alarmante. Les autorités de la ville estiment que les opportunités d'emploi, qui sont relativement meilleures grâce à des salaires attractifs et à une forte demande de main-d'œuvre pour les travaux de construction et le travail journalier, attirent migrants en quête d'un emploi à Jijiga. Parallèlement à ces facteurs d'attractivité, les autorités indiquent que les différents conflits et affrontements ethniques dans les régions voisines et dans d'autres endroits du pays ont contraint de nombreux migrants à venir s'établir à Jijiga à la fin des années 2010.

Conformément aux recherches antérieures sur la migration interne en Éthiopie, les autorités de la ville ont exprimé une vision très négative de la migration. Les principales raisons évoquées étaient l'augmentation du taux de chômage et la concurrence pour les emplois rares entre les migrants et les non-migrants, l'expansion des quartiers informels et du commerce illégal, la flambée des prix des loyers et les menaces pesant sur la sécurité telles que les vols et les cambriolages. Deux éléments reviennent dans les propos tenus par les responsables de la ville et des secteurs : d'une part, les interventions au niveau national et régional devraient viser à aider les migrants dans leur lieu d'origine ; d'autre part, la principale stratégie politique devrait consister à restreindre la migration vers la ville, en raison de priorités concurrentes. Un représentant de la mairie déclare : « Les migrants disposent de différentes opportunités. Ils ont déjà la possibilité de survivre par eux-mêmes dans la ville, en ayant le droit d'y travailler librement. Pour parler franchement, une plus grande attention devrait être accordée aux résidents locaux. Il y a donc des priorités concurrentes que nous devons traiter en premier lieu. Ensuite seulement serons-nous en mesure de gérer la situation des migrants. »

Les autorités de la ville ont reconnu les difficultés liées à l'obtention de la carte du kébélé et ont expliqué que les migrants ne peuvent généralement pas remplir les conditions nécessaires pour en être bénéficiaires : en effet, il faut avoir vécu dans la ville depuis au moins six mois et faire état d'une résidence fixe et identifiée. Comme les migrants vivent généralement ensemble dans des logements informels et déménagent fréquemment d'un endroit à un autre à la recherche de loyers moins élevés, ils ne parviennent pas à répondre à ces critères. Par ailleurs, les responsables du kébélé soulignent qu'ils n'accordent pas de carte d'identité du kébélé aux migrants car ils ne disposent pas de données complètes sur les migrants dans la ville ; ils évoquent en outre les menaces à la sécurité, étant donné que la ville est voisine de régions instables (la Somalie, par exemple).

L'absence de données et de registres complets sur les migrants a été fréquemment évoquée comme un obstacle freinant la mise à disposition de ces services. Les autorités de la ville et les bureaux de secteur ont suggéré de créer un registre des migrants qui serait continuellement mis à jour afin d'appliquer des interventions régulières et approfondies, telles que l'attribution des cartes du kébélé et d'autres documents et licences nécessaires pour accéder aux services publics, y compris les services pour l'emploi et les prêts accordés par l'Agence de développement aux micro- et petites entreprises. En parallèle, les autorités ont également déclaré qu'elles ne disposent pas de capacités locales suffisantes pour tenir à jour les données relatives aux migrants.

Pour une évolution positive : mobiliser la migration dans l'intérêt commun des villes et des migrants

L'étude qualitative menée à Jijiga a mis en évidence les points de vue opposés des migrants et des autorités municipales. Du point de vue des migrants, ceux-ci ont quitté leur village natal dans l'espoir d'améliorer leurs conditions de vie, en s'établissant dans un endroit qui offre de meilleures opportunités d'emploi ; mais d'après eux, les autorités municipales tentent d'entraver leur implantation en restreignant l'accès aux services dont bénéficient habituellement leurs concitoyens nés dans la ville. Ils évoquent également les harcèlements fréquents de la part des forces de l'ordre. Les autorités municipales et les non-migrants, quant à eux, estiment que les migrants sont la cause première de l'étalement urbain, du chômage et de l'insécurité dans la ville, et que les efforts devraient se concentrer sur le maintien des migrants dans leur communauté de naissance grâce à des programmes de création d'emplois dans leurs zones rurales d'origine. Les autorités municipales soutiennent en outre que les ressources publiques, déjà insuffisantes, devraient être investies dans l'amélioration des conditions de vie des citadins locaux.

Ces points de vue contraires semblent découler, du moins partiellement, d'une incompréhension de la position des migrants sur le marché du travail local. La recherche qualitative a en effet révélé que les migrants ruraux commencent généralement par s'insérer en bas de l'échelle du marché du travail, occupant souvent des emplois informels du secteur du bâtiment, ou encore, pour les femmes, des emplois de domestiques. Ces emplois intéressent peu la jeunesse locale de Jijiga, laquelle, avec un niveau d'éducation relativement plus élevé, recherche plutôt des emplois permanents de meilleure qualité et un poste dans le secteur public. Aussi les taux élevés de chômage parmi les migrants et les non-migrants à Jijiga sont-ils davantage susceptibles d'être le résultat d'un nombre limité d'emplois formels dans l'ensemble de l'économie, que de la concurrence générée par des migrants ruraux peu qualifiés.

On pourrait soutenir que les migrants ont en fait contribué au développement rapide et à la croissance des villes éthiopiennes, ce qui inclut Jijiga depuis le début des années 2010. Les taux de chômage élevés parmi les non-migrants urbains, lesquels visent des emplois permanents dans le secteur formel, coïncident avec des taux de chômage bas parmi les migrants. Le constat selon lequel les migrants trouvent rapidement du travail indique une forte demande de main-d'œuvre temporaire et de services domestiques qui ne peut être satisfaite par la main-d'œuvre locale, étant donné la réticence des non-migrants à s'engager dans ces activités. Le marché du travail à Jijiga est segmenté, comme c'est le cas dans les autres villes éthiopiennes de manière générale : il se caractérise par une forte demande de main-d'œuvre temporaire peu qualifiée (et mal rémunérée) que viennent fournir les migrants, ainsi que par une demande relativement faible de personnes diplômées qui se font concurrence pour un nombre limité d'emplois appartenant principalement au secteur public. Dans ce marché du travail, la concurrence entre migrants et non-migrants est par conséquent limitée, et le développement urbain va dépendre de la main-d'œuvre que représentent les migrants. Les migrants ruraux semblent pouvoir compléter les compétences de la main-d'œuvre locale en étant disponibles pour des tâches où la demande est forte et que la main-d'œuvre locale ne permet pas de couvrir, comme cela a pu être observé en Chine (Combes et coll., 2020).

Ainsi, les migrants contribuent de manière positive au développement de Jijiga, mais avec des contraintes supplémentaires bien visibles, notamment sur le marché du logement. Le développement de quartiers informels non planifiés en périphérie de la ville est probablement en partie alimenté par la migration. La migration peut également contribuer à la surcharge des établissements de santé publics et des transports en commun, mettre à rude épreuve les infrastructures hydrauliques ou exercer une pression supplémentaire sur la prestation de services publics en général. Les villes des pays à revenu faible peinent à assurer ces services à des populations en croissance rapide, dans un contexte de contraintes sévères en termes de ressources et de capacités. Dans de telles circonstances, le fait de devoir partager des ressources limitées avec une population « étrangère » qui ne cesse de croître peut facilement provoquer de la frustration du côté des populations hôtes et des autorités. Pourtant, la migration vers les villes peut également constituer une aubaine : il est en effet plus rentable de fournir des services à des populations urbaines denses qu'à des populations rurales dispersées.

Mais le plus gros problème réside dans l'écart entre la planification et le financement de l'offre de services au niveau des gouvernements locaux urbains, ainsi que dans la croissance rapide de la population urbaine locale.

En Éthiopie, les gouvernements locaux urbains sont depuis longtemps financés par des transferts de fonds réalisés au niveau fédéral, auxquels s'ajoutent les revenus municipaux. Ces ressources doivent servir à financer les dépenses de fonctionnement de la ville, ce qui laisse peut de place, voire aucune, aux dépenses d'investissement. Pour répondre à ce déficit, une subvention intergouvernementale spéciale a été ajoutée afin de financer le développement urbain. Ces deux types de transferts intergouvernementaux se fondent sur une formule utilisant comme principal paramètre la taille de la population. En tant que groupe mobile et non enregistré, les migrants sont sous-représentés dans les statistiques officielles et ne sont donc pas pris en compte dans l'élaboration des budgets ou dans la planification de l'offre de services. Cela complique la prestation de services aux migrants qui, dans la mesure où ils ne disposent pas de la carte du kébélé, ne sont pas considérés comme des résidents urbains et ne sont donc pas pris en compte dans ce budget.

Pour que la migration puisse bénéficier à la fois aux migrants et aux villes qui les accueillent, il convient de mettre en place des mesures et des réformes à plusieurs niveaux. Au niveau fédéral, la planification et l'élaboration des budgets consacrés à la prestation de services au niveau des gouvernements urbains locaux doivent prendre explicitement en compte la mobilité humaine, ajoutant ainsi une couche supplémentaire de complexité à un processus déjà délicat. Cet effort exige de meilleures données concernant l'ampleur et la composition des flux migratoires, comme l'ont souligné les autorités locales interrogées dans le cadre de l'étude menée à Jijiga. Au vu des contraintes de capacités, il pourrait s'avérer utile de nouer des partenariats avec la société civile ou des organisations de recherche locales. En outre, étant donné la forte négativité des attitudes et des perceptions à l'égard des migrants, il serait nécessaire de mieux sensibiliser aux motivations et aux expériences des travailleurs migrants, aux défis auxquels ils sont confrontés et à leurs contributions, afin d'adopter une vision plus globale et plus nuancée des migrants et de la migration dans son ensemble. Sans ce processus de sensibilisation, l'introduction et la promotion de politiques et de mesures visant à faciliter l'intégration des migrants sur les marchés du travail urbains et à garantir leur droit à l'accès aux services publics – à l'instar des autres citoyens – pourraient s'avérer très difficiles.

La migration vers Jijiga et vers d'autres villes en Éthiopie devrait continuer à augmenter dans les années et les décennies à venir. Les jeunes générations d'Éthiopiens qui font désormais davantage d'études vont être amenées à quitter les fermes pour rechercher de meilleures opportunités dans les villes. Cette transformation spatiale de la société est inextricablement liée au développement social et économique et contribue à la croissance tout comme au recul de la pauvreté ; mais elle accroît également la pression sur des infrastructures et des budgets urbains déjà limités. Le défi pour Jijiga comme pour d'autres villes éthiopiennes sera de tirer parti de cette croissance rapide et de l'immigration dans l'intérêt commun de la ville et des migrants. Bien que certaines mesures importantes ne s'inscrivent pas dans le périmètre des autorités municipales (telle que l'élaboration du budget consacré à l'offre de services au niveau de la ville), l'autorité municipale peut néanmoins entreprendre un certain nombre d'initiatives pour rendre la migration plus bénéfique tant pour les migrants que pour la ville. Les recherches menées à Jijiga suggèrent notamment deux initiatives potentielles :

- *Délivrance de permis commerciaux et de licences.* Actuellement, les migrants ne sont pas en mesure de créer d'entreprises régularisées ou de devenir officiellement travailleurs indépendants, car ils ne disposent pas de la carte du kébélé. Les migrants occupant un emploi indépendant sont donc, par définition, des travailleurs informels. La délivrance de licences commerciales officielles aux migrants pourrait permettre d'élargir l'assiette fiscale de la ville tout en les protégeant contre le harcèlement par les forces de l'ordre locales.
- *Informations, documentation et registre.* Comme l'ont souligné des informateurs clés, le manque de données et d'informations documentées fiables sur les migrants rend difficile leur enregistrement en tant que non-migrants et la création de leur carte d'identité, ce qui conduit à leur exclusion des services publics et de tout accompagnement. Pour répondre à ce défi, l'une des mesures fondamentales consisterait à établir une base de données sur les flux migratoires, potentiellement en collaboration avec des organisations de recherche locales ou des organisations de la société civile. La faisabilité de cette initiative pourra être évaluée par le biais d'un projet pilote.

Le cas de Jinja, en Ouganda

Urbanisation et migrations internes en Ouganda

Malgré les taux actuels relativement faibles d'urbanisation, la population urbaine de l'Ouganda augmente depuis 1960 à un rythme annuel d'au moins 6 %, sauf au cours d'une période caractérisée par l'instabilité politique et la guerre civile après 1970 (Banque mondiale, 2021c). En comparaison, la croissance démographique rurale était d'environ 3 % par an (Banque mondiale, 2021c), en dépit d'un taux de fécondité rurale beaucoup plus élevé, à raison de de 5,9 naissances par femme en 2020, contre 4 naissances par femme dans les zones urbaines (Banque mondiale, 2020). Le faible taux d'urbanisation en 2019 (24 %), bien qu'il puisse quelque peu surprendre, peut s'expliquer par le seuil minimum de population très élevé – 25 000 habitants tel que défini dans la Loi sur les gouvernements locaux de 1997 [CAP 243] – utilisé par le gouvernement national afin de définir les zones « urbaines » en Ouganda (Sladoje, Randolph et Khan, 2019). En utilisant une approche spatiale pour mesurer l'urbanisation, comme dans la base de données Africapolis gérée par l'OCDE (2020) (carte 3.3), le taux d'urbanisation de l'Ouganda aurait été de 39 % en 2015 ; or, ce taux ne dépassait pas 22 % dans les statistiques officielles de 2015 (Nations Unies, 2019).

Carte 3.3 Ouganda : petites, moyennes et grandes agglomérations

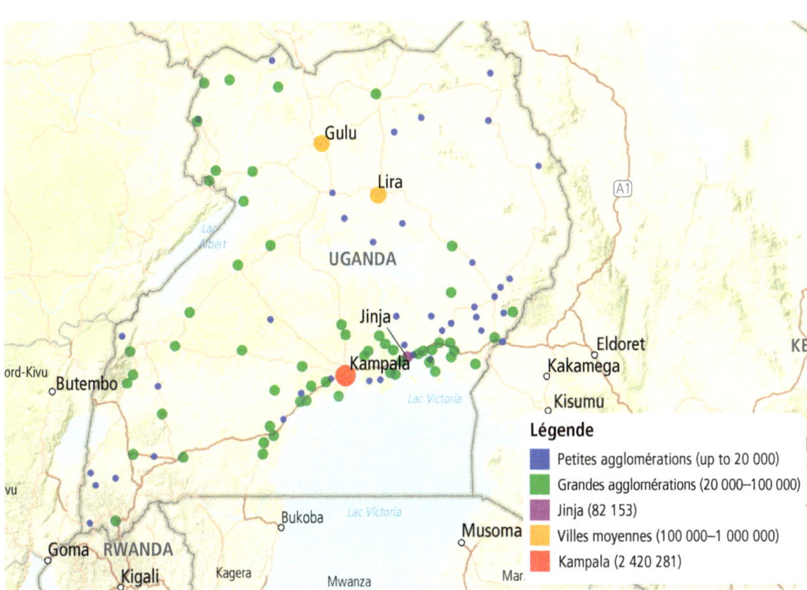

Source : Banque mondiale, selon les données de l'OCDE (2020).
Remarque : d'ici à 2060, l'Ouganda aura atteint un taux d'urbanisation de 50 % (si l'on utilise les définitions nationales des zones urbaines), et les villes devraient se développer encore plus rapidement que la capitale Kampala. En effet, entre 2002 et 2014, soit les années des deux derniers recensements de la population, la population urbaine a doublé, passant de 4 millions à 8 millions (Banque mondiale, 2020, 2021c), tandis que la densité de population du pays dans son ensemble a augmenté de 41 % (Mensah et O'Sullivan, 2017). La population urbaine de l'Ouganda devrait dépasser sa population rurale d'ici à 2060 pour atteindre entre 46 millions et 53 millions (Banque mondiale, 2020). Cela correspondrait à une croissance de 35 millions à 42 millions de personnes de la population urbaine actuelle, qui est de 11 millions, soit environ 1 million par an (schéma 3.6). En outre, entre les recensements de 2002 et 2014, la population des autres villes petites, moyennes ou secondaires a augmenté de 7 %, contre 5 % à Kampala.

Graphique 3.6 Population urbaine et population rurale en Ouganda : projections jusqu'en 2060

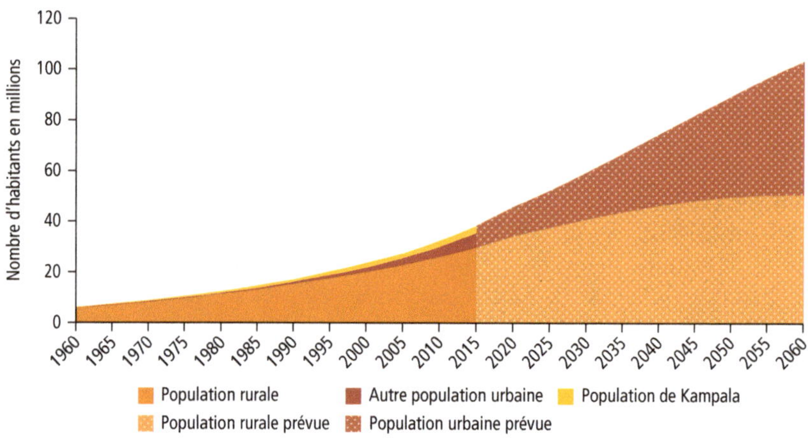

Source : Banque mondiale, 2021c.

En dehors de la région métropolitaine de Kampala, les villes secondaires et les petites agglomérations sont encore relativement petites, dépassant rarement la barre des 200 000 habitants (graphique 3.7). Kampala domine le système urbain du pays, avec environ 4,3 millions d'habitants dans la région métropolitaine (Sladoje, Randolph et Khan, 2019), qui comprend les grandes villes de Nansana, Kira, Makindye Ssabagabo et Kyengera. L'Ouganda est divisé en quatre régions — le Centre, l'Est, le Nord et l'Ouest — qui comptent 135 districts, eux-mêmes subdivisés en comtés et municipalités. La ville de Kampala, non représentée dans le graphique 3.7 pour des raisons d'échelle, est située dans la région centrale la plus peuplée.

Outre le redécoupage des limites administratives, l'accroissement naturel et la migration contribuent à la croissance de la population urbaine. Les estimations (graphique 3.8) tirées des deux recensements utilisés dans cette analyse[7] indiquent que la croissance démographique à Kampala entre 2002 et 2014 était principalement due aux migrations (31 %) et à l'étalement urbain (27 %), la migration intra-district (22 %) et l'accroissement naturel (20 %) jouant des rôles moins importants. Dans les villes secondaires (autres zones urbaines), la croissance démographique est principalement due à l'accroissement naturel (60 %) et beaucoup moins à la migration (16 %) ou à l'étalement urbain (14 %).

La migration nette positive à destination Kampala et des autres villes a augmenté entre les deux recensements ; elle équivaut aux flux sortants observés dans

Graphique 3.7 Population des villes ougandaises par région (hors Kampala)

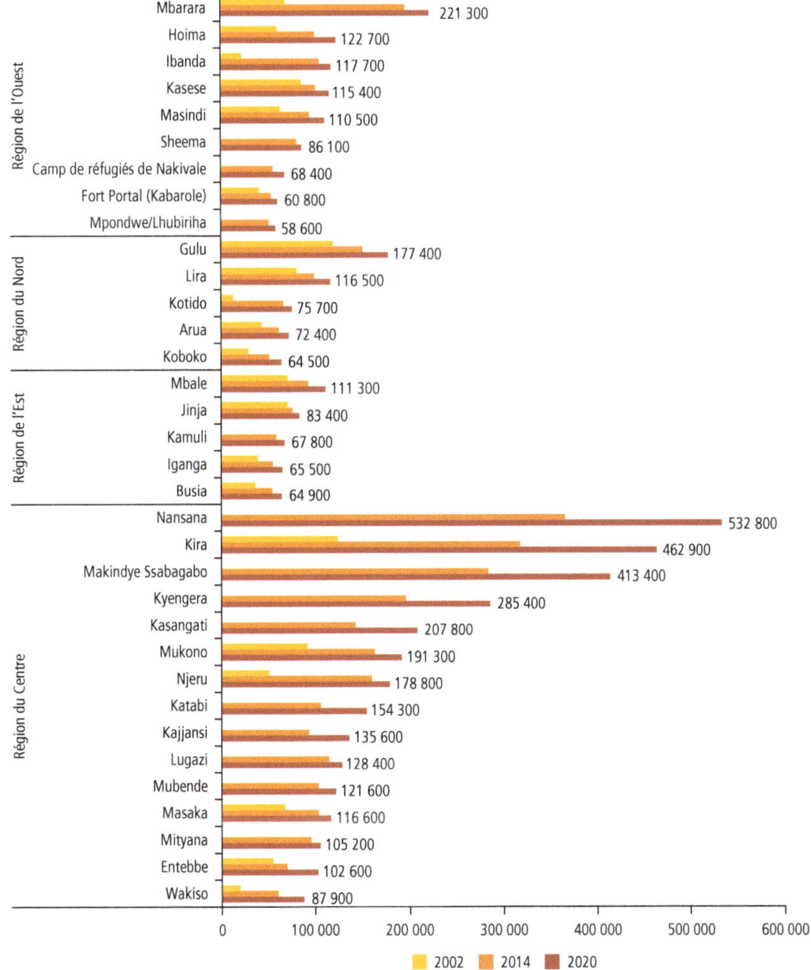

Source : Brinkhoff, 2021 (citypopulation.de).
Remarque : les recensements ont été effectués en 2002 et en 2014 ; les chiffres pour l'année 2020 sont des estimations. Dans le cas de certaines agglomérations, aucune donnée n'existait pour 2002.

les zones rurales. Le graphique 3.9 indique qu'un important flux de migrants en provenance des zones rurales a eu lieu entre 2002 et 2014. Ces migrants se sont établis à Kampala et dans d'autres zones urbaines : la migration vers Kampala est légèrement plus élevée, avec 328 400 arrivées nettes dans la ville[8] entre 2002 et 2014, par rapport à un flux net combiné de 271 840 migrants vers d'autres zones urbaines. La migration interne nette vers Kampala et d'autres zones urbaines

Graphique 3.8 Composition de la croissance démographique en Ouganda entre 2002 et 2014

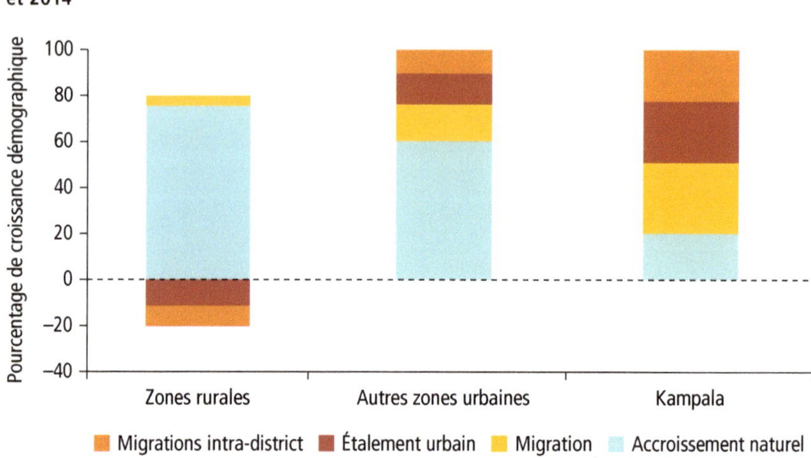

Source : calculs issus des recensements, partagés par l'Integrated Public Use Microdata Series (IPUMS).

Graphique 3.9 Flux migratoire net en Ouganda entre 2002 et 2014

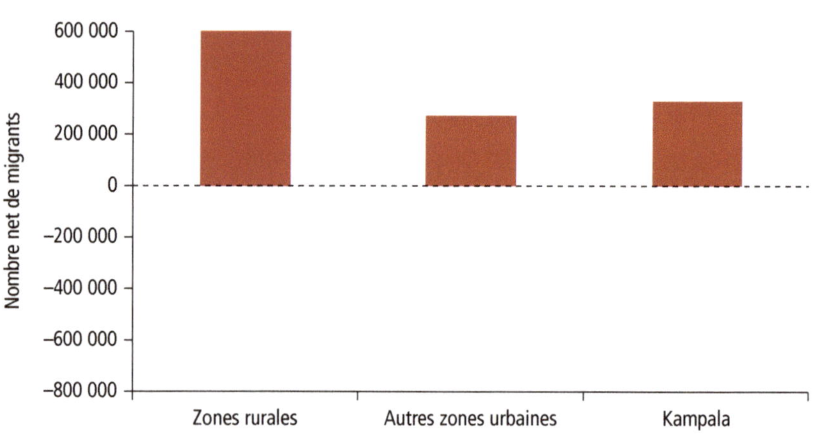

Source : calculs issus des recensements, partagés par l'Integrated Public Use Microdata Series (IPUMS).

était plus de cinq fois plus élevée en 2014 qu'en 2002 (graphique 3.10). Seule une courte période de déclin (après 2004, probablement due aux conflits dans le nord du pays) a interrompu la hausse continue de la migration nette vers les zones urbaines.

En Ouganda tout comme dans d'autres pays, la migration a constitué un puissant levier pour la réduction de la pauvreté. Entre 2005 et 2009, l'incidence

Graphique 3.10 Migration nette vers les zones urbaines en Ouganda, 2002-2014

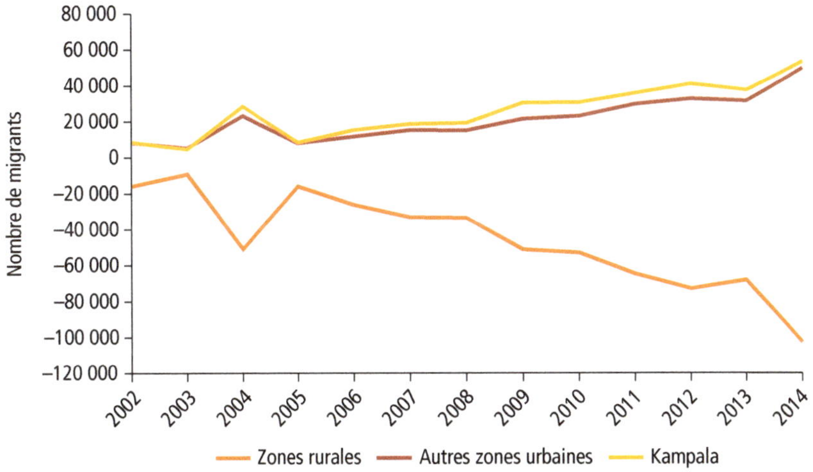

Source : calculs issus des recensements, partagés par l'Integrated Public Use Microdata Series (IPUMS).

de la pauvreté a diminué deux fois plus rapidement pour les personnes qui se sont déplacées de leur village vers d'autres zones rurales par rapport à celles qui n'ont pas migré, et ce malgré des positions de départ similaires. Cela s'est traduit par une augmentation de 7 % de la consommation annualisée, en moyenne, en contrôlant autant que possible le biais de sélection. L'augmentation annuelle de la consommation atteint même 37,5 % pour les personnes qui migrent des zones rurales vers les zones urbaines. L'impact de la migration rurale-urbaine sur la réduction de la pauvreté était néanmoins plus faible, dans la mesure où les personnes qui ont migré vers les zones urbaines étaient moins pauvres au départ (Banque mondiale, 2016b).

Le cas de Jinja

Cette étude prend l'exemple de la ville de Jinja afin d'identifier les différences fondamentales entre les caractéristiques personnelles et les conditions de vie des migrants et de la population hôte. L'analyse examine les différences en termes de résultats sur le marché du travail pour les migrants en contrôlant l'origine, le niveau d'éducation, les compétences et les relations personnelles. La municipalité de Jinja a été choisie pour cette enquête empirique car elle arrive dans le haut du classement (en quatrième position) parmi 32 villes analysées pour leur potentiel économique (Hobson, 2019). En juillet 2020, Jinja a acquis le statut de « cité » (*city*). Convenablement située sur un axe de routes commerciales majeures aux abords du lac Victoria, la ville héberge depuis longtemps des activités manufacturières. Elle attire en outre un grand nombre de travailleurs pendulaires : de jour, sa population est cinq fois supérieure à sa population nocturne (Cities Alliance, 2016). En somme, l'étude de cette ville peut permettre d'identifier des politiques locales efficaces qui permettront de remédier aux contraintes susceptibles d'entraver l'intégration des migrants.

Une enquête auprès des ménages a été menée dans la municipalité de Jinja et ses banlieues environnantes en 2020-2021 (tableau 3.5), accompagnée d'entretiens sur les trajectoires de vie, ainsi que d'entretiens auprès d'informateurs clés (migrants et fonctionnaires publics, respectivement), afin d'étayer les résultats quantitatifs par un récit plus qualitatif. L'échantillon de 675 ménages a été subdivisé en trois catégories : le centre des affaires ; la municipalité totale à l'exclusion du centre des affaires ; et la périphérie, afin de mieux identifier l'ampleur de la mobilité pendulaire vers les emplois du centre-ville. Des entretiens sur les trajectoires de vie ont été menés auprès de migrants plus âgés, avec une représentation égale par sexe et par origine (rural ou urbaine). Enfin, des entretiens avec des informateurs clés des autorités publiques et des groupes du secteur privé ont été réalisés pour éclairer les contraintes du gouvernement et les outils dont il dispose[9].

Différences entre migrants et non-migrants à Jinja

Les migrants sont plus jeunes, plutôt de sexe féminin, et sont davantage susceptibles d'avoir un ménage plus petit et d'être mariés que les non-migrants. Ces dynamiques sont cohérentes avec les données nationales relevées en l'Ouganda. Les migrants, qu'ils viennent des zones rurales ou d'autres zones urbaines, ont en moyenne trois à quatre ans de moins que les non-migrants (tableau 3.6). Les ménages sont également plus petits : les ménages de migrants comptent près de deux membres permanents de moins. Les ménages de migrants venant d'autres zones urbaines sont particulièrement petits, comptant en moyenne seulement 4,09 personnes. Par conséquent, les taux de dépendance (le rapport des membres en âge de travailler et des membres non en âge de travailler) sont également plus faibles pour les ménages de migrants.

Les différences en matière d'éducation soulignent l'hétérogénéité des migrants urbains-urbains et ruraux-urbains. Comme pour les tendances nationales, les

Tableau 3.5 Nombre de migrants à Jinja, par type de migrants

Zone	Migrants ruraux-urbains	Migrants urbains-urbains	Tous les migrants	Non-migrants
Centre-ville	122	33	155	377
En dehors du centre-ville	93	47	140	368
Périphérie	123	51	174	415
Total	338	131	469	1 160

Source : Banque mondiale, d'après l'étude sur les ménages menée à Jinja en 2021.

Tableau 3.6 Différences démographiques entre migrants et non-migrants à Jinja

Caractéristiques démographiques	Migrants ruraux-urbains	Migrants urbains-urbains	Tous les migrants	Non-migrants
Sexe (1 = hommes)	0,49	0,41*	0,47*	0,49
Âge	27,25***	28,78***	27,68***	31,68
Situation matrimoniale	0,56***	0,60***	0,58***	0,43
Taille du ménage	4,74***	4,09***	4,56***	6,28
Taux de dépendance, tous les individus	0,73***	0,69**	0,72***	0,92
Taux de dépendance, enfants	0,60***	0,64***	0,61***	0,77
Observations (individus)	*338*	*131*	*469*	*1 160*
Observations (ménages)	*207*	*96*	*365*	

Source : Banque mondiale, d'après l'étude sur les ménages menée à Jinja en 2021.
Remarque : les observations sont effectuées au niveau individuel en termes de sexe, d'âge et de situation matrimoniale. L'échantillon utilisé inclut les adultes en âge de travailler (âges de 15 à 64 ans). Les observations sont effectuées au niveau du ménage en termes de taille du ménage et du taux de dépendance. Les tests t sont calculés en utilisant comme base les non-migrants.
*** $p < 0{,}01$, ** $p < 0{,}05$, * $p < 0{,}1$

migrants urbains-urbains ont tendance à être plus instruits que les non-migrants urbains, tandis que les migrants ruraux-urbains le sont moins, comme en témoigne le graphique 3.11 (cycle d'enseignement primaire terminé et obtention du brevet et du baccalauréat). Tous les migrants et les non-migrants présentent un taux d'alphabétisation similaire, légèrement supérieur à 91 % ; il n'y a pas de différence significative entre les groupes en ce qui concerne le fait de n'avoir jamais fréquenté l'école (« Aucune scolarité »). Les migrants venant d'autres zones urbaines sont également plus susceptibles d'avoir fréquenté l'université que les non-migrants de Jinja et les migrants des zones rurales. Ces chiffres, similaires aux tendances nationales, signalent que les migrants ruraux-urbains et urbains-urbains apportent aux villes différents types de capital humain, et donc qu'ils ne visent pas les mêmes marchés du travail.

Les migrants ont également tendance à vivre dans des ménages dont le niveau de consommation totale du ménage (hors loyer) est plus élevé que chez les non-migrants ; toutefois, cet écart est alimenté par des migrants provenant d'autres zones urbaines. Si les niveaux de consommation des ménages de migrants ruraux-urbains ne sont pas statistiquement différents de ceux des non-migrants urbains au niveau individuel, les migrants venant d'autres zones urbaines vivent cependant dans des ménages dont le niveau de consommation est 60 % supérieur à celui des non-migrants de Jinja. Les ménages de migrants urbains-urbains dépensent davantage en courses alimentaires, en repas à l'extérieur du domicile, en services publics et autres catégories non alimentaires. Cela peut s'expliquer par leur richesse initiale, comme cela a également été suggéré par des données de la Banque mondiale (2016b). Quant aux dépenses consacrées à l'éducation, aux transports, à la communication, à la santé et aux biens

Graphique 3.11 **Niveau d'instruction des migrants et des non-migrants à Jinja**

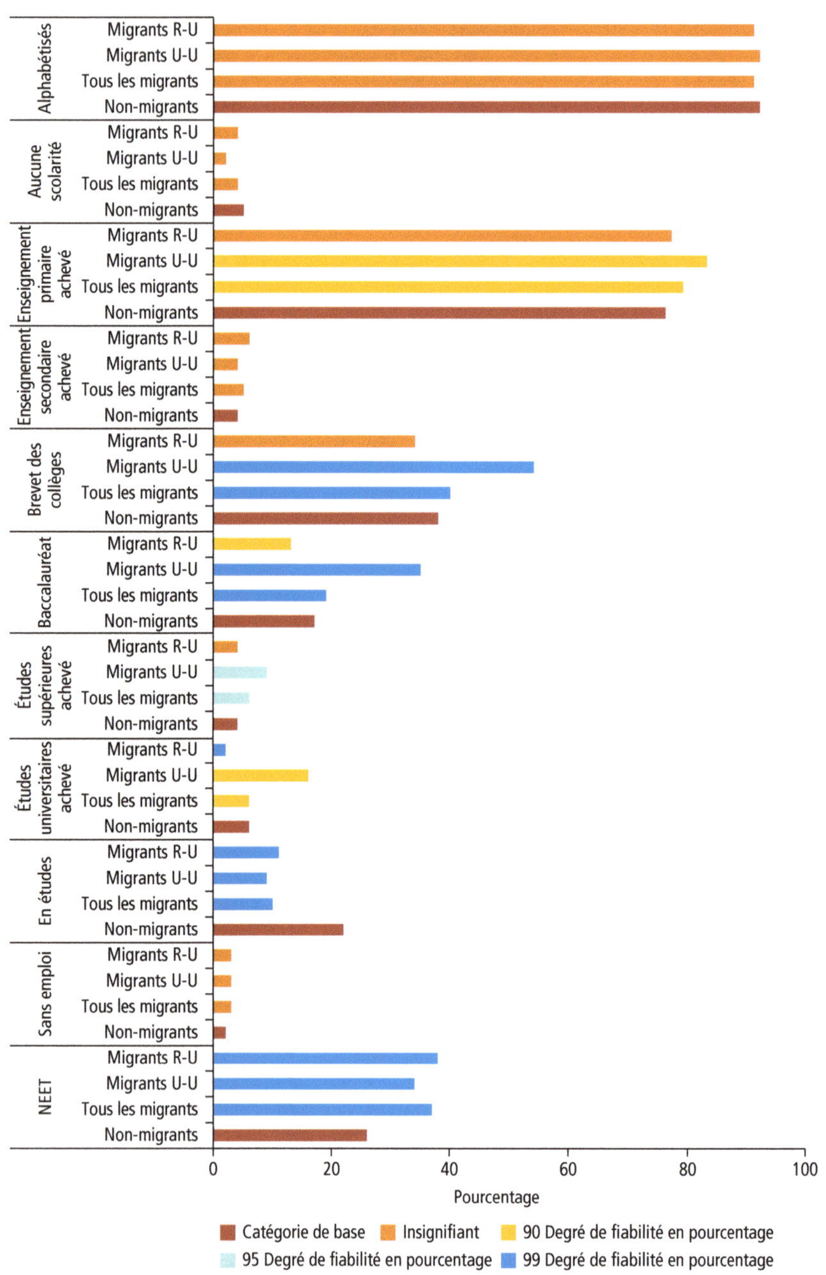

Source : Banque mondiale, d'après l'étude sur les ménages menée à Jinja en 2021.
Remarque : NEET = ni en emploi, ni en études, ni en formation ; R-U = ruraux-urbains ; U-U = urbains-urbains

de consommation, elles sont relativement similaires pour tous les groupes de population. Par ailleurs, comme les ménages de migrants sont plus petits, les dépenses par équivalent adulte des ménages de migrants urbains-urbains et ruraux-urbains sont également plus élevées que celles des non-migrants. Ces dynamiques indiquent que les migrants peuvent stimuler l'économie locale en présentant des niveaux de dépenses relativement plus élevés. Ces résultats sont conformes aux estimations (non présentées ici) dérivées de l'enquête nationale sur les ménages en Ouganda.

Où vivent les migrants ?

Les migrants ruraux-urbains sont davantage susceptibles de résider dans le centre-ville que les non-migrants et les migrants urbains-urbains. Les non-migrants sont répartis de manière égale dans toute la ville, soit environ un tiers vivant dans chaque zone (tableau 3.7)[10]. Par rapport aux non-migrants, les migrants ruraux-urbains sont plus susceptibles de vivre dans le centre-ville et moins susceptibles de vivre en périphérie. Ils paient 27 % de loyer en moins et occupent le segment le plus abordable du logement dans le centre-ville de Jinja, qui correspond à des zones d'habitation informelles (telles que Masese et Mafubira). Ces données sont conformes aux tendances d'établissement observées à Arusha, en Tanzanie (Andreasen et coll., 2017), ainsi que dans d'autres régions africaines (voir la section « Lieux de résidence des migrants » dans le chapitre 4). Lorsque les migrants arrivent à Jinja, ils s'établissent souvent dans le centre-ville qui offre davantage d'emplois occasionnels et de logements bon marché. Cela s'applique tout particulièrement aux migrants venus de loin qui n'ont pas de famille chez qui s'installer. Les migrants urbains-urbains paient en moyenne 13 % de loyer en plus que les non-migrants de Jinja et sont plus susceptibles de vivre en bordure du centre-ville (bien que la différence par rapport aux non-migrants ne soit pas statistiquement significative).

Tableau 3.7 Caractéristiques des logements des migrants à Jinja

Caractéristiques des logements	Migrants ruraux-urbains	Migrants urbains-urbains	Non-migrants
Zone : centre-ville	0,48***	0,30***	0,34
Zone : en dehors du centre-ville	0,31	0,41	0,34
Zone : périphérie	0,21***	0,29***	0,32
Loyer, hors valeurs imputées (shillings ougandais)	23 635**	36 677**	32 415
Loyer, y compris valeurs imputées (shillings ougandais)	25 924***	37 467***	34 161
Nombre de chambres par équivalent adulte	0,48***	0,57***	0,61
Observations	*207*	*96*	365

Source : Banque mondiale, d'après l'étude sur les ménages menée à Jinja en 2021.
Remarque : les observations sont effectuées au niveau du ménage. Les tests t sont calculés en utilisant comme base les non-migrants.
*** $p < 0,01$, ** $p < 0,05$, * $p < 0,1$

Bien que le coût de la location soit en moyenne plus élevé dans le centre-ville que dans les autres zones, les loyers médians sont similaires dans les trois zones. En se basant sur les trois zones de l'échantillon utilisé dans l'enquête sur les ménages à Jinja (le centre-ville, en dehors du centre-ville et en périphérie), on obtient les estimations suivantes : les valeurs locatives déclarées sont environ 40 % plus élevées dans le centre-ville qu'en dehors du centre-ville, mais seulement 26 % plus élevées qu'en périphérie (tableau 3.8). Les logements du centre-ville s'accompagnent généralement d'un meilleur accès aux services publics que ceux situés en dehors du centre-ville et en périphérie – un autre facteur qui explique les valeurs locatives plus élevées. Il existe toutefois plusieurs établissements informels dans le centre-ville de Jinja qui proposent des logements abordables mais de qualité globalement médiocre en termes de construction et d'accès aux services. Les logements haut de gamme du centre-ville peuvent expliquer des prix de location moyens plus élevés, comme le montre la répartition des loyers dans le tableau 3.8 et la répartition de densité de noyau des loyers par zone (graphique 3.12). La densité de chaque zone atteint des valeurs similaires (20 000 shillings ougandais par mois). La courbe relative au centre-ville s'étend beaucoup plus loin à droite du graphique, ce qui indique que les logements à loyer élevé sont davantage susceptibles de se situer dans le centre-ville.

Les migrants et les non-migrants diffèrent dans leur propension à vivre dans des logements sociaux, à être propriétaires de leur domicile et à vivre dans des logements présentant des caractéristiques de qualité. Les migrants, qu'ils soient ruraux-urbains ou urbains-urbains, sont plus susceptibles de vivre dans des logements sociaux que les non-migrants de Jinja : 24 % de l'ensemble des migrants vivent dans des logements sociaux, contre 16 % des non-migrants. Pour les responsables de Jinja, cette tendance en matière de logements signifie que la croissance démographique résultant de la migration pourrait exercer une pression plus forte sur les ressources en logements sociaux que l'accroissement naturel. Les migrants urbains-urbains sont également plus susceptibles de vivre dans des logements subventionnés ou gratuits, ce qui est surprenant dans la mesure où tous les autres indicateurs révèlent que leur situation est meilleure que celles des autres répondants. Cela pourrait s'expliquer par le fait que certains employeurs fournissent un logement gratuit ou subventionné (surtout pour les enseignants et les agents de sécurité), comme en témoignent les entretiens sur

Tableau 3.8 Répartition des loyers à Jinja, par zone, hors loyers imputés
En shillings ougandais

Zone	25e percentile	Moyenne	75e percentile	Moyenne	Observations
Centre-ville	10 095	17 894	47 222	34 000	*154*
En dehors du centre-ville	11 995	17 525	27 356	24 340	*110*
Périphérie	8 827	16 887	30 337	27 036	*114*

Source : Banque mondiale, d'après l'étude sur les ménages menée à Jinja en 2021.

Graphique 3.12 Densité de noyau des prix locatifs à Jinja, hors valeurs imputées

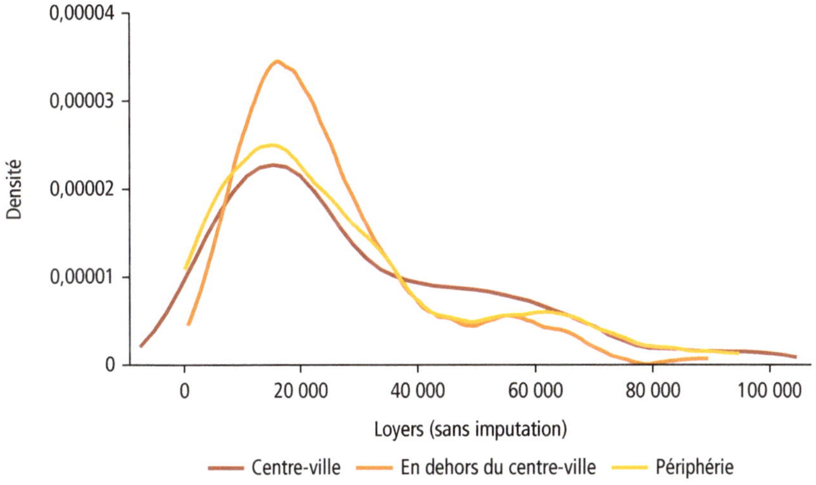

Source : Banque mondiale, d'après l'étude sur les ménages menée à Jinja en 2021.
Remarque : noyau = fonction d'Epanechnikov = 7,6e + 03.

les trajectoires de vie. La qualité de l'accès aux services publics est généralement meilleure chez les non-migrants par rapport aux migrants ruraux-ruraux, avec un meilleur accès à l'eau courante et à des installations sanitaires privées ; la qualité de la construction des logements est toutefois similaire dans les différents groupes. En ce qui concerne l'accès à la propriété, les non-migrants sont beaucoup plus susceptibles (52 %) que les migrants (20 %) d'être propriétaires de leur domicile.

En termes du logement choisi et de l'accès à la propriété, l'écart est moins prononcé entre les migrants de longue durée et les non-migrants si l'on tient compte de la durée d'implantation des migrants. Le tableau 3.9 présente les différences entre l'emplacement et les caractéristiques des logements selon la durée d'implantation des migrants. Les valeurs locatives restent similaires indépendamment de la durée, mais la propriété immobilière augmente progressivement à mesure que les migrants sont implantés depuis plus longtemps. Seuls 10 % des migrants arrivés à Jinja il y a trois ans ou moins possèdent un logement, par rapport à 22 % de ceux arrivés il y a trois à dix ans et 46 %de ceux arrivés il y a plus de dix ans. Environ 43 % des non-migrants sont propriétaires de leur logement, ce qui signifie que chez les migrants de longue durée, le taux de propriété s'avère légèrement plus élevé que chez les non-migrants. L'emplacement du logement a également tendance à changer en fonction de la durée. À mesure que les migrants sont implantés plus longtemps, ils ont tendance à déménager

Tableau 3.9 Caractéristiques des logements des migrants à Jinja, selon la durée de leur implantation

Caractéristiques	Courte durée : 0 à 3 ans	Longue durée : 3 à 10 ans	Permanents : 10 ans ou plus	Non-migrants
Zone : centre-ville	0,41	0,41	0,33	0,39
Zone : en dehors du centre-ville	0,36	0,32	0,31	0,37
Zone : périphérie	0,22	0,28	0,35**	0,24
Propriétaires	0,10***	0,22***	0,46***	0,43
Loyer, hors valeurs imputées (shillings ougandais)	30 440	27 039	28 140	33 295
Loyer, y compris valeurs imputées (shillings ougandais)	31 873	29 168**	30 148*	36 520
Sols construits	0,77	0,72	0,69	0,74
Murs terminés	0,73	0,68	0,73	0,76
Nombre de chambres par équivalent adulte	0,56***	0,51***	0,49***	0,70
Eau courante	0,19**	0,22*	0,20**	0,33
Toilettes communes	0,86***	0,79**	0,65**	0,65
Toilettes munies d'une chasse d'eau	0,11	0,11	0,15	0,15
Raccordement au réseau électrique	0,69	0,72	0,61**	0,73
Nombre moyen d'heures d'électricité	17,09	16,63	16,26	16,18
Utilisation de combustible solide à domicile pour la préparation des repas	0,30	0,33	0,15**	0,25
Observations	*106*	*140*	*236*	*186*

Source : Banque mondiale, d'après l'enquête sur les ménages menée à Jinja en 2021.
*** $p < 0{,}01$, ** $p < 0{,}05$, * $p < 0{,}1$

en périphérie où les logements coûtent moins chers et le taux d'accès à la propriété est de fait plus élevé. En termes de qualité des logements, les migrants ont moins tendance à partager des toilettes à mesure qu'ils restent plus longtemps (parvenant ainsi à une situation similaire à celles des non-migrants). En ce qui concerne les migrants arrivés il y a plus de dix ans, 65 % partagent des toilettes avec d'autres ménages, par rapport à 86 % des migrants récents. L'accès à l'eau courante et à l'électricité ne s'améliore pas pour les migrants en fonction de la durée de leur implantation ; il est cependant possible que ce résultat reflète le fait que les migrants déménagent en périphérie, où l'accès aux services publics est inférieur à celui constaté dans le centre-ville ou en dehors du centre-ville.

Où travaillent les migrants ?

En raison du coût élevé des déplacements entre le domicile et le lieu de travail, les décisions liées à l'emplacement du logement sont inextricablement liées celui du lieu de travail. Dans le centre-ville, environ la moitié des répondants travaillent et vivent dans le même quartier, tandis que 44 % vivent ailleurs dans la municipalité de Jinja (tableau 3.10). En périphérie, 67 % des répondants

Tableau 3.10 Tendances en matière d'emploi et de mobilité pendulaire à Jinja, par zone

	Centre-ville	En dehors du centre-ville	Périphérie
Lieu de travail : même quartier	0,49	0,48	0,67***
Lieu de travail : en dehors du quartier, dans la municipalité	0,44	0,38	0,12***
Durée de déplacement pendulaire en minutes	25,95	26,37	32,51
Trajet vers le lieu de travail : à pied	0,53	0,34***	0,52***
Trajet vers le lieu de travail : en véhicule public	0,07	0,18***	0,17***
Trajet vers le lieu de travail : en *boda* public	0,25	0,34	0,22
Secteur : agriculture	0,08	0,13	0,20**
Secteur : industrie manufacturière	0,30	0,31	0,33
Secteur : services	0,61	0,57	0,48**
Employés	0,57	0,48	0,51
Temps partiel	0,13	0,13	0,19
Heures travaillées au cours de la semaine écoulée	60,89	55,64	51,11***
Contrat écrit	0,42	0,33	0,34
Revenus hebdomadaires en haute saison (en shillings ougandais)	170 000	220 000	110 000
Revenus hebdomadaires en basse saison (en shillings ougandais)	85 476	110 000	81 192
Observations	*310*	*265*	*316*

Source : Banque mondiale, d'après l'enquête sur les ménages menée à Jinja en 2021.
Remarque : l'échantillon inclut uniquement les adultes employés (à l'exception de la variable de l'emploi, qui inclut tous les adultes en âge de travailler). La base pour tous les tests t est celle des adultes employés en âge de travailler.
*** $p < 0{,}01$, ** $p < 0{,}05$, * $p < 0{,}1$

travaillent à leur domicile ou dans leur quartier. Une question se pose alors : la faible proportion de travailleurs pendulaires en provenance de la périphérie est-elle due à une abondance d'emplois adaptés à proximité, ou au fait que les transports vers les emplois disponibles en ville sont trop coûteux ? Le mécanisme sous-jacent ne peut être déterminé avec les données disponibles ; une enquête sur la population active comprenant un échantillon de grande ampleur ou des données de recensement géocodées sont nécessaires pour comprendre ces aspects de la vie économique de Jinja.

Environ la moitié des personnes (migrants et non-migrants) résidant en périphérie (52 %) et dans le centre-ville (53 %) se rendent au travail à pied, ce qui restreint l'accès aux opportunités d'emploi plus éloignées. Bien que les migrants et les non-migrants résidant dans le centre-ville aient certes accès à de bons emplois formels, il n'est pas clair si c'est également le cas en périphérie. Les migrants et les non-migrants en périphérie et en dehors du centre-ville sont également environ plus susceptibles (10 points de pourcentage) de prendre les transports en commun pour se rendre au travail que les migrants et les non-migrants dans le centre-ville. Bien que les *boda bodas* constituent le moyen de transport le plus courant dans les trois zones (entre 22 % et 34 %), on ne constate pas de différence statistique entre les parts respectives. Les tendances en matière de déplacement pendulaire en périphérie sont similaires à celles du centre-ville, tandis que les personnes résidant en dehors du centre-ville marchent moins et prennent plus souvent des *boda bodas*. Ces contrastes peuvent refléter les différences liées au lieu de travail chez les migrants et les non-migrants en dehors du centre-ville.

Les migrants et les non-migrants qui vivent en périphérie de Jinja sont plus susceptibles de travailler dans l'agriculture et moins susceptibles d'occuper un emploi dans le secteur des services. Les migrants et les non-migrants en périphérie travaillent principalement dans les services (48 %), suivis par l'industrie manufacturière (33 %) et l'agriculture (20 %). L'emploi dans le secteur des services (typiquement commerce de détail, commerce de gros ou hôtellerie) domine chez les migrants et les non-migrants dans le centre-ville (61 %) et juste à l'extérieur du centre-ville (57 %), et, de manière similaire à la périphérie, environ un tiers sont employés dans l'industrie manufacturière.

Les revenus hebdomadaires autodéclarés sont les plus bas en périphérie, mais la différence avec les revenus observés en centre-ville n'est pas statistiquement significative. En tenant des hautes et basses saisons (telles que définies par les répondants), les migrants et les non-migrants en périphérie déclarent des revenus hebdomadaires compris entre 81 000 et 110 000 shillings ougandais, par rapport à des revenus allant de 85 000 à 170 000 en centre-ville et de 110 000 à 220 000 juste à l'extérieur du centre-ville. Conditionnellement à l'emploi, les heures travaillées en périphérie sont neuf heures inférieures à celles en centre-ville, ce qui explique en partie les différences de revenus. Le travail à temps partiel est le plus élevé (19 %) chez les migrants et non-migrants en périphérie, bien que ce pourcentage ne soit pas beaucoup plus élevé que dans les autres zones où l'on signale 13 %. La plupart des répondants n'ont pas signé de contrat écrit, bien qu'une proportion légèrement plus élevée de ceux qui vivent en centre-ville en disposent (42 %) par rapport aux autres (33 % à 34 %).

Les migrants sont plus susceptibles d'exercer un emploi salarié et de devenir employés, tandis que les non-migrants sont plus susceptibles de gérer une entreprise et d'employer d'autres personnes. Environ 50 % des migrants sont employés et 31 % exercent un emploi salarié, tandis que seuls 36 % des non-migrants sont employés et 24 % exercent un emploi salarié. Les migrants ruraux-urbains sont plus susceptibles d'être employés (56 %) et d'avoir un emploi salarié (32 %) par rapport aux migrants venant des zones urbaines. Lorsqu'ils ne trouvent pas d'emploi, les migrants peuvent se rabattre sur la création d'une entreprise et se trouver confrontés à des difficultés inhérentes à sa gestion (encadré 3.2). Chez les migrants, seuls 2 % ont le statut d'employeur, contre 5 % des non-migrants. Environ un tiers des non-migrants et des migrants urbains-urbains gèrent une

ENCADRÉ 3.2

Les expériences de deux migrantes

Nakate R. est une migrante récente rurale-rurale ; âgée de 22 ans, elle vit en centre-ville. En termes de scolarité, elle a obtenu son brevet des collèges. Elle est travailleuse indépendante et vend du poisson. Elle déclare : « En fait, en ce moment, j'ai arrêté de travailler dans le commerce de la pêche parce que ça ne me plaît plus, et puis il n'y a pas de demande... Mon activité n'est pas bien située : nous nous trouvons à l'intérieur du marché (l'autorité qui gère le marché m'a attribué un espace à l'intérieur du marché), qui est loin des gens (acheteurs potentiels). C'est pourquoi je veux changer de travail et devenir coiffeuse. Mais je risque d'avoir du mal car je n'ai pas les compétences... Je n'ai pas encore suivi de formation de coiffeuse. » Elle affirme : « La discrimination en matière d'emploi existe bel et bien. Par exemple, mon amie migrante n'a pas réussi à obtenir un travail en raison de son statut de migrante. Malgré tout, l'avenir me semble prometteur à Jinja, je pense que les opportunités d'emploi vont augmenter. En effet, on voit de plus en plus de nouvelles industries, ce qui pourrait créer des emplois. »

Namakula H., elle, est une migrante expérimentée urbaine-urbaine qui vit dans le quartier central des affaires. À 26 ans, elle dispose d'un baccalauréat et est travailleuse indépendante. Elle vend du manioc frit dans la rue. Elle a émigré en espérant obtenir un emploi dans l'une des nombreuses usines de Jinja. « Dans la petite ville où je vivais, il n'y avait pas de travail, mais pour le moment, je ne suis pas parvenue à trouver un travail à Jinja. Je me suis décidée à être indépendante, je vends du manioc frit... Je n'avais besoin de compétences particulières pour lancer mon activité, mais mes finances sont limitées et le revenu que je tire de mon activité ne suffit pas à répondre à mes besoins... Récemment, ils nous ont interdit de vendre à cet endroit, donc l'avenir de mon activité est incertain... Je n'ai reçu aucune aide de la part des autorités municipales en termes de placement professionnel ou de soutien envers les petites entreprises... Je pense aussi qu'en ce qui concerne les emplois et le soutien envers les petites entreprises, les autorités sont très sélectives et certaines personnes bénéficient d'un traitement de faveur », déplore-t-elle. Elle déclare néanmoins que la probabilité de trouver une meilleure opportunité d'emploi à Jinja à l'avenir est élevée.

---

entreprise, une proportion qui s'avère beaucoup moins élevée chez les migrants ruraux-urbains (22 %). Environ 4 % seulement de tous les répondants, indépendamment de leur statut migratoire, aident au fonctionnement d'une entreprise sans rémunération.

Les migrants en provenance d'autres zones urbaines s'efforcent davantage d'obtenir un contrat officiel et de faire enregistrer leur entreprise que les non-migrants et les migrants ruraux-urbains. Les migrants urbains-urbains disposent généralement d'un contrat écrit (55 %) ; cette proportion est beaucoup plus élevée que chez les non-migrants (35 %) et les migrants ruraux-urbains (30 %).

De même, 89 % des exploitants d'entreprise migrants urbains-urbains ont fait enregistrer leurs entreprises, par rapport à moins de la moitié des non-migrants de Jinja et des migrants ruraux-urbains.

La plupart des répondants de la ville de Jinja travaillent dans le secteur privé, à raison de 84 % des non-migrants et de 89 % des migrants (graphique 3.13). Les postes de fonctionnaires constituent toutefois une source d'emploi importante pour les migrants ruraux-urbains et les non-migrants de Jinja ; ce sont en effet 13 % des migrants ruraux-urbains et 12 % des non-migrants qui travaillent dans le secteur public. Ces proportions sont beaucoup plus élevées que chez les migrants urbains-urbains (3 %). Ces résultats ne sont pas cohérents avec les données nationales, où les migrants urbains-urbains dans les grandes villes (telles que Jinja) travaillent dans le secteur public.

Comment se situent les migrants par rapport aux non-migrants sur le marché du travail ?

Tous les migrants et les non-migrants travaillent substantiellement plus que dans d'autres parties de la ville (en dehors de la ville ou en périphérie), sauf les migrants en périphérie, qui travaillent beaucoup plus que les non-migrants, et seulement légèrement moins que les migrants en centre-ville. Ceci s'explique en partie par la participation plus importante de la main-d'œuvre de la périphérie à l'agriculture (20 % de la population, tableau 3.10), un secteur dans lequel les migrants sont beaucoup moins susceptibles de s'engager, et ce dans le monde entier (voir également « Capital humain, métier et choix de lieu d'habitation » dans le chapitre 2).

Les emplois salariés sont également concentrés dans le centre-ville, les migrants et les non-migrants étant également engagés dans l'emploi salarié, comme dans les autres zones. L'emploi rémunéré est environ 40 % plus élevé dans le centre-ville que dans le reste de la ville, tant pour les migrants que pour les non-migrants. Cet écart ne diminue que de 35 % après contrôle des caractéristiques socioéconomiques des travailleurs et du secteur d'emploi, le taux d'emplois salariés en dehors du centre-ville restant similaire entre les migrants et les non-migrants (tableau 3A.1). Les salaires sont également plus élevés dans et en dehors du centre-ville ; ils sont les plus bas en périphérie.

Un nombre d'heures de travail moins élevé et des salaires plus bas se traduisent par des revenus individuels et une consommation par équivalent adulte beaucoup plus bas en périphérie par rapport au centre-ville (d'environ 67 % en moyenne), sauf pour les migrants (tableaux 3A.2, 3A.3 et 3A.4). Le profil de revenu plus bas en périphérie persiste après avoir contrôlé les caractéristiques socioéconomiques des travailleurs et leur secteur d'emploi. Cela dit, les migrants des périphéries présentent des revenus déclarés de 58 % plus élevés que les non-migrants des périphéries (graphique 3.14), ce qui est largement stimulé par le sous-groupe de migrants urbains-urbains dans la population migrante ; ils déclarent des revenus nettement plus élevés (non rapportés ici), même si

Graphique 3.13 **Caractéristiques liées à l'emploi des migrants et des non-migrants à Jinja**

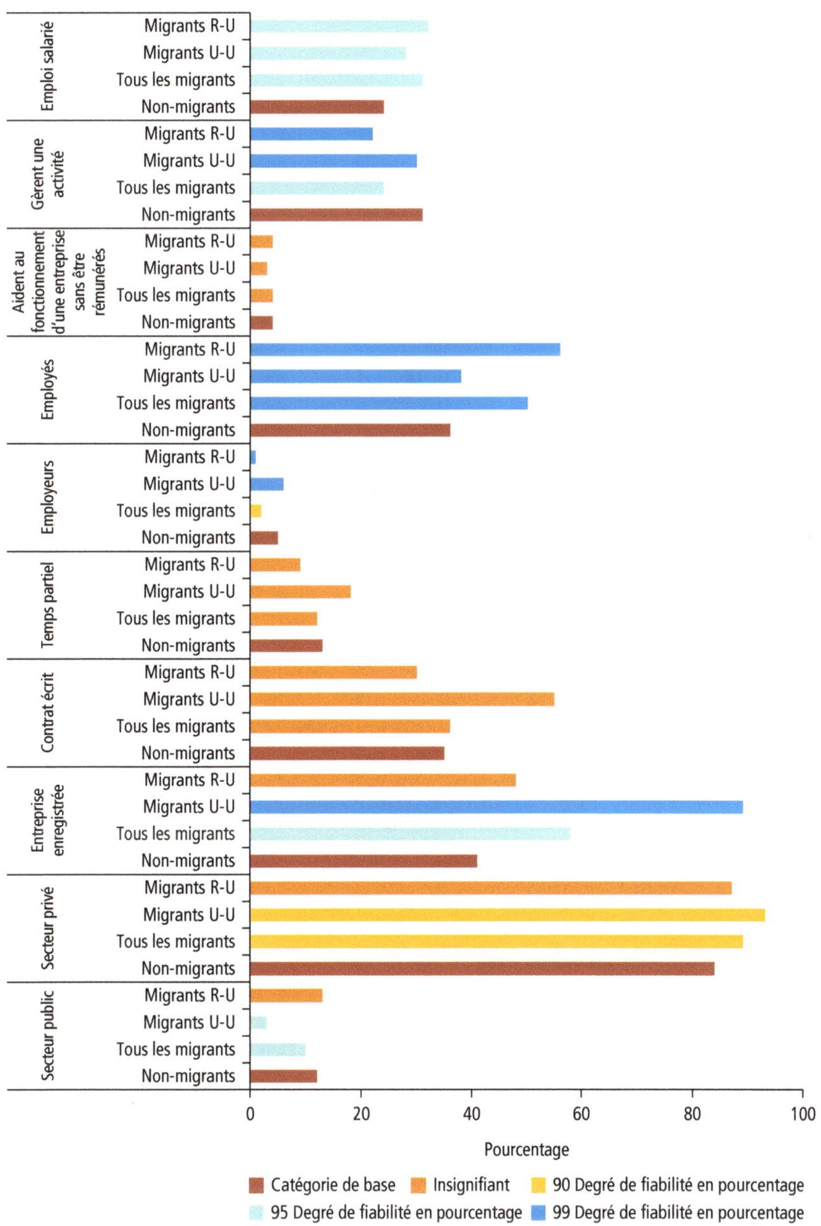

Source : Banque mondiale, d'après l'étude sur les ménages menée à Jinja en 2021.
Remarque : R-U = ruraux-urbains ; U-U = urbains-urbains.

Graphique 3.14 Différences de revenus entre migrants et non-migrants à Jinja

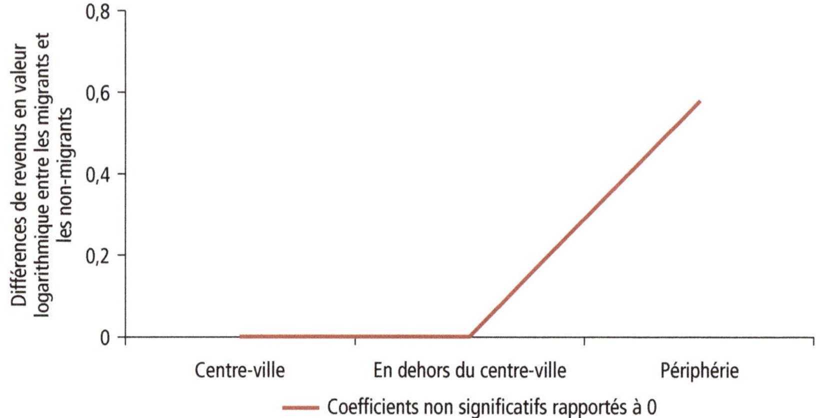

Source : Banque mondiale, d'après l'étude sur les ménages menée à Jinja en 2021.
Remarque : différences inconditionnelles dans les revenus en valeur logarithmique entre les migrants et les non-migrants ; les coefficients non significatifs sont codés comme zéro. Seule la différence entre les migrants et les non-migrants en périphérie est statistiquement significative.

la différence n'est pas statistiquement significative compte tenu des échantillons peu importants. Les revenus individuels moins élevés en périphérie se traduisent également par une consommation par équivalent adulte plus réduite, et de nouveau, surtout en ce qui concerne les non-migrants (tableau 3A.4) ; après avoir contrôlé les caractéristiques démographiques des ménages, ce résultat suggère que les non-migrants (ainsi que les migrants) des périphéries ont des familles plus petites et des taux de dépendance plus faibles.

Cependant, le constat selon lequel les migrants s'en sortent aussi bien (ou mieux) que les non-migrants masque d'importantes différences, les migrants urbains-urbains ayant tendance à accéder à une meilleure situation que les migrants ruraux-urbains. Les comparaisons bivariées montrent (résultats non rapportés ici) que les migrants de Jinja en provenance d'autres zones urbaines travaillent davantage d'heures et perçoivent des salaires plus élevés, ce qui se traduit par des niveaux de revenus et de consommation plus élevés que pour les migrants ruraux et les non-migrants. Comme dans d'autres pays et dans le reste de l'Ouganda (voir la partie « Intégration dans le marché du travail et résultats sur le bien-être » dans le chapitre 2), les migrants implantés à Jinja en provenance de zones rurales travaillent davantage que les non-migrants. Mais dans le cas de Jinja, cela ne se traduit pas par des niveaux plus élevés de revenu ou de consommation. Étant donné les petites tailles d'échantillon, ces différences inconditionnelles (sans contrôle des caractéristiques démographiques telles que l'âge, le taux de dépendance, la taille du ménage, le niveau d'éducation ou le secteur d'activités) ne sont pas statistiquement significatives. Néanmoins, les tendances font écho à ce qui a été observé dans d'autres pays.

En résumé, les résultats en termes de marché du travail et de conditions de vie à Jinja diffèrent surtout entre le centre-ville et la périphérie, où ils sont sensiblement moins bons ; les différences entre les migrants et les non-migrants sont globalement limitées, sauf en périphérie, où les migrants gagnent plus et où les performances plus solides des migrants urbains compensent probablement les performances plus faibles de ceux en provenance de zones rurales. Les caractéristiques démographiques, le niveau d'éducation, les caractéristiques du ménage et les variables du secteur n'expliquent que partiellement ces différences. La taille de l'échantillon étant petite dans toutes les spécifications, il convient de faire preuve de prudence dans l'analyse de ces résultats.

Les effets de la COVID-19

Les répercussions de la pandémie de COVID-19 sur les migrants et les non-migrants en termes de marché du travail diffèrent en fonction de la variable considérée. Le graphique 3.15 présente divers impacts auto-déclarés de la COVID-19 au moment de la collecte des données en février 2021[11]. Les migrants sont tout aussi susceptibles d'avoir subi une perte d'emploi temporaire (28 %) en raison de la COVID-19 que les non-migrants (27 %). Cependant, les migrants urbains-urbains étaient beaucoup moins susceptibles de subir une perte d'emploi temporaire (17 %) et beaucoup plus susceptibles de se retrouver confrontés à des fermetures temporaires d'entreprises (54 %) que les non-migrants (46 %). Aucun groupe n'était susceptible de connaître une perte d'emploi permanente ou la fermeture permanente d'une entreprise.

La plupart des répondants ont été confrontés à une insécurité alimentaire en raison de la COVID-19. Ainsi, c'est plus de la moitié des non-migrants (57 %) qui a été confrontée à l'insécurité alimentaire. Les migrants urbains-urbains s'en sont légèrement mieux sortis (avec 39 % signalant des problèmes de sécurité alimentaire). En ce qui concerne la disponibilité de biens essentiels, la COVID-19 a affecté de manière similaire les migrants et les non-migrants, 45 % des non-migrants et 41 % des migrants signalant des difficultés à se procurer des produits essentiels (une différence statistiquement insignifiante).

Si peu de répondants ont perdu leur logement pendant la pandémie de COVID-19, le paiement du loyer constituait cependant un problème majeur en raison des circonstances inhérentes à cette pandémie. Environ 21 % des non-migrants et 31 % des migrants ont rencontré des difficultés pour payer leur loyer. Parmi les migrants ruraux-urbains, la plus grande fréquence des pertes d'emploi, même temporaires, a été à la source de difficultés en matière de logement (39 %). En comparaison, seuls 14 % des migrants urbains-urbains ont eu des difficultés à payer leur loyer. Quant aux non-migrants, ils se situaient plus ou moins au milieu de l'échelle en ce qui concerne l'incapacité à payer le loyer et l'insécurité alimentaire, respectivement à 21 % et 57 %. Ces résultats soulignent

Graphique 3.15 Différences de l'impact de la COVID-19 à Jinja, selon le statut migratoire

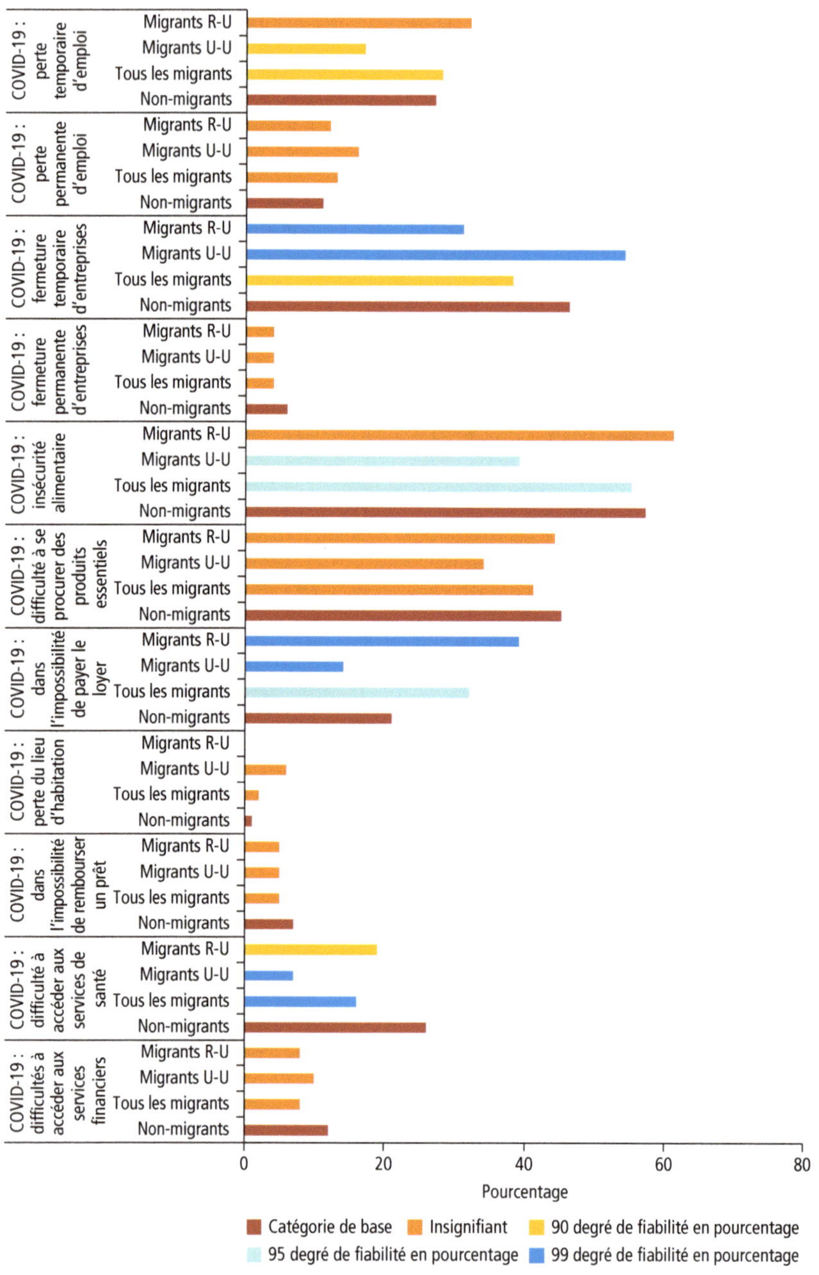

Source : Banque mondiale, d'après l'étude sur les ménages menée à Jinja en 2021.

la vulnérabilité des migrants ruraux-urbains, dont la résilience financière est bien inférieure à celle de leurs homologues migrants urbains-urbains.

Les non-migrants ont fait état d'un accès moins satisfaisant aux services de santé (26 %) et aux services financiers (12 %) ainsi que de difficultés à rembourser leurs emprunts (6 %) par rapport aux migrants ruraux-urbains, urbains-urbains ou à l'ensemble des migrants. Néanmoins, ces différences ne sont pas statistiquement significatives, sauf dans le cas des différences d'accès aux services de santé, où les migrants urbains-urbains font état d'une situation plus favorable (7 %) que les migrants ruraux-urbains (19 %). En outre, il convient de noter que les migrants bénéficient d'un accès réduit aux services financiers et au crédit, indépendamment des circonstances.

Les tests de dépistage de la COVID-19 étaient rares chez les migrants comme chez les non-migrants : seulement 2 % de l'ensemble des répondants ont fait l'objet d'un test de dépistage de la COVID-19 et moins de 1 % des répondants ont déclaré avoir été testés positivement à la COVID-19. Il est probable que ces chiffres sous-estiment la prévalence de la COVID-19 à Jinja. L'accès aux tests et le coût des tests ont probablement rendu impossible le dépistage généralisé de la COVID-19 ; les informations disponibles ne sont toutefois pas suffisantes pour permettre d'identifier précisément la nature des obstacles au dépistage.

Les outils de gouvernance

Bien que des dispositifs politiques nationaux ainsi que des politiques de transfert de compétences au niveau local aient été mises en place en Ouganda afin de favoriser l'intégration des migrants internes dans les villes et les petites agglomérations, leur mise en œuvre au niveau local constitue toujours un défi. Les politiques urbaines nationales sont créées pour guider les municipalités concernant les processus liés à l'urbanisation, l'organisation du développement urbain et la gestion urbaine. Si elles abordent différentes problématiques (pauvreté urbaine, offre de services urbains, migration rurale-urbaine, croissance économique et équilibre régional), elles ne fournissent cependant pas de véritables instructions pratiques. Les gouvernements locaux, en particulier les villes, jouent un rôle de première ligne dans l'intégration des nouveaux arrivants. En l'absence de principes directeurs et de mécanismes rationnalisés, les gouvernements locaux urbains de l'Ouganda ne sont pas en mesure d'accompagner suffisamment les migrants pour les intégrer plus fermement dans le tissu social des villes.

La capacité institutionnelle et financière des gouvernements locaux entrave notamment une planification urbaine adéquate des infrastructures et des services. Que ce soit pour les migrants ou les non-migrants (en Ouganda, les politiques des gouvernements locaux régissent les droits sociaux et économiques indépendamment du statut migratoire), les résultats des entretiens menés auprès d'informateurs clés suggèrent certains domaines où les responsabilités du gouvernement ne correspondent pas toujours aux fonctions qu'ils exercent *de facto*.

Bien que les gouvernements locaux disposent d'un pouvoir et d'une autonomie *de jure* concernant les questions financières et la planification, une autonomie financière leur fait défaut *de facto*. Cette contrainte affecte le développement urbain des villes en général. Cependant, l'absence d'autonomie financière signifie que certains problèmes urgents, tels que la mise à disposition de logements abordables et les réponses à apporter en cas de crise sanitaires, sont plus difficiles à traiter et à contenir.

- *Bien que la participation aux comités de planification et de budgétisation soit admise* de jure, *il existe un manque de sensibilisation sur ces réunions, ce qui compromet le processus participatif.* Les décisions en matière de planification et de budgétisation doivent être prises selon une approche ascendante au niveau du village, du quartier et de la division, pour ainsi renseigner la planification du développement au niveau du conseil municipal, puis du conseil de district. De nombreux migrants et non-migrants ne participent pas aux réunions qui se tiennent au niveau du village, du quartier et de la division car ils n'en ont tout simplement pas connaissance.
- *La planification physique est insuffisante en raison du nombre limité de personnel technique et des considérations en matière d'économie politique.* Même si la planification spatiale relève de la compétence des gouvernements locaux, les capacités, tant au niveau du district que municipal, sont limitées. Selon un entretien réalisés avec un membre du personnel du département des ressources naturelles du gouvernement local du district de Jinja, il y a trois urbanistes pour la ville, et trois autres travaillant au niveau du district – des ressources clairement insuffisantes compte tenu de la charge de travail qu'impliquent la préparation et l'application des plans urbains, lesquelles ne constituent qu'une partie des tâches que ce personnel est censé accomplir. La mise en œuvre et l'application sont donc loin d'être optimales. L'étalement urbain des établissements informels le long des routes et des périphéries urbaines, ainsi que l'empiètement sur les réserves naturelles, entraîne des externalités négatives politiquement difficiles à corriger. Un fonctionnaire du gouvernement local du district de Jinja a déploré que « l'on ait laissé des bidonvilles voir le jour par le passé », alors qu'aujourd'hui, « on conseille à la ville de ne pas permettre le développement de nouveaux bidonvilles ».
- *La capacité de planification doit être assortie d'un budget approprié pour mettre en œuvre les plans et les infrastructures connexes.* Le conseil municipal de Jinja exerce des fonctions de planification physique en utilisant les revenus propres de la municipalité, mais les montants sont trop faibles pour garantir les services sociaux et publics nécessaires. Comme l'a exprimé un responsable, « Avant que Jinja n'obtienne le statut de « cité », nous avions prévu de réhabiliter certains bidonvilles, mais nous ne disposions pas des fonds pour cela. » Que ce soit pour la planification d'un parc industriel ou la

réhabilitation des établissements informels, un budget prévisible est indispensable afin de développer les infrastructures physiques nécessaires.

- *Il existe un consensus parmi les répondants sur le point suivant : la création de logements abordables sera cruciale pour résoudre les problèmes liés au caractère informel des habitations et au logement de manière générale, tant pour les migrants que les non-migrants.* Lorsque la capacité de planification est faible et sous-financée, les potentiels mécanismes de revenus propres pour la municipalité, tels que la taxation foncière et immobilière, sont souvent négligés : d'une part, leur mise en œuvre est chronophage, et d'autre part, ceux-ci tendent à générer des rendements faibles en raison de taux d'imposition généralement bas. Les gouvernements locaux doivent proposer des mesures visant à favoriser la densité de population et la construction de logements à plusieurs étages, par l'intermédiaire d'outils fiscaux tels qu'une taxe sur les terres vacantes, afin de remédier à la sous-utilisation des terrains à l'intérieur de la ville. Cette approche pourrait venir compléter la taxation immobilière, qui est généralement plus difficile à mettre en œuvre en l'absence de transactions transparentes sur le marché immobilier[12].
- *Les conseils de district et les conseils municipaux sont responsables des services d'éducation, de santé, d'approvisionnement en eau, du réseau routier et de tous les services décentralisés (c'est-à-dire l'administration des terres, la réhabilitation sociale, les problématiques liées au travail, etc.), mais la demande de services dépasse l'offre.* Même si des efforts sont consacrés à la recherche de procédés innovants pour remédier aux pénuries de financement (comme les partenariats public-privé dans le secteur de l'éducation), la disponibilité de meilleurs services dans toutes les zones de la ville reste une préoccupation, tant pour les migrants que pour les non-migrants.
- *L'enregistrement des migrants entrants demeure un processus ad hoc.* Bien que la loi sur la planification physique exige des plans de développement urbain au niveau national et régional en vue d'analyser la croissance démographique, la répartition et les mouvements ne sont pas explicitement mentionnés dans le cinquième agenda prévu par cette loi en ce qui concerne les plans de développement urbain au niveau des districts, des villes et des zones locales.

La voie à suivre

Le conseil municipal de Jinja, ville qui a désormais acquis le statut de « cité », présente un potentiel de croissance économique mais fait face à des difficultés en matière de gestion pour un développement viable. Jinja se trouve sur l'autoroute reliant Nairobi et Kampala, ce qui la dote d'un avantage lorsqu'il s'agit d'attirer les industries et les ouvriers. Par rapport à d'autres villes, l'industrie manufacturière et le secteur du tourisme y sont plutôt dynamiques (Banque mondiale, 2016a). En tant que l'un des pôles de croissance régionaux pour le développement du corridor est, Jinja nécessiterait des interventions stratégiques de la part des gouvernements nationaux et locaux visant à promouvoir le développement économique local et à créer des emplois viables. Mais le processus opérationnel dans le cadre de la transition du statut de conseil municipal à celui de cité a pris plus de temps que prévu. Depuis que Jinja a obtenu le statut de cité le 1er juillet 2020, plusieurs écueils ont été mis en évidence : un manque de sensibilisation des citoyens sur la manière dont le changement de statut les affecterait pendant la période de transition et le développement futur ; un manque de capacité de financement municipal pour la prestation de services aux citoyens présentant des factures d'eau impayées ; et des retards dans la transition vers la structure organisationnelle et administrative propre à la cité, ce qui a des répercussions délétères sur la prestation de services municipaux. Le gouvernement central et les gouvernements de district doivent soutenir Jinja et d'autres cités nouvellement constituées pour accélérer la transition et reprendre rapidement en main la gestion de la municipalité et les services urbains. Par ailleurs, le gouvernement central doit élaborer des procédures de transition afin de guider les cités nouvellement constituées sur le long terme.

Il est essentiel d'apporter des améliorations aux revenus propres et aux transferts fiscaux prévisibles à Jinja afin que la ville parvienne à une autonomie financière. La municipalité de Jinja n'avait pas été en mesure de remplir ses mandats et fonctions liés à la gestion urbaine et aux services en raison de défis persistants en matière de capacité fiscale et institutionnelle. Pour le gouvernement de la ville de Jinja, il est indispensable d'identifier des sources de revenus et de poser des bases solides pour sécuriser des revenus locaux durables. Des outils fiscaux tels que les taxes foncières urbaines et les taxes de vacance sur les terrains pourraient s'avérer utiles en vue d'encourager une meilleure utilisation des terres dans la ville de Jinja.

Les autorités de la ville de Jinja se doivent donc d'envisager un large éventail d'options de financement pour combler leurs besoins en infrastructures et services. Les revenus propres sont en effet trop faibles pour garantir les investissements coûteux à consacrer aux infrastructures. Pour assurer la viabilité financière, l'autorité de la ville de Jinja doit examiner des sources de financement alternatives auprès d'investisseurs privés ou établir des partenariats avec le secteur privé en vue de combler les lacunes existantes. Le secteur de l'éducation à Jinja a déjà recours à un partenariat public-privé ; ces dispositions pourraient être élargies à d'autres secteurs, tels que le développement du réseau routier, de parcs, de logements ou encore d'installations robustes pour le traitement des déchets.

Élargir les options de financement municipal permettrait à la ville de dépenser ses propres revenus pour des programmes de développement communautaire ou de développement économique local soutenant l'intégration des migrants sur le marché du travail. L'actuel programme Emyooga, le programme de moyens de subsistance des jeunes et le programme d'entrepreneuriat pour les femmes en Ouganda bénéficient d'une adhésion limitée et ne sont pas publiquement connus des migrants et des non-migrants de la ville. Les entretiens avec des informateurs clés ont également révélé que ces programmes étaient parfois utilisés pour gagner en popularité politique plutôt que pour soutenir les entrepreneurs et la population de jeunes actifs qui ont crucialement besoin de ces fonds afin d'améliorer leurs moyens de subsistance. Accroître la couverture de ces programmes et proposer un soutien ciblé aux jeunes actifs sans emploi pourrait bénéficier à la fois aux migrants et aux non-migrants. Certains autres mesures clés en faveur du développement économique local peuvent inclure des formations professionnelles, ainsi que l'application de réglementations pour un salaire minimum et un environnement de travail sûr, en particulier pour les travailleurs occasionnels et les travailleurs du secteur industriel.

Si l'arrivée de migrants a pour effet d'accélérer le développement urbain, il convient d'entreprendre ces aménagements de façon planifiée et ordonnée. Répondre aux besoins d'une population croissante en matière de logement s'est révélé une tâche complexe à Jinja. Non seulement les gouvernements locaux et centraux ne disposent pas de financements suffisants pour investir dans le logement afin de répondre à cette demande, mais le développement immobilier mené par le secteur privé s'avère également insuffisant (Kayiira, 2019). Afin d'utiliser efficacement le peu de terrains disponibles dans le centre-ville et mieux gérer l'étalement urbain, les autorités de la ville doivent d'abord mieux analyser les quartiers aux alentours des centres de transit et localiser les sites de travail, les centres de services, les commerces ou autres installations pour les résidents, les travailleurs et les visiteurs à distance de marche ou peu éloignés de la ville, en voiture ou en transports en commun. Pour commencer, un projet de plan de développement urbain peut constituer une bonne solution, à même d'orienter le développement ordonné de la ville. En plus d'un plan financier associé à ce plan de développement urbain, la ville doit élaborer des réglementations concernant les normes de planification et de construction, mobiliser des ressources financières et humaines afin de mettre en œuvre ces plans de développement urbain et renforcer les fonctions de contrôle de ces aménagements, afin de protéger les caractéristiques environnementales naturelles de la ville.

Dans le cadre de la planification et de la gestion de la ville à plus long terme, il sera crucial de mieux analyser les flux migratoires et l'expansion urbaine à Jinja. Actuellement, des données statistiques sur la migration internes sont disponibles dans les recensements et, dans une moindre mesure, dans les enquêtes menées auprès des ménages, qui contiennent des informations sur le lieu de résidence des personnes ; cependant, ces sources n'assurent pas un suivi des changements de résidence au fil du temps. Bien qu'elles fournissent des informations utiles sur la croissance des centres urbains et des établissements ruraux environnants, les statistiques de migration n'ont pas été collectées ou utilisées au niveau des gouvernements locaux. Avec le soutien des gouvernements de district et du gouvernement central, les autorités de la ville doivent chercher à améliorer les informations relatives à la composante démographique de la croissance urbaine, y compris les migrations internes et internationales, ainsi que la population des travailleurs pendulaires. En parvenant à une compréhension approfondie des tendances de migration interne, ainsi que de mobilité et de répartition spatiale de la population, il sera non seulement possible de faciliter les planifications futures, mais aussi de permettre une inclusion spatialisée des migrants.

Le cas de Jendouba et de Kairouan, en Tunisie

Les migrants peuvent contribuer au développement économique

Pour les gouvernements locaux et les communautés, les migrants représentent souvent un fardeau : ils redoutent en effet les répercussions que ces populations entrantes peuvent avoir sur la disponibilité et la qualité des services. Cette préoccupation est particulièrement présente dans les villes intermédiaires, qui sont souvent confrontées à des contraintes financières plus lourdes, à une capacité plus faible et à un accès plus limité aux infrastructures de base. Le cas de la Tunisie montre que les migrants peuvent contribuer au développement économique des villes secondaires en apportant une main-d'œuvre jeune et instruite. En se concentrant sur une analyse qualitative des villes de Jendouba et Kairouan, cette section suggère que l'intégration améliorée des migrants dans le tissu social et économique des villes nécessite des initiatives qui ne sont pas axées uniquement sur les migrants, mais qui s'attachent plutôt à l'intégration spatiale des migrants et des non-migrants de manière égale.

Pour relever nombre des défis identifiés dans ce rapport, des changements structurels dépendant d'une action au niveau national seront nécessaires, notamment une refonte des lois du travail, la réforme des systèmes fonciers, la numérisation des registres fonciers, une politique du logement solide et le renforcement des gouvernements locaux à mesure que les réformes de décentralisation voient le jour.

Mais les dirigeants des villes ont un rôle important à jouer, puisque la planification urbaine et la priorité accordée aux investissements influencent le développement des villes. Lorsqu'ils sont soutenus par des institutions nationales, les gouvernements locaux peuvent améliorer la vie de tous les citoyens, tirer parti des avantages des flux migratoires pour le développement économique local et assurer un avenir favorable aux migrants entrants et aux communautés d'accueil.

Afin de relever les défis identifiés dans ce rapport et améliorer l'intégration des migrants dans les villes secondaires, une approche développant différents volets sera nécessaire. Des actions réparties sur trois piliers devront être déployées : (1) des dispositifs axés sur le social et le marché du travail seront nécessaires pour faciliter la recherche d'emploi et réduire la discrimination et la violence ; (2) l'intégration spatiale doit être améliorée pour garantir une croissance urbaine organisée qui peut proposer des terres bien desservies et des alternatives de logement décentes pour tous ; et (3) la gouvernance municipale et la gestion doivent être améliorées pour soutenir l'intégration socioéconomique des migrants dans la vie urbaine et les services municipaux.

Les villes secondaires comme villes-tremplins : des flux de population bidirectionnels

Même si la plupart des flux de population en Tunisie se concentrent au sein d'une seule délégation[13], c'est entre les zones urbaines qu'a lieu la plus grande proportion des flux de longue distance. En termes d'origine et de destination, les caractéristiques des flux migratoires n'ont pas changé depuis 1999. Les migrations intra-délégation prédominent (avec une légère baisse entre 1999 et 2004). Cependant, les migrants qui changent de délégation effectuent pour la plupart des migrations de longue distance (d'un gouvernorat à un autre). En outre, 80 % de ces migrations de longue distance sont des flux urbains-urbains. Dans la mesure où la migration entre les zones urbaines joue un rôle prépondérant dans la dynamique migratoire de la Tunisie, les villes tunisiennes secondaires font office de villes-tremplins lors des mouvements de population d'une ville tunisienne à une autre, dans l'ensemble du pays.

En Tunisie, comme dans de nombreux autres pays, les villes offrant des niveaux de vie plus élevés et une demande de main-d'œuvre plus forte attirent davantage de migrants. Les résultats présentés dans cette étude de cas suggèrent que les délégations les plus attrayantes pour les migrants sont celles ayant une densité de population et un niveau d'urbanisation plus élevés, soit principalement les villes de taille moyenne à grande. Par ailleurs, les délégations présentant des indexes de développement régional et des niveaux d'éducation plus élevés sont également plus attractives. Quant aux délégations qui présentent un taux de chômage de la population jeune plus élevé, elles ne parviennent pas à attirer les migrants.

Les disparités géographiques persistent en Tunisie malgré la performance économique positive constatée au début des années 2000. L'activité économique et les investissements sont concentrés dans les zones côtières. Les politiques publiques et les incitations visant à dynamiser l'activité économique dans les régions moins développées ont été pour la plupart inefficaces, et les investissements dans les infrastructures ont pris du retard dans ces régions. Ainsi, les 12 plus grandes villes sont situées dans les zones côtières de la Tunisie (à l'exception de la ville de Kairouan) ; la prévalence de la pauvreté et du chômage dans les villes intermédiaires, associée au manque d'opportunités économiques et à des emplois qui restent de faible qualité, pose des défis supplémentaires. La mauvaise performance de l'économie depuis 2011 et la pandémie de COVID-19 ont accru les défis existants, entraînant une augmentation des taux de chômage et de pauvreté en raison de pertes d'emploi considérables.

Jendouba et Kairouan sont toutes deux des villes intermédiaires situées dans les deux régions internes les plus pauvres de la Tunisie. Chacune a ses propres caractéristiques mais fait face à des défis similaires lorsqu'il s'agit d'assurer l'inclusion économique et sociale de tous les citoyens, y compris les migrants en provenance de zones rurales à la recherche d'opportunités d'emploi et de meilleures conditions de vie. D'après le dernier recensement de 2014, on estime que Kairouan compte 140 000 habitants ; elle est donc beaucoup plus grande que Jendouba (45 000 habitants). Kairouan est le chef-lieu du gouvernorat dont le taux de pauvreté en Tunisie est le plus élevé (20,8 % contre 15,0 % au niveau national). Quant à Jendouba, c'est le chef-lieu du gouvernorat ayant l'un des taux de chômage les plus élevés (24,6 % contre 15,2 % au niveau national).

La superficie de Jendouba et de Kairouan s'est considérablement étendue au cours des dernières décennies, avec une croissance urbaine significative à Kairouan et une expansion urbaine à Jendouba. De 1992 à 2010, la superficie construite de Kairouan a augmenté à un rythme similaire à celui de sa population, à raison d'environ 1,9 % par an. La ville a presque doublé sa superficie construite existante, ajoutant 7,55 kilomètres carrés en près de 30 ans (panneau a de la carte 3.4). Ces nouveaux terrains, qui représentaient 83 % de la superficie de la ville en 2010, correspondent principalement à une urbanisation de comblement, occupant les espaces ouverts à l'intérieur des limites urbaines existantes (Angel et coll., 2016). Jendouba a elle aussi connu une augmentation significative de sa superficie urbaine entre 1995 et 2015, la superficie construite passant d'environ 7,8 kilomètres carrés à 11,0 kilomètres carrés. Contrairement à Kairouan, plus compacte et saturée, Jendouba s'est développée en une ville plus étalée, avec de nouvelles zones urbanisées s'étendant principalement vers les périphéries de la ville, posant ainsi d'importants défis pour la prestation d'infrastructures.

Étant donné la structure industrielle faible et la prédominance des activités agricoles, Jendouba et Kairouan sont confrontées à des difficultés importantes lorsqu'il s'agit d'offrir des opportunités économiques à leurs citoyens, en particulier aux femmes et à la population jeune qui a fait des études (secondaires et supérieures). L'analyse de la structure économique, fondée sur les données du recensement de 2014, ne révèle pas de spécialisation forte dans une seule activité spécifique à Jendouba, même si l'on constate des taux légèrement plus élevés dans le secteur du bâtiment, les travaux publics et l'agriculture. Les résultats confirment toutefois que Jendouba a enregistré une diminution significative de son activité agricole par rapport à une légère augmentation des services liés à l'éducation et à la santé et des services administratifs (suite à la création de l'Université de Jendouba en 2003-2004). Malheureusement, cette augmentation n'a pas été suffisante pour répondre aux besoins en emploi de la population locale, en particulier les habitant disposant d'un niveau d'éducation plus élevé. L'économie de Kairouan repose sur le secteur agricole qui emploie 24,2 % de la main-d'œuvre. Les données du recensement révèlent également que la contribution du secteur manufacturier à l'emploi reste faible à Kairouan (15 % environ). Par conséquent, une part plus importante des travailleurs sont engagés dans des emplois de qualité médiocre et des travaux non rémunérés ou occupent un

Carte 3.4 Évolution du bâti à Kairouan et Jendouba, 1990-2015

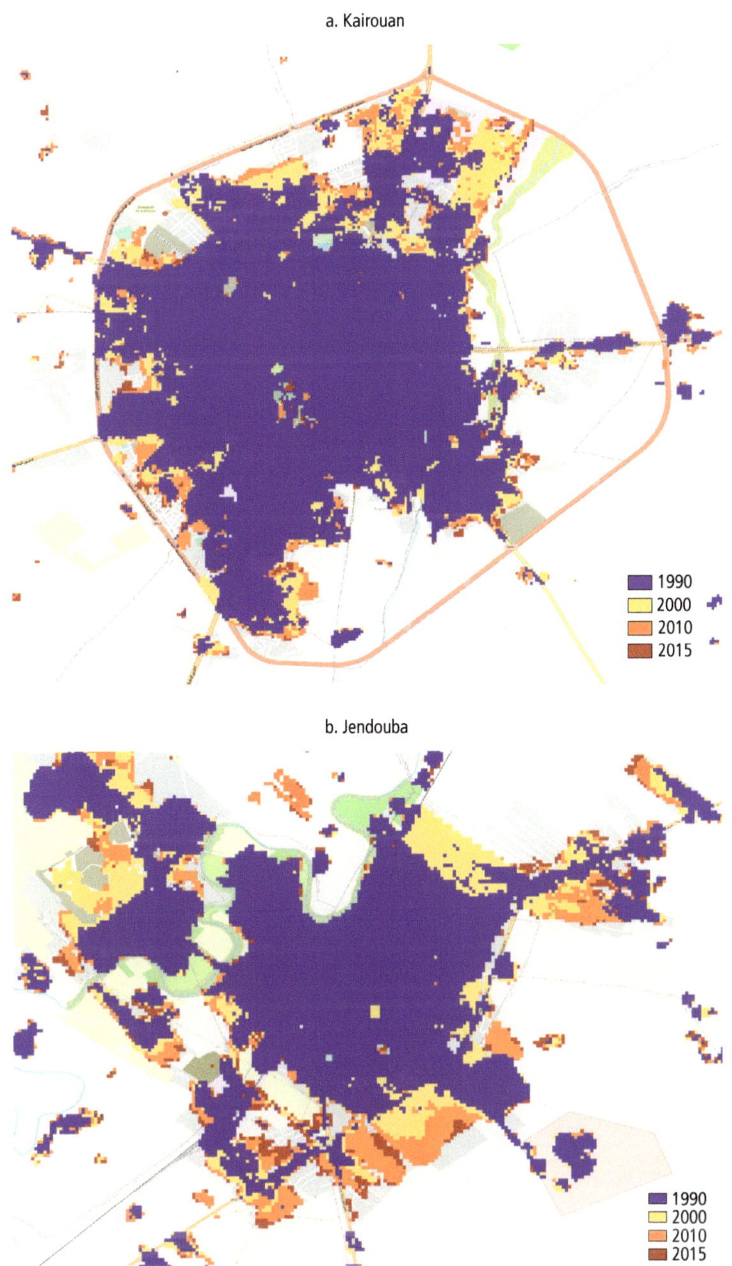

Sources : Élaboration de la Banque mondiale, fondée sur la World Settlement Footprint, 2015. figshare Ensemble de données. https://doi.org/10.6084/m9.figshare.10048412.v1 (Marconcini et coll., 2020).

travail indépendant dans l'agriculture (24,2 % pour Kairouan et 15,17 % pour Jendouba, par rapport à seulement 10,5 % au niveau national).

Bien que ces villes soient confrontées à d'importants flux d'émigration, la migration à Jendouba et Kairouan suit différentes dynamiques. Jendouba et Kairouan perdent de la population au profit des régions et villes côtières plus prospères (graphique 3.16). Cependant, elles accueillent également d'importants

Graphique 3.16 Principaux flux d'émigration dans les gouvernorats de Jendouba et de Kairouan, 2009-2014

a. Flux d'émigration dans le gouvernorat de Jendouba (150 individus ou plus)

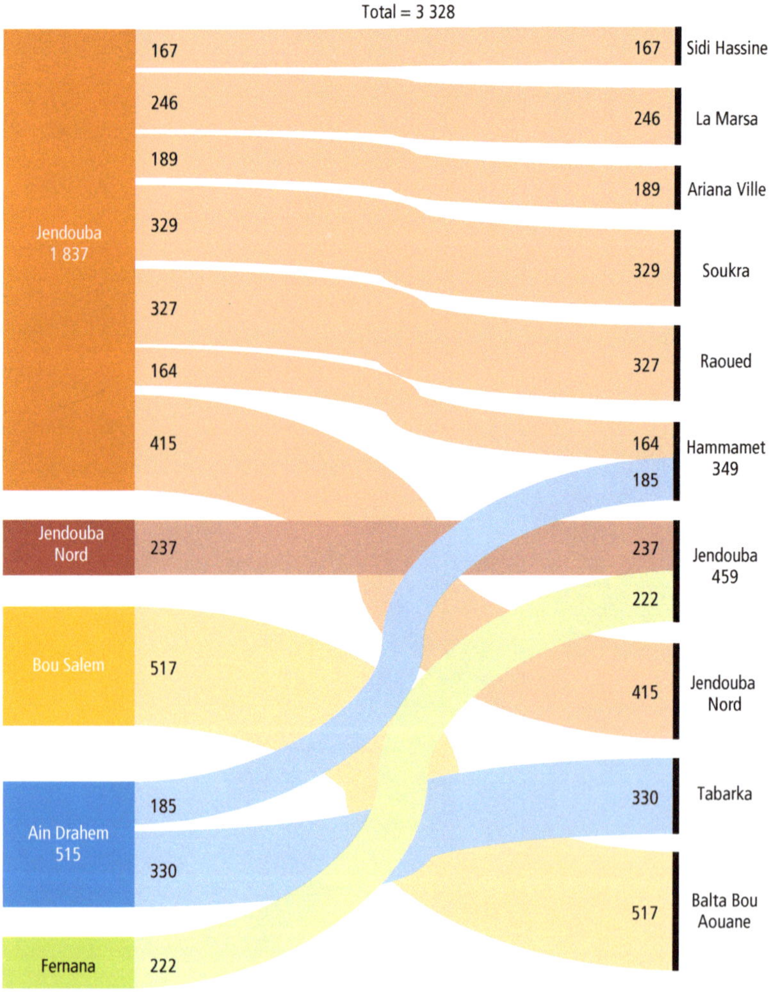

(suite page suivante)

Graphique 3.16 Principaux flux d'émigration dans les gouvernorats de Jendouba et de Kairouan, 2009-2014 (suite)

b. Flux d'émigration dans le gouvernorat de Kairouan (150 individus ou plus)

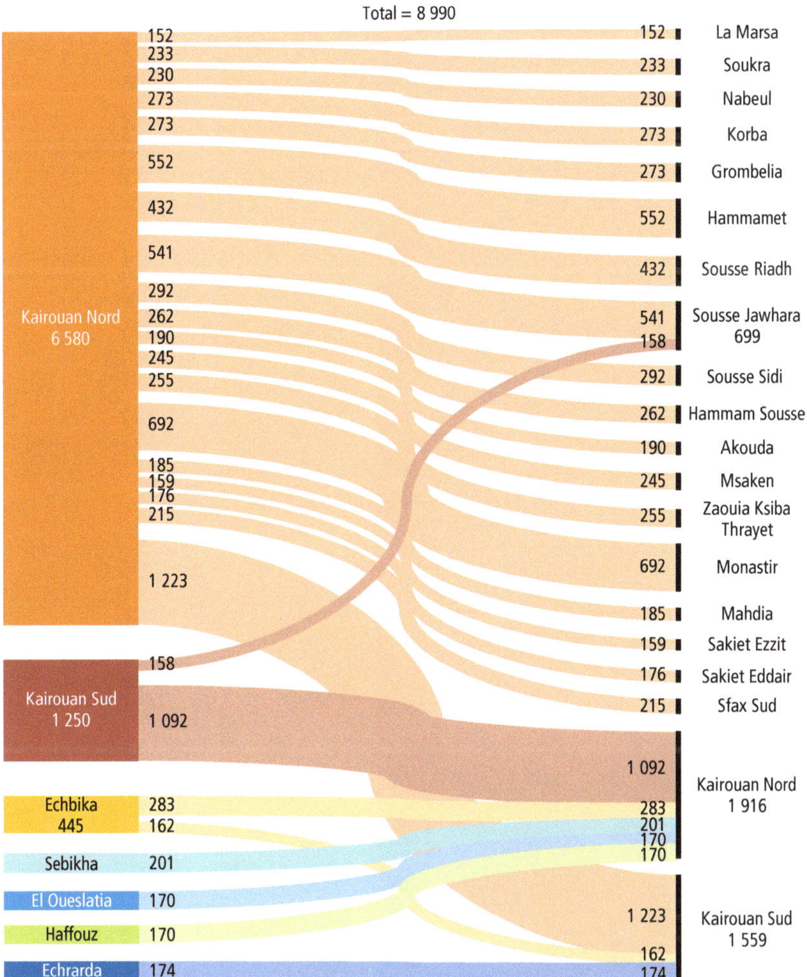

Source : calculs de la Banque mondiale fondés sur le recensement de 2014.
Remarque : les délégations d'origine sont indiquées à gauche ; les délégations de destination sont indiquées à droite.

flux migratoires en provenance des zones rurales et des délégations les plus éloignées du même gouvernorat (graphique 3.17).

Entre 2009 et 2014, le gouvernorat de Jendouba a accueilli 10 305 migrants. Environ 50 % des flux entrants dans la ville de Jendouba provenaient de l'intérieur du gouvernorat. La ville de Jendouba a attiré 42 % de ces migrants

Graphique 3.17 Principaux flux d'immigration à Jendouba et à Kairouan, 2009-2014

a. Flux d'immigration inter-gouvernorats à Jendouba (150 individus ou plus)

Total = 1 721

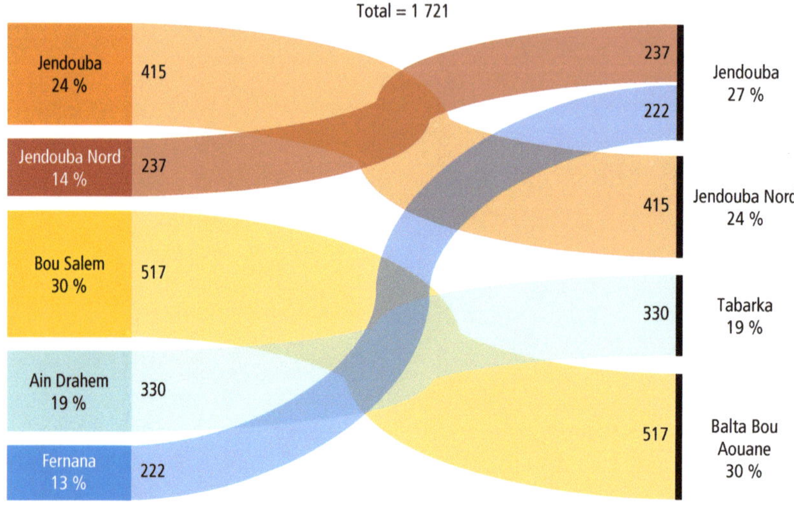

b. Flux d'immigration intra-gouvernorats à Kairouan (150 individus ou plus)

Total = 3 639

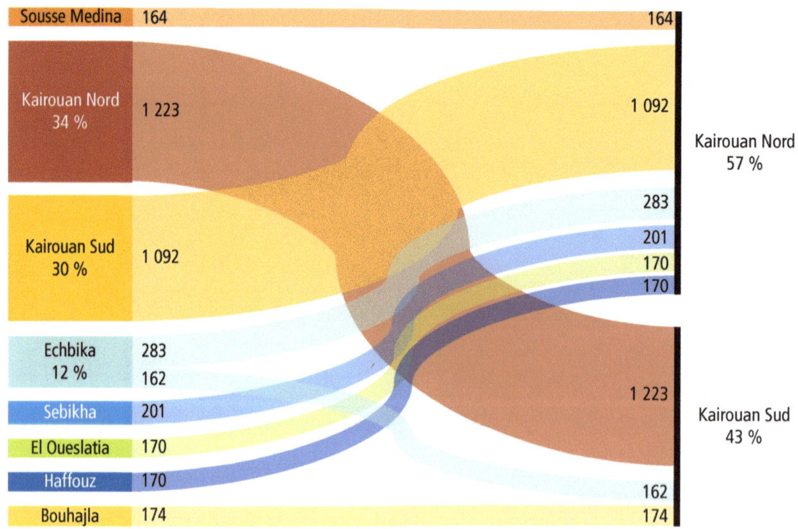

Source : calculs de la Banque mondiale fondés sur le recensement de 2014.
Remarque : les délégations d'origine sont indiquées à gauche ; les délégations de destination sont indiquées à droite.

(4 291 sur 10 305), dont 52 % (2 216 sur 4 291) de zones urbaines (migration urbaine-urbaine) et 11 % (490) de zones rurales (migration rurale-urbaine). À Kairouan, les plus grands flux entrants provenaient également de l'intérieur du gouvernorat : en effet, la ville attire des migrants des délégations voisines qui souffrent d'un faible taux d'urbanisation associé à un taux de pauvreté élevé.

Entre 2009 et 2014, le gouvernorat de Kairouan a accueilli 15 275 migrants, dont 10 203 étaient en âge de travailler (âgés de 15 à 64 ans). La ville de Kairouan a reçu 66 % de ces migrants (tous âges confondus) et 68 % des migrants âgés de 15 à 64 ans. La plus grande part (74 % tous âges confondus et 73 % des 15-64 ans) de ces migrants sont des migrants urbains-urbains, par rapport à seulement 18 % (19 % des migrants âgés de 15 à 64 ans) de migrants ruraux-urbains.

L'analyse des données issues du recensement confirme que les migrants n'ont pas nécessairement obtenu un emploi avant de déménager à Jendouba ou à Kairouan et n'ont donc pas forcément déménagé pour des raisons professionnelles (un aspect confirmé lors des discussions avec les migrants). Les migrants âgés de 15 à 64 ans qui s'implantent dans la ville à la recherche d'un emploi représentent 22 % des migrants entrants à Jendouba et 17 % des migrants entrants de Kairouan. De plus, 45 % sont venus à Jendouba suite à un mariage ou pour rejoindre leur famille (53 % pour la ville de Kairouan).

Les villes de Jendouba et de Kairouan sont à l'origine de grands flux sortants, ce qui suggère un fort roulement des migrants et laisse penser que les villes intermédiaires à l'intérieur des terres peuvent jouer un rôle de tremplin dans le cadre de migrations plus longues vers de plus grandes villes où la demande de main-d'œuvre est plus forte. Les données du recensement viennent ainsi confirmer les déclarations de certains participants aux groupes de discussion, qui indiquaient qu'ils prévoyaient de déménager vers d'autres villes côtières ou à l'étranger.

Les villes ont tout à gagner des flux de migrants : ceux-ci contribuent en effet à l'amélioration de la main-d'œuvre locale, étant plus instruits et plus jeunes que les non-migrants. L'analyse des données révèle que 32 % de tous les migrants tunisiens vers les zones urbaines disposent d'un diplôme d'enseignement supérieur, contre seulement 16 % de l'ensemble des non-migrants urbains. Ces tendances sont constatées à la fois à Jendouba et à Kairouan. En effet, 31 % des migrants âgés de 15 à 64 ans venus s'établir à Jendouba font état d'un niveau d'éducation plus élevé (887 sur 2 892). Ces migrants se répartissent comme suit : 69 % de migrants urbains-urbains, 9 % de migrants ruraux-urbains, 16 % de migrants urbains-ruraux[14]. Les migrants venant à la ville de Kairouan avec un niveau d'éducation plus élevé représentent 26 % des migrants (1 826 sur 6 903), dont 83 % en provenance de zones urbaines (migrants urbains-urbains) et 14 % de zones rurales (migrants ruraux-urbains). L'analyse confirme également que les migrants sont moins susceptibles d'être travailleurs indépendants que les non-migrants. En général, la migration améliore la probabilité d'être employé et d'obtenir un emploi rémunéré.

En considérant uniquement les non-migrants ruraux comme référence, l'analyse montre que les femmes, les jeunes âgés de 25 à 34 ans et les personnes qui ont atteint un niveau d'éducation plus élevé sont plus susceptibles de migrer des zones rurales vers les zones urbaines. Par ailleurs, une comparaison de l'ensemble des migrants ruraux-urbains aux non-migrants ruraux montre que la migration améliore la probabilité d'emploi. Ce constat n'est pas confirmé pour les migrants venant s'implanter dans les villes de Jendouba ou de Kairouan, dans la mesure où la différence en termes de proportion de personnes employées entre les deux groupes n'est pas statistiquement significative. Ces résultats s'expliquent par le fait que ces deux gouvernorats accusent un taux de chômage urbain très élevé et que l'activité économique repose principalement sur le secteur agricole. De fait, les zones urbaines offrent moins d'opportunités d'emploi, en particulier pour les diplômés qui migrent en provenance de zones rurales. En outre, un nombre moins élevé de personnes migrant de zones rurales vers les zones urbaines du gouvernorat de Jendouba sont employés que la population rurale non migrante ; les résultats pour la ville de Kairouan sont similaires (tableau 3.11).

Les migrants urbains-urbains sont plus instruits, plus jeunes et plus susceptibles d'être employés que les non-migrants (voir tableau 3.12). Les migrants urbains-urbains, qui constituent la plus grande proportion de migrants, sont plus instruits que les non-migrants ; l'écart est très important (34 % contre 16 %). Des résultats similaires sont également observés pour les gouvernorats de Jendouba et de Kairouan. Les migrants urbains-urbains ont plus de chances de trouver un emploi que les non-migrants urbains. De plus, les femmes, les jeunes de 25 à 34 ans et les personnes mariées sont plus susceptibles de correspondre à la catégorie des migrants urbains-urbains qu'à celle des non-migrants.

Enfin, l'augmentation des coûts du logement dans les zones urbaines a modifié le profil de la migration, de familiale à individuelle, après la Révolution tunisienne de 2010-2011. Les estimations indiquent des différences marquées dans les tendances migratoires avant et après 2011. Les migrants récents ont tendance à être célibataires (migration individuelle), tandis que les migrants d'avant 2011 étaient plus susceptibles d'être mariés (migration familiale)[15]. Cette tendance peut s'expliquer par l'augmentation des prix des logements et des loyers dans les zones urbaines après 2011, un constat confirmé par l'analyse qualitative. Pour faire face à cette augmentation des coûts du logement, les migrants internes des régions rurales et non côtières du pays occupent de manière informelle ou illégale des terres à la périphérie des villes.

Les voix de la ville : expériences des migrants et perspectives municipales

Lors des groupes de discussion, les migrants de Jendouba et de Kairouan ont suggéré que la migration est motivée par la recherche d'opportunités d'emploi et

Tableau 3.11 Comparaison entre non-migrants ruraux et migrants urbains en Tunisie

	Toutes les destinations en Tunisie			Migrants à Jendouba			Migrants à Kairouan		
Caractéristiques	**Non-migrants ruraux**	**Migrants ruraux-urbains**	**Différence**	**Non-migrants ruraux**	**Migrants ruraux-urbains**	**Différence**	**Non-migrants ruraux**	**Migrants ruraux-urbains**	**Différence**
Femmes	0,51	0,55	0,03***	0,52	0,56	0,03*	0,52	0,56	0,04***
Aucune scolarité	0,30	0,12	−0,18**	0,36	0,09	−0,27***	0,42	0,13	−0,29***
Enseignement primaire	0,32	0,27	−0,05***	0,28	0,15	−0,13***	0,29	0,21	−0,08***
Enseignement secondaire	0,33	0,45	0,11***	0,31	0,48	0,17***	0,25	0,46	0,20***
Enseignement supérieur	0,05	0,17	0,12***	0,05	0,28	0,23***	0,03	0,21	0,18***
Responsables	0,02	0,02	0,00	0,01	0,03	0,01***	0,02	0,02	0,00
Indépendant(e)	0,06	0,03	−0,03***	0,04	0,04	−0,01	0,07	0,04	−0,03***
Salariés	0,37	0,57	0,20***	0,32	0,43	0,11***	0,32	0,48	0,16***
15-24 ans	0,26	0,29	0,03***	0,25	0,21	−0,04***	0,27	0,31	0,03***
25-34 ans	0,24	0,40	0,16***	0,21	0,42	0,21***	0,24	0,40	0,17***
35-44 ans	0,21	0,19	−0,02***	0,19	0,27	0,08***	0,21	0,19	−0,02*
45-54 ans	0,17	0,09	−0,08***	0,19	0,07	−0,12***	0,16	0,07	−0,09***
55-64 ans	0,13	0,04	−0,08***	0,16	0,04	−0,12***	0,12	0,03	−0,09***
Employés	0,84	0,86	0,02***	0,73	0,71	−0,02	0,84	0,84	0,00
Marié(e)	0,54	0,55	0,02***	0,55	0,66	0,11***	0,54	0,55	0,01

Source : calculs de la Banque mondiale fondés sur le recensement de 2014.
Remarque : *** Les différences entre les migrants et les non-migrants sont significatives à 1 % ; ** les différences entre les migrants et les non-migrants sont significatives à 5 % ; * les différences entre les migrants et les non-migrants sont significatives à 10 %.

Tableau 3.12 Comparaison entre non-migrants urbains et migrants urbains en Tunisie

	Toutes les destinations en Tunisie			Migrants à Jendouba			Migrants à Kairouan		
Caractéristiques	**Non-migrants urbains**	**Migrants urbains-urbains**	**Différence**	**Non-migrants urbains**	**Migrants urbains-urbains**	**Différence**	**Non-migrants urbains**	**Migrants urbains-urbains**	**Différence**
Femmes	0,50	0,52	0,02***	0,52	0,52	0	0,51	0,54	0,03***
Aucune scolarité	0,10	0,04	–0,06***	0,13	0,03	–0,10***	0,18	0,05	–0,13***
Enseignement primaire	0,26	0,15	–0,11***	0,24	0,11	–0,13***	0,24	0,16	–0,08***
Enseignement secondaire	0,48	0,47	–0,01***	0,47	0,45	–0,02**	0,45	0,47	0,02***
Enseignement supérieur	0,16	0,34	0,18***	0,16	0,41	0,25***	0,14	0,33	0.19***
Responsables	0,04	0,04	0,00*	0,03	0,03	0,00**	0,03	0,04	0,01
Indépendant(e)	0,06	0,04	–0,02***	0,06	0,03	–0,03***	0,06	0,05	–0,01***
Salariés	0,45	0,57	0,12***	0,38	0,57	0,19***	0,38	0,52	0,14***
Apprentis	0,00	0,00	0,00***	0,00	0,00	0,00	0,00	0,00	0,00
Aidants	0,00	0,00	0,00***	0,00	0,00	0,00	0,00	0,00	0,00**
15-24 ans	0,23	0,22	–0,01***	0,21	0,17	–0,04***	0,25	0,21	–0,04***
25-34 ans	0,24	0,4	0,16***	0,21	0,39	0,18***	0,23	0,39	0,16***
35-44 ans	0,21	0,22	0,01***	0,21	0,27	0,06***	0,21	0,25	0,04***
45-54 ans	0,19	0,11	–0,08***	0,21	0,12	–0,09***	0,18	0,11	–0,07***
55-64 ans	0,13	0,05	–0,08***	0,16	0,05	–0,11***	0,13	0,04	–0,09***
Employés	0,85	0,88	0,03***	0,75	0,83	0,08***	0,8	0,84	0,04***
Marié(e)	0,56	0,63	0,07***	0,55	0,69	0,14***	0,55	0,66	0,11***

Source : calculs de la Banque mondiale fondés sur le recensement de 2014.
Remarque : *** Les différences entre les migrants et les non-migrants sont significatives à 1 % ; ** les différences entre les migrants et les non-migrants sont significatives à 5 % ; * les différences entre les migrants et les non-migrants sont significatives à 10 %.

par le désir de quitter des emplois agricoles précaires et mal rémunérés. D'autres motivations incluent un accès restreint aux services essentiels, comme les établissements de santé, leur mauvaise qualité, ainsi que le manque d'infrastructures routières dans les zones rurales de ces gouvernorats. Un migrant déclare ainsi : « Les services les plus basiques sont absents, il n'y a pas de routes, d'électricité, d'eau potable, aucune de ces infrastructures, aucune possibilité pour des activités de loisirs, et pas d'emplois ». À Jendouba, les migrants qui vivaient dans des régions montagneuses à faible densité de population évoquent également la sécurité comme raison sous-tendant leur migration, dans la mesure où ils cherchent à échapper aux zones d'affrontements de groupes terroristes ces dernières années. En résumé, les disparités régionales et la marginalisation des zones rurales constituent les principales raisons qui poussent les personnes à migrer.

Les migrants qui viennent d'arriver dans leur ville de destination sont confrontés à la difficulté de trouver un emploi, les canaux informels étant le principal moyen utilisé dans ce contexte. À Jendouba, afin d'obtenir un emploi, les migrants activent leurs réseaux sociaux composés de membres de la famille élargie, de connaissances, de voisins, ainsi que le « Café des chômeurs » (un café local) au lieu d'utiliser des canaux officiels tels que l'agence nationale pour l'emploi. De même, à Kairouan, les emplois nécessitant des compétences plus spécialisées sont difficiles à obtenir et à conserver, et l'accès à de tels emplois dépend des réseaux sociaux et des liens familiaux. Les pots-de-vin ont également été évoqués comme solution pour trouver un emploi.

Dans chaque ville, les migrants s'intègrent dans différents secteurs d'activité. À Jendouba, les hommes s'appuient sur les réseaux susmentionnés pour trouver des emplois journaliers dans le bâtiment, tandis que les femmes travaillent dans des zones agricoles irriguées situées juste à l'extérieur de la ville. Bien que Kairouan dispose d'un secteur industriel bien établi, les hommes migrants ont tendance à trouver davantage d'opportunités en tant qu'ouvriers du bâtiment et dans le secteur des services, par exemple en qualité de serveurs dans les restaurants et cafés. De nombreuses femmes travaillent en tant que nourrices ou gardiennes d'enfants, boulangères de pain artisanal, ou en tant qu'artisanes ; celles qui disposent d'une formation professionnelle ou de compétences spécialisées ont davantage de chances d'être employées dans des usines de confection ou de transformation agroalimentaire.

Quel que soit le secteur, les migrants de ces deux villes sont confrontés à des conditions de travail précaires et ne bénéficient pas de la protection conférée par le droit du travail ou la sécurité sociale. Qu'ils soient qualifiés ou non, les migrants sont généralement plus vulnérables sur le plan économique, ce qui les rend plus susceptibles d'accepter n'importe quel emploi, indépendamment de ses conditions. « Si nous ne travaillons pas, nous ne mangeons pas », déclarent-ils ainsi, en évoquant des conditions de travail médiocres, des salaires peu élevés, ainsi qu'une la couverture incomplète ou inexistante sur le plan de la sécurité sociale. Les travailleurs migrants sont souvent exploités par leurs employeurs et se sentent fréquemment discriminés par des derniers ou par leurs collègues. À Jendouba, les migrants sont surtout considérés comme essentiels aux secteurs où les non-migrants refusent de travailler, comme l'agriculture ; il en résulte un processus de « mobilité pendulaire inversée », dans le cadre duquel les migrants qui vivent à présent en ville se rendent chaque jour dans les champs ruraux voisins pour y travailler (généralement dans de petites exploitations irriguées ou des oliveraies). Dans les deux villes, les migrants qualifiés déclarent qu'un diplôme n'est pas suffisant pour y trouver un bon emploi, ce qui les contraint à accepter des emplois pour lesquels ils sont surqualifiés.

Les travailleuses migrantes souffrent d'une double discrimination sur le lieu de travail, percevant des salaires plus bas et subissant un harcèlement constant. À Jendouba, les femmes exercent des emplois physiquement exigeants dans le secteur agricole et sont nettement moins rémunérées que les hommes pour un travail équivalent. L'agriculture est en effet un secteur fortement féminin, dans lequel les employeurs recrutent des femmes car elles travaillent davantage d'heures pour un salaire plus bas. À Kairouan, les migrantes ont indiqué être payées de 20 à 30 % de moins que les hommes effectuant le même travail. Une migrante à Kairouan déclare ainsi : « Je travaille de 7 heures à 15 heures pour gagner 15 dinars par jour (environ 5,50 dollars américains), et il n'y a pas d'assurance contre les accidents qui surviennent sur le lieu de travail ou sur le trajet pour m'y rendre. » Dans leurs témoignages, les femmes migrantes signalent par ailleurs que les usines privilégient l'emploi de femmes célibataires n'ayant aucune charge familiale. Par ailleurs, le harcèlement sexuel des femmes dans le secteur agricole est un problème endémique ; quant à celles qui travaillent en usine, elles subissent des violences verbales et des situations de harcèlement de la part de leurs employeurs, voire de leurs collègues masculins.

Enfin, du fait de réseaux sociaux limités, il est plus difficile pour les femmes migrantes de s'occuper de leur foyer et de leurs enfants en effectuant de longues journées de travail. Un participant explique que « [son] travail consiste à [s]'assurer que nous avons de quoi manger, tandis que ma femme est responsable de l'éducation des enfants. » Mais comme la plupart des femmes migrantes travaillent pour subvenir aux besoins de leur famille, elles partagent elles aussi cette responsabilité consistant à « s'assurer d'avoir de quoi manger. » Celles qui travaillent à l'extérieur du foyer dépendent fortement de leurs réseaux de voisins et de membres de la famille élargie pour assumer leurs responsabilités en termes d'éducation des enfants et de revenu. Si les doubles journées de travail sont fréquentes chez les travailleuses migrantes et non migrantes, les non-migrantes disposent de réseaux sociaux plus étendus et peuvent donc compter sur des membres de la famille et des amis pour obtenir de l'aide en matière de garde d'enfants ou autres situations urgentes.

Les migrants, ainsi que certains citadins à faible revenu, s'installent dans des zones où les prix des terrains sont abordables mais où les services font défaut. L'intégration dans la ville, en particulier l'accès à un logement abordable et aux services de base, a été signalée comme l'un des plus grands défis à leur arrivée. La mauvaise qualité ou l'absence d'accès aux routes, à l'éclairage public, ainsi qu'à d'autres services de base, donnent aux migrants le sentiment de ne pas être intégrés au reste de la municipalité.

À Jendouba, les migrants s'installent en périphérie de quartiers déjà consolidés. Les migrants qui sont arrivés à Jendouba après 2011 ont acheté à bas prix de petites parcelles de terrains non bâtis appartenant à des particuliers afin d'y construire leur maison ; n'étant pas planifiée, cette fragmentation du foncier a conduit à un manque de services publics. À l'inverse, les migrants arrivés à Jendouba il y a plus longtemps se sont établis sur des terres qui appartenaient à l'État, et bien qu'il soit peu probable qu'on les force à partir, leur titre de propriété n'a pas encore été officialisé.

À Kairouan, les migrants s'installent dans des zones périphériques en expansion où le marché foncier et celui des maisons à moitié construites sont florissants. Ces quartiers présentent deux caractéristiques : premièrement, le marché de la vente de terrains est très prospère, avec des maisons à moitié construites portant des panneaux « À vendre » dans lesquels les propriétaires construisent une pièce, l'entourent d'une clôture et la mettent en vente pour les migrants ou les habitants de la ville en quête de logements plus abordables. Deuxièmement, en ce qui concerne les services de base, les ménages dépendent de bornes-fontaines communes et de compteurs électriques partagés entre plusieurs ménages. En général, toutes les routes de ces quartiers sont de simples chemins de terre non délimités, et l'assainissement y est inexistant.

Les non-migrants ont un sentiment mitigé à l'égard des populations migrantes ; ils reconnaissent la valeur qu'elles ajoutent à l'économie locale, mais soulignent également la concurrence supplémentaire au niveau des emplois et des services. De nombreux participants ont convenu que sans les migrants, la ville de Jendouba serait privée d'une main-d'œuvre indispensable (« l'activité économique s'arrêterait »), mais ils ont également évoqué la concurrence accrue sur des emplois déjà rares, d'autant plus que les migrants acceptent des salaires plus bas et des conditions de travail médiocres. De même, à Kairouan, les participants reconnaissent que sans les migrants, la ville de disposerait pas d'une main-d'œuvre spécialisée pour les travaux de construction ou pour l'artisanat ; mais ils associent également la croissance des quartiers périphériques dépourvus d'infrastructures à l'afflux des migrants. Ils associent par ailleurs les migrants à une saturation des hôpitaux et des cliniques, ainsi qu'à une concurrence pour les emplois des secteurs industriel et des services.

En Tunisie, au cours de la dernière décennie, une crise de confiance s'est développée entre les citoyens et les autorités, notamment au niveau local ;

ce manque de confiance est plus marqué parmi les migrants. Les communautés de migrants de Jendouba et Kairouan font part de la même hostilité envers les autorités centrales, perçues comme absentes dans la plupart des situations. Cette animosité peut créer un terrain favorable aux troubles sociaux et entraver la mise en œuvre de politiques d'intégration. « L'Omda [responsable gouvernemental local] pratique une forme de clientélisme, et les allocations ne sont pas distribuées à ceux qui le méritent », indique un migrant. « Nous avons besoin de dirigeants qui soient proches de nous, qui nous écoutent et qui comprennent nos véritables problèmes », déclarent d'autres personnes. Parfois, la présence du gouvernement est même associée à la violence. Par exemple, à Kairouan, où de nombreux migrants et non-migrants peinent à régler leurs factures d'électricité, la police est intervenue violemment et a coupé le courant dans certaines habitations. Dans les deux villes, les communautés de migrants et de non-migrants sont également déçues par la politique électorale : pour eux, les responsables ne sont présents que pour recueillir des voix, et disparaissent après les avoir sécurisées. Cette désillusion à l'égard de la représentation politique fait que les autorités locales peuvent difficilement engager un dialogue avec ces communautés.

Même si elles diffèrent à bien des égards, les municipalités de Jendouba et de Kairouan font face à des défis similaires. Les deux villes diffèrent certes par leur taille et leur démographie, mais les maires des deux villes gèrent tous deux des municipalités avec des budgets limités et de équipes réduites de techniciens qualifiés. Fonctionner dans de telles conditions est particulièrement difficile pour ces municipalités et des municipalités similaires dont la juridiction s'est étendue à la suite de la municipalisation de l'ensemble du territoire national en 2014. À Jendouba, la juridiction municipale a été multipliée par cinq, intégrant dans la ville des zones auparavant rurales, dépourvues d'infrastructure de base. L'annexion de nouvelles zones à desservir, sans budget suffisant, a créé une charge supplémentaire pour les municipalités.

Le manque de ressources nécessaires pour mettre à jour les dispositifs d'aménagement foncier et la vente de parcelles de terrains dépourvues d'infrastructures constituent de grands défis pour l'urbanisme. De nombreux migrants entrants et populations à faible revenu s'installent dans ces zones annexées récemment, où les municipalités ne parviennent pas à gérer l'expansion urbaine informelle. Les gouvernements municipaux, aux prises avec des ressources limitées et une planification insuffisante, ne sont pas en mesure de suivre le rythme de l'expansion urbaine informelle et se retrouvent ainsi constamment à essayer de rattraper leur retard. La municipalité de Jendouba manque de l'expertise technique et financière nécessaire pour mettre à jour ses documents d'urbanisme (plans directeurs, plans urbains détaillés) afin de concilier expansion urbaine et productivité des terres rurales périphériques. À Kairouan, le plan directeur municipal le plus récent n'inclut pas les zones qui ont été intégrées à la municipalité, ce qui va à l'encontre de l'idée d'une planification à long terme. En outre, la vente de terrains dans des lotissements illégaux et dépourvus de services rend toute planification inutile, car les courtiers vendent de petites parcelles à des acheteurs à faible revenu, qui commencent à construire des logements et réclament ensuite une offre de services de la part de la ville. Dans cette situation, les municipalités sont forcées d'intervenir après le processus d'urbanisation, pour une prestation de services beaucoup plus onéreuse.

La voie à suivre : une meilleure intégration des travailleurs migrants à Jendouba et à Kairouan

L'intégration des migrants dans les villes secondaires constitue un défi multidimensionnel qui doit associer des politiques axées sur les migrants ainsi que des politiques visant à intégrer l'ensemble des citadins, telles que l'amélioration de l'aménagement spatial et de la gouvernance municipale. Les défis auxquels sont confrontés les travailleurs migrants ne se limitent pas à l'intégration sur le marché du travail mais englobent également des aspects liés à l'intégration spatiale et sociale des migrants dans les villes. Dans ce contexte, un dispositif unique ne suffit pas pour résoudre ces problèmes : il convient plutôt d'adopter une stratégie pluridimensionnelle, laquelle devra s'attacher à une intégration tant dans la dimension sociale que dans les aspects économiques de la vie urbaine. Ces mesures devront s'articuler autour de trois axes : (1) renforcer l'intégration sur le marché du travail pour faciliter le processus de recherche d'un emploi correct lorsque les migrants s'implantent dans la ville ; (2) améliorer l'intégration spatiale pour les migrants et les non-migrants vivant dans les zones périphériques de la ville ; et enfin, (3) améliorer la gouvernance et la gestion municipales pour soutenir l'intégration socioéconomique des migrants et des non-migrants dans la vie urbaine et les services municipaux.

Des instruments axés sur le marché du travail et les problématiques sociales pour que les migrants bénéficient d'emplois de meilleure qualité et plus inclusifs

Des services de médiation et d'accompagnement de meilleure qualité doivent permettre aux deux villes de mobiliser au mieux les capacités des migrants, de façon à optimiser les bénéfices pour le capital humain que représente la jeunesse. Afin de réduire les discriminations contre les migrants et répondre aux problèmes de harcèlement sexuel, les villes peuvent renforcer l'accès aux services de réglementation du marché du travail et au système de protection sociale tout en améliorant leur qualité (en lien avec les autorités à l'échelon national). La coordination avec les organisations de la société civile pour développer et organiser des campagnes de sensibilisation sur la prévention du harcèlement sexuel sur le lieu de travail et les droits des travailleurs (ce qui inclut la sensibilisation des employeurs à leurs responsabilités) peut permettre de veiller à ce que les programmes et les lois répondent effectivement aux besoins de la société.

Au niveau national, le parrainage de programmes de perfectionnement des compétences, l'application de lois visant à protéger les droits du travail et la création d'infrastructures d'accompagnement comme les crèches faciliteraient l'intégration des migrants et amélioreraient les conditions de travail de tous les habitants de la ville, migrants et non-migrants. Les migrants ont exprimé le désir de suivre une formation qui leur permettrait de perfectionner leurs compétences et éventuellement de viser de meilleurs emplois dans d'autres villes. Or, ils ne peuvent généralement pas se permettre de sacrifier leur temps de travail pour s'inscrire à des programmes de formation de ce type. Il est donc nécessaire de subventionner ces programmes dans leur intégralité et d'offrir aux migrants une petite rémunération en remplacement du salaire journalier auquel ils devraient renoncer pour suivre leur formation. Par ailleurs, les services de garde d'enfants peuvent permettre aux femmes de libérer du temps et ainsi les aider à s'intégrer au marché du travail sur le long terme. Tout comme les programmes de formation, les établissements d'accompagnement comme les crèches bénéficient à tous, indépendamment du statut migratoire ; ils sont toutefois susceptibles d'avoir un effet plus important sur les femmes migrantes dont le réseau local est souvent plus restreint.

Planification de l'intégration spatiale

Au niveau municipal, l'amélioration des systèmes de collecte de données et d'informations et le renforcement des pratiques de planification à long terme peuvent contribuer à améliorer l'intégration spatiale au sein de la ville. Il est nécessaire de déployer de meilleurs systèmes de collecte d'informations pour effectuer le suivi de l'expansion urbaine. À l'heure actuelle, ce sont de multiples sources qui fournissent ces informations, dont l'extraction n'est pas simple. La systématisation et la numérisation de ces informations seraient plus utiles si les données sur les tendances en matière d'urbanisation, les actifs municipaux et les services mis à disposition étaient également mises en rapport avec les registres fonciers de ces villes. Il est donc impératif de remédier à ce cloisonnement des données entre des institutions décentralisées pour faciliter l'accès à ces informations. En comprenant les tendances en matière d'expansion urbaine et leur évolution historique, les municipalités peuvent optimiser leurs pratiques de planification à long terme.

Le renforcement de l'engagement général peut contribuer à une meilleure intégration des migrants dans les mécanismes de participation urbains, leur donner la capacité de se faire entendre dans la ville et améliorer la cohésion sociale avec les collectivités locales. De nombreux éléments ont prouvé (Dixon, Bessaha et Post, 2018) qu'une implication active dans la communauté de destination peut faciliter l'intégration des migrants, ce qui permet de s'assurer que leur voix et leurs préoccupations soient entendues, les aide à exercer une influence sur les politiques locales et facilite les échanges avec les non-migrants. Le fait de développer et d'encourager les activités de la communauté civile peut constituer une étape importante dans la facilitation et l'accélération de l'intégration des migrants dans la ville. Par exemple, le plan d'action sur l'intégration et l'inclusion des ressortissants de pays tiers, établi par l'Union européenne, comprend un pilier visant à soutenir l'amélioration de la participation des migrants à la communauté locale, avec des activités visant à rassembler les migrants et les communautés locales dans des événements axés sur l'éducation, la santé ou le sport, tout en veillant à ce qu'ils puissent prendre part aux processus consultatifs et décisionnels.

Remédier aux contraintes qui existent dans l'environnement des affaires peut permettre de créer de nouvelles opportunités pour les travailleurs des villes. Pour les villes de Jendouba et Kairouan, où l'activité économique est limitée et la demande de main-d'œuvre est faible, le renforcement du développement économique local sera essentiel afin de garantir des emplois disponibles pour les migrants et les non-migrants. Compléter les investissements dans les infrastructures par des améliorations dans l'environnement des affaires peut favoriser le développement économique local et ainsi accroître les opportunités pour tous les travailleurs de la ville. Dans les villes secondaires situées dans des zones moins développées, une meilleure compréhension des avantages absolus locaux peut aider à identifier les domaines ou secteurs où les investissements et les efforts gouvernementaux sont susceptibles de générer des rendements plus élevés. Des recherches récentes suggèrent que, plutôt que de se concentrer sur l'obtention d'avantages comparatifs par l'intermédiaire d'incitations fiscales peu viables ou de politiques déformatrices, se concentrer sur l'exploitation des avantages absolus dans les régions qui accusent un retard en termes de développement peut aider à favoriser le développement économique local (Duranton et Venables, 2018) D'après Duranton et Venables (2018), l'avantage comparatif constitue un concept fondamental lorsqu'il s'agit de commerce entre les pays ; mais en termes de développement régional au sein d'un même pays, les entreprises et les investissements sont répartis dans différentes zones en se concentrant plutôt sur l'avantage absolu. Cela signifie que les entreprises choisissent les zones les plus productives en termes de rendement. De ce fait, rivaliser avec les villes côtières où la productivité est élevée dans un large éventail d'extrants peut s'avérer difficile. Pour tirer parti de de l'avantage absolu de ces régions moins développées et de leurs villes, il faut commencer par identifier où se situent les opportunités. Par conséquent, pour identifier les secteurs à soutenir en vue du favoriser le développement économique local, il faut commencer par faire le point sur les actifs locaux et les avantages révélés par les secteurs actuellement actifs dans un lieu donné ; ainsi, on peut identifier les distorsions et les obstacles qui ont limité la croissance de ces secteurs et conduit à l'investissement dans d'autres secteurs moins productifs. Lever ces contraintes peut fortement contribuer au développement économique local. Les changements peuvent être accélérés en investissant dans la croissance de ces secteurs.

Une meilleure gouvernance pour des services optimisés et des conditions de vie améliorées, à destination des migrants et des non-migrants

Au niveau national, la validation d'un Code de la construction et de l'habitation, la réforme du plan cadastral et l'élaboration d'une politique nationale du logement peuvent optimiser la productivité et contribuer à éviter certaines dépenses futures qui seront requises dans le cadre de l'amélioration urbaine. La validation d'un Code de la construction accorderait aux municipalités une marge de manœuvre clairement définie pour leurs interventions spatiales, car celles-ci disposeraient d'un pouvoir suffisant pour administrer librement l'environnement bâti. La création d'un registre centralisé, numérisé et facilement accessible des titres de propriété foncière pourrait constituer un premier pas vers une réforme du plan cadastral. Enfin, des réflexions sur la politique nationale du logement seront essentielles afin de traiter les insuffisances du côté de l'offre comme de la demande. Cette politique peut se concentrer sur une offre de terrains bien desservis (l'un des principaux obstacles entravant la disponibilité de logements) et définir les mesures à prendre dans ce domaine. En remédiant aux obstacles qui paralysent l'offre de logements pour différentes catégories de revenus, il sera possible d'éviter une tendance à « colmater » les problèmes existants, qui induit des programmes onéreux de rénovation et de mise à niveau.

Le fait de donner davantage de pouvoir d'agir aux municipalités afin qu'elles bénéficient de toute l'autonomie financière nécessaire pour satisfaire à leurs engagements, associé à l'adoption d'un cycle de planification des investissements sur trois à cinq ans, peut accroître la marge de manœuvre des municipalités dans le cadre du déploiement de politiques d'intégration spatiale. Les municipalités pourraient commencer par revoir les dispositifs onéreux auxquels elles ont actuellement recours pour dresser la liste des terrains bâtis et non bâtis. Pour ce faire, elles peuvent tester différentes techniques de comptabilisation, sous la forme de projets pilotes ciblant une petite partie de leur territoire. À moyen et à long termes, un système de comptabilisation amélioré permettrait de poser les bases d'un recouvrement de l'impôt mieux adapté.

La planification des investissements municipaux peut être facilitée en adaptant la formule utilisée pour les transferts budgétaires intergouvernementaux, ainsi que les réglementations en matière de marchés publics. La formule actuellement utilisée pour les transferts intergouvernementaux avantage nettement les villes de taille moyenne, en raison d'une pondération de la taille de la population ainsi que d'indicateurs de développement régional. Il est donc indispensable de simplifier cette formule et de l'adapter, afin d'aider les villes à relever les défis inhérents à l'accélération de l'expansion urbaine périphérique et à un accès insuffisant aux services ; par ailleurs, cette stratégie peut s'avérer rentable si l'on souhaite optimiser l'accès aux services dans les zones non densément peuplées. Enfin, le montant total des transferts intergouvernementaux doit être augmenté parallèlement à un programme de formation au niveau municipal, afin de s'assurer que les municipalités disposent de la capacité d'absorption nécessaire pour dépenser les fonds à leur disposition.

Annexe 3A

Tableau 3A.1 Déterminants de l'emploi salarié à Jinja

	(1)	(2)	(3)	(4)	(5)	(6)
	Emploi salarié	**Emploi salarié**	**Emploi salarié**	**Emploi salarié**	**Emploi salarié**	**Emploi salarié**
En dehors du centre-ville	−0,389**	−0,398**	−0,333**	−0,389**	−0,413**	−0,364**
	(0,167)	(0,166)	(0,162)	(0,171)	(0,169)	(0,183)
Périphérie	−0,412***	−0,425***	−0,338**	−0,358**	−0,364**	−0,340*
	(0,135)	(0,136)	(0,151)	(0,162)	(0,168)	(0,181)
Migrant = 1		0,203	0,420**	0,349*	0,279	0,220
		(0,130)	(0,189)	(0,200)	(0,206)	(0,218)
En dehors du centre-ville x migrant = 1			−0,294	−0,342	−0,272	−0,199
			(0,308)	(0,331)	(0,294)	(0,280)
Périphérie × migrant = 1			−0,365	−0,349	−0,317	−0,295
			(0,264)	(0,279)	(0,278)	(0,301)
Sexe (homme = 1)				0,440***	0,431***	0,339***
				(0,109)	(0,109)	(0,114)
Enseignement primaire, non achevé				0,577	0,598	0,711
				(0,416)	(0,417)	(0,502)
Enseignement primaire, achevé				0,655	0,674	0,828
				(0,434)	(0,439)	(0,512)
Enseignement secondaire, non achevé				0,561	0,588	0,660
				(0,443)	(0,427)	(0,502)
Enseignement secondaire, achevé				0n764*	0,778*	0,813*
				(0,418)	(0,415)	(0,493)

(suite page suivante)

Tableau 3A.1 Déterminants de l'emploi salarié à Jinja (suite)

	(1)	(2)	(3)	(4)	(5)	(6)
	Emploi salarié	**Emploi salarié**	**Emploi salarié**	**Emploi salarié**	**Emploi salarié**	**Emploi salarié**
Tout type d'études supérieures				1,081**	1,093**	1,125**
				(0,419)	(0,425)	(0,507)
Âge				0,0269	0,0321	0,0204
				−0,000460	−0,000529	−0,000357
Âge au carré				(0,000497)	(0,000523)	(0,000484)
Taille du ménage					−0,0126	−0,0150
					(0,0299)	(0,0346)
					−0,0774	−0,0547
Taux de dépendance, tous les individus					(0,0789)	(0,0863)
						1,114***
Secteur : industrie manufacturière						(0,241)
Secteur : services						0,422*
						(0,241)
Constante	0,0579	0,0147	−0,0305	−1,279	−1,186	−1,606*
	(0,0960)	(0,0981)	(0,0999)	(0,806)	(0,907)	(0,853)
Observations	*920*	*920*	*920*	*907*	*907*	*878*

Source : Banque mondiale.
Remarque : effets marginaux ; écarts-types entre parenthèses. La base pour les différentes zones est le centre-ville de Jinja ; la base pour les migrants est la catégorie des non-migrants ; la base pour l'éducation est l'absence de scolarité ; la base pour le secteur est le secteur agricole. Tous les modèles sont estimés selon la méthode Probit. Les observations dans ces modèles incluent tous les répondants employés.
* $p < 0,10$, ** $p < 0,05$, *** $p < 0,01$

Tableau 3A.2 Déterminants des heures travaillées à Jinja

	(1)	(2)	(3)	(4)	(5)	(6)
	Heures travaillées au cours de la semaine écoulée	Heures travaillées au cours de la semaine écoulée	Heures travaillées au cours de la semaine écoulée	Heures travaillées au cours de la semaine écoulée	Heures travaillées au cours de la semaine écoulée	Heures travaillées au cours de la semaine écoulée
En dehors du centre-ville	−13,56	−13,65	−15,73*	−14,24*	−13,95*	−6,159
	(8,452)	(8,399)	(8,722)	(7,919)	(7,657)	(4,231)
Périphérie	−13,08*	−13,14*	−17,24**	−19,80***	−20,20***	−7,611**
	(6,912)	(6,901)	(8,251)	(6,574)	(6,577)	(3,683)
Migrant = 1		3,953	−4,151	−3,155	−2,643	4,552
		(5,602)	(9,533)	(7,846)	(8,044)	(5,243)
En dehors du centre-ville x migrant = 1			9,066	13,02	12,70	2,791
			(13.93)	(11,02)	(10,70)	(7,560)
Périphérie × migrant = 1			17,41	14,05	14,00	−3,084
			(11,47)	(9,588)	(9,597)	(6,738)
Sexe (homme = 1)				26,11***	26,38***	7,201***
				(3,610)	(3,510)	(2,092)
Enseignement primaire, non achevé				32,35**	31,61**	5,102
				(12,87)	(12,70)	(5,623)
Enseignement primaire, achevé				25,28*	24,61*	6,400
				(13,58)	(13,56)	(5,615)
Enseignement secondaire, non achevé				36,22***	35,57***	3,468
				(13,89)	(13,45)	(5,581)
Enseignement secondaire, achevé				33,98***	33,55***	5,474
				(12,81)	(12,62)	(5,700)

(suite page suivante)

Tableau 3A.2 Déterminants des heures travaillées à Jinja (suite)

	(1)	(2)	(3)	(4)	(5)	(6)
	Heures travaillées au cours de la semaine écoulée	**Heures travaillées au cours de la semaine écoulée**	**Heures travaillées au cours de la semaine écoulée**	**Heures travaillées au cours de la semaine écoulée**	**Heures travaillées au cours de la semaine écoulée**	**Heures travaillées au cours de la semaine écoulée**
Tout type d'études supérieures				29,73**	29,25**	−2,074
				(13,29)	(13,18)	(5,548)
Âge				10,97***	10,84***	1,661***
				(1,026)	(1,073)	(0,634)
Âge au carré				−0,128***	−0,126***	−0,0203**
				(0,0136)	(0,0146)	(0,00821)
Taille du ménage					0,0633	0,267
					(1,385)	(0,613)
Taux de dépendance, tous les individus					1,886	−1,492
					(2,501)	(1,523)
Secteur : industrie manufacturière						16,27***
						(3,460)
Secteur : services						22,63***
						(3,495)
Constante	16,68***	15,80**	17,66**	−223,3***	−223,1***	2,788
	(6,250)	(6,699)	(7,347)	(23,82)	(26,29)	(14,64)
Observations	*1 612*	*1 612*	*1 612*	*1 594*	*1 594*	*878*

Source : Banque mondiale.
Remarque : effets marginaux ; écarts-types entre parenthèses. La base pour les différentes zones est le centre-ville de Jinja ; la base pour les migrants est la catégorie des non-migrants ; la base pour l'éducation est l'absence de scolarité ; la base pour le secteur est le secteur agricole. Les heures travaillées sont codées comme zéro pour les répondants non employés ; tous les modèles sont estimés selon le modèle Tobit, avec un minorant de zéro heure. Le nombre d'observations est moins élevé dans la colonne (6) en raison de l'inclusion des contrôles du secteur, qui sont définis uniquement pour les répondants employés ; ainsi, la colonne (6) présente les résultats subordonnés au fait d'être employé.
* $p < 0{,}10$, ** $p < 0{,}05$, *** $p < 0{,}01$

Tableau 3A.3 Déterminants des revenus en valeur logarithmique à Jinja

	(1)	(2)	(3)	(4)	(5)	(6)
	Revenus hebdomadaires (valeur logarithmique)	**Revenus hebdomadaires (valeur logarithmique)**	**Revenus hebdomadaires (valeur logarithmique)**	**Revenus hebdomadaires (valeur logarithmique)**	**Revenus hebdomadaires (valeur logarithmique)**	**Revenus hebdomadaires (valeur logarithmique)**
En dehors du centre-ville	0,0107	0,0122	0,0736	−0,0195	−0,0480	−0,00504
	(0,173)	(0,174)	(0,196)	(0,172)	(0,172)	(0,173)
Périphérie	−0,665***	−0,663***	−0,840***	−0,776***	−0,788***	−0,695***
	(0,229)	(0,231)	(0,283)	(0,265)	(0,277)	(0,261)
Migrant = 1		−0,0708	−0,157	−0,207	−0,307	−0,230
		(0,161)	(0,243)	(0,196)	(0,212)	(0,216)
En dehors du centre-ville x migrant = 1			−0,246	−0,116	−0,0246	−0,154
			(0,370)	(0,320)	(0,318)	(0,324)
Périphérie × migrant = 1			0,736*	0,674*	0,717*	0,619*
			(0,395)	(0,363)	(0,374)	(0,363)
Sexe (homme = 1)				0,388***	0,364***	0,404***
				(0,125)	(0,123)	(0,121)
Enseignement primaire, non achevé				0,455	0,490	0,352
				(0,467)	(0,461)	(0,430)
Enseignement primaire, achevé				0,903*	0,935*	0,841*
				(0,486)	(0,480)	(0,447)
Enseignement secondaire, non achevé				1,098**	1,152**	1,014**
				(0,476)	(0,465)	(0,427)
Enseignement secondaire, achevé				1,137**	1,179**	1,066**
				(0,472)	(0,460)	(0,425)

(suite page suivante)

Tableau 3A.3 Déterminants des revenus en valeur logarithmique à Jinja (suite)

	(1)	(2)	(3)	(4)	(5)	(6)
	Revenus hebdomadaires (valeur logarithmique)	**Revenus hebdomadaires (valeur logarithmique)**	**Revenus hebdomadaires (valeur logarithmique)**	**Revenus hebdomadaires (valeur logarithmique)**	**Revenus hebdomadaires (valeur logarithmique)**	**Revenus hebdomadaires (valeur logarithmique)**
Tout type d'études supérieures				1,564***	1,592***	1,427***
				(0,477)	(0,471)	(0,439)
Âge				0,142***	0,148***	0,155***
				(0,0396)	(0,0389)	(0,0381)
Âge au carré				–0,00154***	–0,00162***	–0,00171***
				(0,000520)	(0,000510)	(0,000504)
Taille du ménage					–0,0206	–0,0155
					(0,0212)	(0,0200)
Taux de dépendance, tous les individus					–0,0826	–0,0899
					(0,0781)	(0,0764)
Secteur : industrie manufacturière						0,329
						(0,247)
Secteur : services						0,548**
						(0,232)
Constante	11,75***	11,77***	11,79***	7,710***	7,833***	7,331***
	(0,106)	(0,114)	(0,123)	(0,841)	(0,855)	(0,830)
R^2	0,0341	0,0345	0,0457	0,175	0,180	0,193
Observations	*833*	*833*	*833*	*820*	*820*	*820*

Source : Banque mondiale.
Remarque : écarts-types entre parenthèses. La base pour les différentes zones est le centre-ville de Jinja ; la base pour les migrants est la catégorie des non-migrants ; la base pour l'éducation est l'absence de scolarité ; la base pour le secteur est le secteur agricole. Les heures travaillées sont codées comme zéro pour les répondants non employés. Tous les modèles sont estimés selon la méthode des moindres carrés ordinaires.
* $p < 0,10$, ** $p < 0,05$, *** $p < 0,01$

Tableau 3A.4 Déterminants de la consommation par équivalent adulte à Jinja

	(1)	(2)	(3)	(4)	(5)	(6)
	Consommation par équivalent adulte (valeur logarithmique)	**Consommation par équivalent adulte (valeur logarithmique)**	**Consommation par équivalent adulte (valeur logarithmique)**	**Consommation par équivalent adulte (valeur logarithmique)**	**Consommation par équivalent adulte (valeur logarithmique)**	**Consommation par équivalent adulte (valeur logarithmique)**
En dehors du centre-ville	−0,260	−0,278	−0,0763	−0,116	−0,152	−0,136
	(0,278)	(0,274)	(0,263)	(0,241)	(0,130)	(0,134)
Périphérie	−0,117	−0,145	−0,0753	−0,0504	−0,381***	−0,361***
	(0,209)	(0,195)	(0,221)	(0,203)	(0,120)	(0,119)
Migrants = 1		0,478***	0,925***	0,911***	0,0990	0,124
		(0,163)	(0,266)	(0,249)	(0,208)	(0,208)
En dehors du centre-ville x migrant = 1			−0,866**	−0,800**	0,0464	0,00563
			(0,353)	(0,326)	(0,229)	(0,235)
Périphérie × migrant = 1			−0,353	−0,322	0,147	0,121
			(0,328)	(0,300)	(0,243)	(0,245)
Sexe (homme = 1)				0,0139	−0,0409	−0,0225
				(0,0611)	(0,0458)	(0,0493)
Enseignement primaire, non achevé				−0,0109	0,251	0,227
				(0,274)	(0,162)	(0,156)
Enseignement primaire, achevé				0,355	0,504***	0,491***
				(0,298)	(0,174)	(0,172)
Enseignement secondaire, non achevé				0,0825	0,583***	0,560***
				(0,312)	(0,162)	(0,159)
Enseignement secondaire, achevé				0,304	0,606***	0,603***
				(0,274)	(0,152)	(0,149)

(suite page suivante)

Tableau 3A.4 Déterminants de la consommation par équivalent adulte à Jinja (suite)

	(1)	(2)	(3)	(4)	(5)	(6)
	Consommation par équivalent adulte (valeur logarithmique)	**Consommation par équivalent adulte (valeur logarithmique)**	**Consommation par équivalent adulte (valeur logarithmique)**	**Consommation par équivalent adulte (valeur logarithmique)**	**Consommation par équivalent adulte (valeur logarithmique)**	**Consommation par équivalent adulte (valeur logarithmique)**
Tout type d'études supérieures				0,723**	1,033***	1,008***
				(0,334)	(0,175)	(0,170)
Âge				0,0630**	0,0297**	0,0293*
				(0,0320)	(0,0138)	(0,0150)
Âge au carré				–0,000734*	–0,000355*	–0,000357*
				(0,000405)	(0,000183)	(0,000197)
Taille du ménage					–0,216***	–0,215***
					(0,0134)	(0,0132)
Taux de dépendance, tous les individus					–0,0385	–0,0445
					(0,0504)	(0,0507)
Secteur : industrie manufacturière						0,0112
						(0,0870)
Secteur : services						0,101
						(0,0854)
Constante	10,17***	10.07***	9,971***	8,533***	10,69***	10,65***
	(0,184)	(0,183)	(0,193)	(0,738)	(0,311)	(0,320)
R^2	0,0102	0,0435	0,0639	0,128	0,615	0,614
Observations	*915*	*915*	*915*	*902*	*902*	*873*

Source : Banque mondiale.
Remarque : écarts-types entre parenthèses. La base pour les différentes zones est le centre-ville de Jinja ; la base pour les migrants est la catégorie des non-migrants ; la base pour l'éducation est l'absence de scolarité ; la base pour le secteur est le secteur agricole. Les heures travaillées sont codées comme zéro pour les répondants non employés. Tous les modèles sont estimés selon la méthode des moindres carrés ordinaires.
* $p < 0,10$, ** $p < 0,05$, *** $p < 0,01$

Notes

1. Les données de l'enquête pour la Tunisie ont uniquement fait l'objet d'une analyse partielle, en raison des longs retards occasionnés par la COVID-19 (coronavirus) dans la collecte de données.
2. Les documents de référence et les rapports utilisés dans ce chapitre incluent les titres suivants : « Secondary Cities and Migration: The Case of Jinja » (« Villes secondaires et migration : le cas de Jinja ») (Banque mondiale, 2021a) ; « Secondary Cities and Migrants: The Tunisia Case » (« Villes secondaires et migrants : le cas de la Tunisie ») (Banque mondiale, 2021b) : et « Qualitative Research Study on Rural to Urban Labor Migrants in Jijiga » (« Étude de recherche qualitative sur les travailleurs migrants ruraux-urbains à Jijiga ») (Frontier, 2021).
3. L'Éthiopie comprend environ 100 zones. En raison des limites de données, il n'est pas possible de déterminer les flux migratoires au sein de ces zones. Les chiffres rapportés ici concernant les migrations sont donc sous-estimés.
4. Il existe également des migrations urbaines-urbaines en Éthiopie, correspondant aux personnes qui vont s'implanter dans une autre ville du pays pour raisons professionnelles. Ces migrants urbains ont tendance à disposer d'un niveau d'éducation très élevé (plus élevé que celui de la population urbaine locale) et sont davantage susceptibles d'occuper une fonction dans le secteur public (fonctionnaires mutés d'une ville à une autre).
5. En principe, les nouveaux arrivants dans des zones urbaines peuvent demander une carte d'identité de kébélé s'ils vivent dans leur nouveau kébélé depuis au moins six mois, s'ils peuvent faire état d'un garant et que leur propriétaire est disposé(e) à indiquer par écrit que le migrant en question réside dans l'un de ses biens immobiliers. En pratique, ces conditions sont souvent difficiles à remplir. Les migrants à revenu faible continuent de se déplacer en quête d'un travail et d'un logement abordable, ce qui les force à déménager fréquemment d'un kébélé à un autre, parfois au sein d'une même ville. Pour des raisons fiscales, les propriétaires préfèrent ne pas déclarer qu'ils louent des chambres. Pour délivrer une carte d'identité, certaines villes exigent un titre de propriété, une condition inatteignable pour les migrants ruraux, comme d'ailleurs pour la plupart de la population urbaine actuelle.
6. Selon l'enquête de 2018 sur l'emploi et le chômage urbain, le chômage à Jijiga est plus élevé chez les femmes que chez les hommes (20 points de pourcentage) (Agence centrale de la statistique du gouvernement éthiopien, 2018).
7. L'analyse de la population a été effectuée à l'aide des recensements de 2002 et 2014, en tenant compte des changements en matière de limites administratives. Ladoje, Randolph et Khan (2019) ont adopté une approche similaire, sans faire de distinction entre Kampala et les villes secondaires ; les deux résultats ne sont donc pas strictement comparables. Les auteurs estiment que 59 % de l'augmentation de la population urbaine découlent de changements apportés aux limites administratives, 31 %, de l'accroissement naturel et 10 %, des migrations.
8. La ville de Kampala correspond ici au district de Kampala et exclut de fait la région métropolitaine. Cette définition correspond à la classification de l'autorité de la ville de Kampala. La classification du bureau des statistiques de l'Ouganda a été utilisée pour toutes les autres zones urbaines.

9. Les 675 ménages figurant dans l'échantillon de la ville de Jinja comprennent 1629 adultes en âge de travailler, dont 29 % sont des migrants qui se sont implantés à Jinja au cours des 10 dernières années. Environ 28 % des personnes présentant un statut de migrant provenaient d'autres zones urbaines, tandis que 72 % se sont implantés à Jinja après avoir quitté une zone rurale. Dans la catégorie des non-migrants, 430 répondants en âge de travailler étaient des migrants qui s'étaient implantés à Jinja il y plus de 10 ans, leur valant ici la classification de non-migrants. Le nombre de personnes qui avaient quitté Jinja pour ensuite y revenir s'élevait à 338. Les 392 répondants restants étaient des adultes en âge de travailler qui n'avaient jamais quitté Jinja. Si l'échantillon avait pour objectif d'être représentatif de la population, il convient cependant de faire preuve de prudence dans l'interprétation des résultats relatifs aux sous-ensembles représentatifs de la population, tout particulièrement en ce qui concerne le caractère plus ou moins représentatif des sous-groupes démographiques au sein d'une zone géographique (la taille des échantillons constituant en effet une problématique importante dans la présente analyse).
10. Même s'il est possible que ces constats découlent simplement de la conception de l'échantillon et non de la dynamique démographique réelle à Jinja, les différences entre les migrants ont malgré tout leur utilité dans l'illustration des tendances en matière de logement.
11. La collecte des données s'étant déroulée pendant la pandémie liée à la COVID-19, il est possible que certains effets inhérents à la pandémie n'aient pas été enregistrés.
12. De nombreuses données empiriques existent sur l'impôt foncier. À titre de référence, Haas et Kopanyi (2017) proposent des exemples relatifs à la ville de Kampala.
13. Les délégations correspondent au deuxième rang administratif en Tunisie, après les gouvernorats. En 2014, on comptait 264 délégations. C'est l'unité géographique la plus petite utilisée dans cette étude pour analyser les migrations en utilisant des données de recensement. Un migrant est une personne qui a changé de délégation de résidence au cours de la période de référence (2009-2014), soit au sein d'un même gouvernorat, soit en déménageant d'un gouvernorat à un autre.
14. L'analyse ayant été effectué au niveau des délégations, une partie des migrants sont des migrants ruraux-ruraux.
15. Une demande peut être transmise aux auteurs pour obtenir les résultats des estimations.

Bibliographie

Andreasen, M. H., J. Agergaard, R. Kiunsi et A. Namangaya, 2017. « Urban Transformations, Migration and Residential Mobility Patterns in African Secondary Cities. » *Geografisk Tidsskrift—Danish Journal of Geography* 117 (2).

Angel, S., A. M. Blei, J. Parent, P. Lamson-Hall et N. Galarza Sánchez, 2016. *Atlas of Urban Expansion — édition de 2016 Edition, volume 1 : Areas and Densities.* New York : New York University, Nairobi : UN-Habitat et Cambridge, MA : Lincoln Institute of Land Policy.

Brinkhoff, T. 2021. *City Population.* http://www.citypopulation.de.

Cities Alliance. 2016. « Future Proofing Cities: Ghana—Metropolitan Cities. » Arup, London.

Combes, P. P., S. Démurger, S. Li et J. Wang, 2020. « Unequal Migration and Urbanisation Gains in China. » *Journal of Development Economics* 142 (novembre) : 102328. https://doi.org/10.1016/j.jdeveco.2019.01.009.

de Brauw, A., V. Mueller et T. Woldehanna, 2017. « Does Internal Migration Improve Overall Well-being in Ethiopia? » *Journal of African Economies* 27 3 : 347-65 doi:10.1093/jae/ejx026.

Dixon, Z., M. L. Bessaha et M. Post, 2018. « Beyond the Ballot: Immigrant Integration through Civic Engagement and Advocacy. » *Race and Social Problems*, vol. 10 : pp. 366-75. https://doi.org/10.1007/s12552-018-9237-1.

Duranton, G. et T. Venables. 2018. « Place-Based Policies for Development. » Document de travail n° 24 562, Bureau national de la recherche économique, Cambridge, É.-U.

Agence centrale de la statistique du gouvernement éthiopien. 1999. Enquête sur la population active éthiopienne. République démocratique fédérale d'Éthiopie.

Agence centrale de la statistique du gouvernement éthiopien. 2005. Enquête sur la population active éthiopienne. République démocratique fédérale d'Éthiopie.

Agence centrale de la statistique du gouvernement éthiopien. 2013. Enquête sur la population active éthiopienne. République démocratique fédérale d'Éthiopie.

Agence centrale de la statistique du gouvernement éthiopien. 2016. Enquête sur les dépenses de consommation des ménages. République démocratique fédérale d'Éthiopie.

Agence centrale de la statistique du gouvernement éthiopien. 2018. Enquête sur l'emploi et le chômage urbains République démocratique fédérale d'Éthiopie.

Frontier. 2021. Étude de recherche qualitative sur les travailleurs migrants ruraux-urbains à Jijiga. Document de référence non publié pour ce rapport.

Haas, A. R. N. et M. Kopanyi., 2017. « Taxation of Vacant Urban Land: From Theory to Practice. » Note de politique, International Growth Centre, Londres.

Hobson, Emma Wadie. 2019. « Secondary Cities: Engines of Job Creation in Uganda. » Inédit. Banque mondiale, Washington, DC.

Kayiira, D. 2019. « Uganda » Dans *Africa Housing Finance Yearbook 2019*, 255-68. Johannesburg : Centre for Affordable Housing Finance in Africa.

Marconcini, M., A. Metz-Marconcini, S. Üreyen, D. Palacios-Lopez, W. Hanke, F. Bachofer, J. Zeidler et coll., 2020. « Outlining Where Humans Live, the World Settlement Footprint 2015. » *Données scientifiques* 7 (1) : 1-14.

Mensah, E. et M. O'Sullivan. 2017. « Moving Out and Up: Panel Data Evidence on Migration and Poverty in Uganda. » Document de travail de recherche sur les politiques n° 8186, Groupe Banque mondiale, Washington.

Paris : OCDE. https://www.oecd.org/publications/africa-s-urbanisation-dynamics-2020-b6bccb81-en.htm. *Africa's Urbanisation Dynamics 2020: Africapolis, Mapping a New Urban Geography.* Paris : OCDE. https://www.oecd.org/publications/africa-s-urbanisation-dynamics-2020-b6bccb81-en.htm.

Schmidt, E., P. A. Dorosh, M. Kedir Jemal et J. Smart. 2018. « Ethiopia's Spatial and Structural Transformation: Public Policy and Drivers of Change. » Document de travail n° 119, International Food Policy Research Institute, Washington, DC.

Sladoje, M., G. Randolph et L. Khan. 2019. « Transforming Secondary Urban Areas for Job Creation: A Study of Uganda. » Rapport C-43447-UGA-1, International Growth Centre, Londres.

Organisation des Nations Unies. 2019. *World Urbanization Prospects: The 2018 Revision*. ST/ESA/SER.A/420. New York : Nations Unies, service des affaires sociales et économiques, division Population.

Banque mondiale. 2015a. « Ethiopia Urbanization Review: Urban Institutions for a Middle-Income Ethiopia. » Banque mondiale, Washington.

Banque mondiale, 2015b. « Why So Idle? Wages and Unemployment in a Crowded Labor Market. 5th Ethiopian Economic Update. » Banque mondiale, Washington.

Banque mondiale, 2016a. « The Role of Local Governments in Promoting Local Economic Development in Uganda. » Banque mondiale, Washington.

Banque mondiale, 2016b. « *Uganda Poverty Assessment: Farms, Cities and Good Fortune: Assessing Poverty Reduction in Uganda from 2006 to 2013* ». Région Afrique. Washington : Groupe Banque mondiale.

Banque mondiale. 2020. *Tackling the Demographic Challenge in Uganda*. Poverty and Equity Practice. Washington : Groupe Banque mondiale.

Banque mondiale, 2021a. « Secondary Cities and Migration: The Case of Jinja. » Document de référence non publié pour ce rapport. Banque mondiale, Washington.

Banque mondiale, 2021b. « Secondary Cities and Migrants: The Tunisia Case. » Document de référence non publié pour ce rapport. Banque mondiale, Washington.

Banque mondiale, 2021c. *Indicateurs du développement dans le monde, 2021*. Washington : Banque mondiale.

Chapitre 4

Le rôle du maire

Introduction

Ce chapitre analyse les politiques, les programmes et les outils susceptibles d'aider ou d'entraver les édiles locaux dans leur gestion des défis et leur volonté de tirer profit des opportunités procurées par les migrations, tout particulièrement dans les villes secondaires du continent africain. Il se concentre essentiellement sur ce que les maires et les gouvernements locaux peuvent envisager de façon réaliste, que ce soit par leurs propres moyens ou en partenariat avec d'autres acteurs, tout particulièrement dans le contexte de villes secondaires disposant de capacités de financement limitées, afin d'exploiter au mieux leur mandat politique ainsi que les ressources à leur disposition, mais aussi en vue d'influencer la politique nationale : c'est ce qu'on peut appeler la « part du maire ». Tout en se focalisant sur le rôle du maire, il faut reconnaître que de nombreuses initiatives susceptibles d'affecter directement les facteurs de migration relèvent souvent de la compétence des gouvernements nationaux. Dans le même temps, de multiples mesures peuvent être entreprises au niveau des gouvernements locaux afin de favoriser et mobiliser la migration à des fins de développement urbain, ce qui doit faire l'objet d'une préparation adéquate. Une gestion de la ville plus ou moins efficace peut faire toute la différence entre une intégration réussie des nouveaux arrivants dans la vie et l'économie d'une ville, ou, à l'inverse, une fragmentation de la ville sur les plans spatial, économique et social.

Trois perspectives générales ont été adoptées pour discuter des différents points d'entrée en matière de politiques et de programmes. Tout d'abord, l'accent est mis sur la gestion de l'expansion urbaine plutôt que sur la réduction des flux migratoires. Il est difficile, voire souvent contre-productif, de combattre les facteurs favorisant les migrations, tandis que les politiques visant à réduire les migrations rurales-urbaines portent souvent préjudice aux plus pauvres, indépendamment de leur statut migratoire (Tacoli, McGranahan et

John P. Driscoll, Soraya Goga et Barbara Summers

Satterthwaite, 2015), ainsi qu'aux migrants et à leurs familles[1]. D'autre part, comme cela a été souligné dans la section du chapitre 2 intitulée « Les marchés urbains à l'œuvre : une perspective dynamique », certaines données récentes tendent à indiquer que la densité urbaine conduit à des bénéfices sur le continent africain, et que cela se vérifierait également lorsqu'elle est alimentée par les migrations. C'est pourquoi le présent chapitre n'abordera pas la question des politiques migratoires, mais se concentrera plutôt sur les leviers dont disposent les villes afin de favoriser l'intégration des migrants et mieux en tirer profit. Deuxièmement, de nombreuses politiques locales et nationales nécessaires pour tirer profit de la migration dans l'intérêt de tous exigent une approche holistique englobant tous les aspects de la ville et bénéficiant aux migrants comme aux non-migrants. Troisièmement, les migrants constituent une population mobile, qui peut changer de lieu de résidence et de travail entre différentes villes, mais également entre différents quartiers d'une même ville. Une meilleure identification des lieux de résidence et de travail des migrants améliorera la communication auprès de la population de migrants, ainsi que leur intégration via la définition d'interventions adaptées au sein de ces espaces.

Ce chapitre s'organise de la manière qui suit. Tout d'abord, un bref aperçu des politiques nationales est proposé, mettant en évidence les domaines clés où les gouvernements locaux peuvent s'associer aux gouvernements nationaux et faire entendre leur voix afin d'influencer la définition de ces politiques. Il examine ensuite le rôle des gouvernements locaux, en montrant qu'une approche holistique peut permettre de renforcer l'intégration et d'assurer de meilleurs résultats pour tous. Enfin, il démontre que dans certains cas, des interventions ciblées sur les espaces où les migrants vivent et travaillent peuvent faciliter leur intégration tout en améliorant les niveaux de vie de l'ensemble des citadins. De nombreuses recommandations s'appliquent tout à la fois aux villes petites, moyennes et secondaires ainsi qu'aux grandes villes ; les différences seront mentionnées lorsque ce n'est pas le cas.

Le rôle des gouvernements nationaux

Afin de répondre aux opportunités et aux défis posés par la migration, ainsi que pour favoriser des pratiques incluses, il est nécessaire d'établir une approche de gouvernance transversale à même de réunir les gouvernements centraux, régionaux et municipaux. Des recommandations importantes peuvent être fournies par des programmes à long terme tels que les politiques urbaines nationales[2]. Les priorités thématiques des politiques urbaines nationales concernent le plus souvent le développement économique, l'éradication de la pauvreté, une offre adéquate d'infrastructures et de services, la réduction et la rénovation des établissements informels, la protection de l'environnement, ainsi que les liens urbains-ruraux et la sécurité alimentaire. Une meilleure identification des obstacles qui empêchent une intégration réussie des migrants au niveau municipal permettra d'établir des solutions politiques potentielles, pour que les politiques nationales puissent accompagner les gouvernements locaux et fournir un cadre précieux d'évaluation des politiques liées à la mobilité rurale-urbaine.

Les domaines où il serait bénéfique de renforcer les interactions entre le gouvernement central et les municipalités incluent notamment les points suivants (voir tableau 4A.1 pour plus de détails) :

- *Analyser les exigences d'enregistrement tant au niveau local que national* afin d'identifier les zones où des restrictions ont été établies en matière d'accès aux services, ainsi que les personnes disposant de l'autorité et de la compétence pour donner accès à ces services. En Éthiopie, par exemple, les migrants ont tout particulièrement mentionné le système d'enregistrement des résidents comme une difficulté à laquelle ils étaient confrontés pour accéder aux services publics ou aux programmes d'aide. L'obtention d'une carte d'identité de *kébélé* urbain constitue ainsi pour les migrants un processus long et compliqué.
- *Renforcer les compétences des gouvernements locaux en matière d'identification de leurs besoins* et de connaissance des critères d'accès aux financements nationaux peut leur permettre de bénéficier de fonds supplémentaires issus des programmes centraux à destination des gouvernements locaux, ou bien d'agences de développement internationales. Des compétences limitées constituent souvent une contrainte plus importante dans les villes secondaires que dans les capitales d'État, où se concentrent les compétences locales dans de nombreux pays.
- *Définir des approches pragmatiques et flexibles pour faciliter l'accès aux terres, aux infrastructures et aux services.* La définition de ces approches peut passer par une meilleure identification des moyens qui s'offrent à une municipalité à son propre niveau, en coordination avec les ministères et les agences aux niveaux régional et national, ou encore en lien avec les partenaires communautaires, le secteur privé, les organisations non gouvernementales, les universités et la communauté du développement.
- *Utiliser un système de données géolocalisées et des outils de mise en correspondance afin de mieux apparier l'offre et la demande*, et encourager la coopération entre municipalités voisines afin d'identifier les zones où des services et des installations tels que des centres de soin, des hôpitaux, ainsi que des écoles primaires et des établissements d'enseignement secondaire peuvent améliorer le niveau des services et l'accès à ceux-ci sur un périmètre regroupant différentes municipalités.

Les politiques démographiques constituent un autre domaine sur lequel les politiques nationales peuvent agir afin d'aider les gouvernements locaux à mieux gérer la pression urbaine. Les décideurs politiques considèrent souvent la migration comme génératrice d'une pression démographique excessive sur la capacité d'une municipalité à proposer des infrastructures urbaines de qualité, une gestion efficace de l'utilisation des terres, ainsi que des opportunités d'emploi, contribuant ainsi à la pauvreté urbaine. Ils sont en cela hautement influencés par la littérature plus ancienne associant migrations rurales-urbaines et chômage urbain (Awumbila, 2015 ; Bundervoet, 2018). Les recherches limitées portant sur les sources d'urbanisation dans les pays en développement – souvent utilisée comme synonyme de croissance urbaine dans les cercles politiques – a conduit à renforcer cette idée erronée selon laquelle les migrations rurales-urbaines seraient souvent le principal facteur de croissance rapide de la population urbaine. Des recherches récentes, cependant, ont révélé que dans les pays en développement, et tout particulièrement en Afrique, c'est l'accroissement naturel de la population qui en constitue le principal facteur (voir la section du chapitre 2 intitulée « La contribution déclinante des migrants à la croissance démographique urbaine »). Ces préjugés concernant les facteurs de croissance de la population urbaine ont contribué à la définition de politiques se concentrant sur un contrôle des migrations rurales-urbaines destiné à mieux gérer la pression démographique urbaine, plutôt que sur des politiques destinées à contrôler l'accroissement naturel urbain.

Le rôle des gouvernements locaux

Si l'existence de cadres politiques nationaux est cruciale, des mesures locales visant à favoriser l'inclusion des migrants sont également nécessaires (Serageldin, 2016). De nombreuses actions peuvent et doivent être réalisées au niveau des gouvernements locaux afin de tirer profit des migrations. Les bénéfices de ces actions peuvent être importants, notamment pour l'équilibre fiscal de la ville. Des estimations récentes portant sur la Chine indiquent que les migrants contribueraient à hauteur de 6 % à 15 % aux revenus locaux totaux (Sieg, Yoon et Zhang, 2020). Dans le même temps, l'absence de stratégies proactives visant à favoriser l'inclusion des migrants peut conduire à des conflits avec les intérêts existants relatifs aux terres, à l'économie formelle, aux finances et à la gouvernance, ce qui crée des tensions susceptibles d'aggraver les lignes de séparation ethniques et sociales, ainsi que d'affaiblir les contributions potentielles des migrants (Cartwright et coll., 2018).

Pour favoriser une inclusion efficace des migrants, il est nécessaire d'inscrire la migration dans les logiques de gestion et de planification des municipalités. Les responsables municipaux ne doivent pas considérer l'intégration des migrants dans leurs communes comme « une tâche supplémentaire à ajouter à la fin de toute une série de processus de planification, mais plutôt comme une opportunité à inscrire dans la trame des actions existantes » (Blaser Mapitsa et

Landau, 2019). Pour favoriser une intégration réussie, il est nécessaire de mieux anticiper la croissance urbaine, notamment lorsque celle-ci est provoquée par la migration. Cette intégration peut bénéficier tant aux migrants qu'aux non-migrants et permettre de créer des communautés prospères présentant une bonne cohésion sociale. L'intégration des problématiques liées aux migrants peut s'inscrire dans différents domaines d'action politique, notamment le budget, la participation des citoyens, la responsabilité et la perception des autorités locales. Cela doit par ailleurs être réalisé dans une perspective différenciée des besoins et de renforcement de la cohésion sociale, en se fondant autant que faire se peut sur des données et des éléments probants.

L'inclusion des migrants est une problématique présentant différentes facettes, qui exige la prise en compte de thématiques économiques, sociales et spatiales. Les aspects économiques de l'inclusion concernent la disponibilité des emplois, le niveau des salaires, ainsi que les opportunités d'avancement professionnel. L'économie locale et les opportunités ouvertes aux migrants, l'accès à l'éducation et aux formations, les liaisons avec le marché du travail, ainsi que l'accès au microfinancement et aux prêts non collatéraux, sont des facteurs susceptibles d'influencer ces aspects. Dans sa dimension sociale, l'exclusion se caractérise par des obstacles plus difficiles à éliminer. Ces obstacles peuvent se traduire par une attitude de négligence conduisant à une accumulation des retards, voire à une absence d'accès aux services publics (Serageldin, 2016), comme l'ont signalé certains migrants des villes étudiées. À Jijiga (Éthiopie), par exemple, la majorité des migrants sondés ont fait part de leur mécontentement concernant une offre de services insuffisante et ont déclaré ne pas se sentir bienvenus par l'administration du gouvernement local. À Jinja (Ouganda), un migrant faisait le constat que les « jeunes migrants sont pénalisés lorsqu'une opportunité d'emploi se présente, parce qu'ils appartiennent à des tribus différentes ». La ségrégation spatiale, quant à elle, résulte de l'agrégation de ménages à faibles revenus dans des quartiers informels ou à l'écart du reste de la ville. Entre autres problématiques, l'existence de réglementations restrictives et exclusives en matière d'utilisation des terres, de processus administratifs longs et onéreux en matière d'aménagement des terres, l'absence de dispositif de régularisation et d'attribution des terres, ainsi que les pratiques de corruption dans le cadre de la conversion des terres, ont conduit à des prix élevés du foncier ainsi qu'à des occupations informelles (Banque mondiale, 2015).

Face à cette situation, cinq domaines politiques sont détaillés pour permettre aux gouvernements locaux de mieux accompagner l'intégration des migrations, ce qui bénéficiera souvent à l'ensemble des citoyens, migrants ou non : (1) renforcer l'inclusion économique par la création d'emplois, (2) répondre aux inégalités hommes-femmes, (3) améliorer l'aménagement du territoire, (4) établir des bases de données adéquates et favoriser la décentralisation budgétaire, et (5) renforcer la participation des citoyens et les compétences des pouvoirs publics (voir le tableau 4A.2 pour plus de détails).

ENCADRÉ 4.1

Cadre d'évaluation de la réactivité des pouvoirs municipaux

Une intégration réussie des migrants exige une approche de la planification urbaine englobant différents paramètres. Les questions ci-dessous fournissent un cadre directeur permettant d'identifier les insuffisances, sur le plan de politiques et de données, susceptibles de générer des obstacles à l'intégration.

- *Budgétisation.* Les systèmes de budgétisation prennent-ils en compte les changements démographiques ? Intègrent-ils des éléments de planification prospective ? Prennent-ils comme point de départ la collaboration et la planification sur différents emplacements ?
- *Participation.* Le point de vue des migrants est-il inclus dans les dispositifs technocratiques établis pour répondre aux besoins des non-migrants ?
- *Responsabilité.* Est-il inscrit dans les processus politiques que les autorités doivent apporter des réponses aux problèmes soulevés par les migrants, même si ces derniers ne font en général pas partie de l'électorat ?
- *Perceptions.* Les responsables se sentent-ils responsables du sort des populations migrantes ? Qu'est-ce que cela implique pour eux ?
- *Cohésion sociale.* Dans quelle mesure les responsables répondent-ils aux défis uniques liés à l'existence de communautés présentant des besoins différents ?
- *Collecte de données et systèmes de gestion.* Ces systèmes intègrent-ils les questions de mobilité ? Leur qualité et leur granularité sont-elles suffisantes ? Sont-ils facilement accessibles aux responsables ?

Source : adapté à partir de Blaser Mapitsa et Landau, 2019.

Création d'emplois

Les villes secondaires sont souvent confrontées à une demande de main-d'œuvre limitée ; pour améliorer cette situation, il est nécessaire d'établir un environnement des affaires plus favorable, ainsi que des infrastructures pour l'accompagner. Comme le révèlent les études de cas sur les villes (chapitre 3), l'existence de taux de chômage élevés constitue un défi récurrent. Une première étape importante pour dynamiser le développement de l'économie locale et la création d'emplois peut consister à associer investissements dans les infrastructures et améliorations sur le plan de l'environnement des affaires. Ces investissements peuvent attirer de nouvelles entreprises et permettre aux entreprises existantes (formelles ou informelles) d'améliorer leurs revenus et de recruter davantage de travailleurs, ce qui aura pour effet d'augmenter les opportunités pour l'ensemble des travailleurs urbains, qu'ils soient migrants ou non. Sur ce plan, les entreprises grandes et petites des secteurs formel et informel ont un rôle important à jouer, et devraient continuer à coexister pendant une certaine durée, dans la mesure où elles proposent souvent des services à différents types de clients demandant différents types de produits, de qualité et de commodité variables (encadré 4.2). Un grand nombre d'emplois étant encore de nature informelle et s'inscrivant dans des entreprises familiales ne comportant que peu d'employés, voire aucun, l'amélioration de la productivité via des programmes

ENCADRÉ 4.2

Différentes entreprises pour différents marchés

L'existence de frais de transaction élevés ainsi que l'hétérogénéité de la demande des consommateurs explique en partie les rythmes variables auxquels les grandes entreprises de transformation s'emparent des marchés, et pourquoi ils coexistent souvent avec de petites et moyennes entreprises (PME). À mesure que les pays se développent, les secteurs d'activités évoluent : constitués d'entreprises traditionnelles au départ, ils se composent ensuite d'une combinaison entre petites et grandes entreprises. Cette évolution s'applique également au secteur agroalimentaire, qui concentre au moins un tiers des emplois dans les villes petites, moyennes et secondaires du continent africain (Nico et Christiaensen, 2023).

Lorsque les frais de transaction sont peu élevés, les grandes entreprises modernisées peuvent tirer profit des économies d'échelle et de périmètre, et produire toute une gamme de produits à moindre coût par rapport aux entreprises traditionnelles. Lorsque les frais de transaction sont élevés, en revanche, et que le prix et la fiabilité de l'approvisionnement en intrants intermédiaires (récoltes ou produits) augmentent, les PME disposent souvent d'un avantage comparatif sur les entreprises plus grandes. Ces dernières ont besoin d'un approvisionnement de qualité et en quantités suffisantes pour pleinement tirer profit de leurs capacités ; cela est en effet nécessaire pour réaliser les économies d'échelle et de périmètre leur assurant un avantage concurrentiel. Les PME peuvent également être avantagées sur le plan de la production de produits traditionnels peu onéreux et fortement spécifiques à leur emplacement géographique ; sur le plan des coûts et de l'innovation de produits ; ou encore, sur le plan de l'ajout de services supplémentaires tels que la livraison (AGRA, 2019).

En outre, à mesure que les revenus augmentent, les marchés de consommation se diversifient, différents consommateurs et différents marchés exigeant différents niveaux de qualité et de commodité. En fonction de leur taille, les différentes catégories d'entreprises répondent souvent aux besoins de différents marchés, chacune présentant des niveaux spécifiques d'avantages comparatifs et de productivité du travail. Ces dynamiques sont particulièrement apparentes dans le cas des entreprises de fabrication d'*injeras*[a] dans les villes éthiopiennes : les petits producteurs vendent surtout directement aux consommateurs, tandis que la clientèle des producteurs de taille moyenne ou grande est essentiellement constituée de restaurants.

Source : AGRA, 2019 ; Minten et coll., 2016.

a. L'injera est une galette à base de teff populaire en Éthiopie.

ciblés demeure également une étape intermédiaire importante, notamment en matière d'inclusion économique (Beegle et Bundervoet, 2019). Les entreprises familiales facilitent par ailleurs l'entrée des migrants sur le marché du travail, compte tenu des coûts d'entrée et de sortie peu élevés. Dans certains contextes structurels, celles-ci peuvent même constituer une solution optimale (Davis, Hsu et Van Vuren, 2023). De manière générale, c'est la meilleure qualité organisationnelle (à ne pas confondre avec la formalisation) qui importe pour faire augmenter la productivité des entreprises et créer des emplois plus nombreux et de meilleure qualité[3].

Ensuite, dans les villes secondaires situées dans des zones moins développées, une meilleure compréhension des avantages absolus locaux peut aider à identifier les domaines et les secteurs où les investissements et les efforts gouvernementaux sont susceptibles de générer des rendements plus élevés. Des recherches suggèrent que, plutôt que de se concentrer sur l'obtention d'avantages comparatifs par l'intermédiaire d'incitations fiscales peu viables ou de politiques de distorsion du marché, se concentrer sur l'exploitation des avantages absolus dans les régions qui accusent un retard de développement peut favoriser le développement économique local (Duranton et Venables, 2018). Afin de tirer profit des avantages absolus, il convient de se concentrer sur les atouts et les avantages locaux spécifiques aux secteurs actifs au moment présent dans la ville, et d'identifier les distorsions et les points de blocage ayant limité leur croissance. Lever ces contraintes peut fortement contribuer au développement économique local. Dans les villes petites, moyennes et secondaires, les avantages absolus s'articulent souvent autour des activités primaires et des biens et services échangeables, tels que l'agriculture, les industries extractives ou le tourisme (patrimoine culturel, parcs naturels), soit des secteurs d'activités dits « sans cheminées d'usine » (Newfarmer, Page et Tarp, 2018).

Troisièmement, cette focalisation sur la création d'emplois et les avantages absolus peut être complétée par des interventions dans des domaines où la proportion de migrants est particulièrement élevée. Une bonne identification des compétences requises par des secteurs porteurs, ainsi que des compétences proposées par les migrants, pourra par exemple mettre en lumière des besoins en matière de programmes de formation ciblés pour les migrants. Bien qu'il ait été suggéré dans les chapitres précédents que les migrants urbains-urbains sont souvent plus instruits et présentent de meilleurs résultats sur le marché du travail que les non-migrants, les migrants ruraux-urbains peuvent faire l'objet d'une attention spéciale par le biais de programmes qui contribueront à améliorer leurs compétences, et ainsi à faciliter leur insertion dans les marchés du travail urbains. Bien que ces programmes puissent cibler une amélioration des compétences des migrants ruraux-urbains, il peut être avantageux de les proposer à la population urbaine tout entière, dans la mesure où d'autres groupes de non-migrants vulnérables pourront également bénéficier de ces interventions.

Parmi les autres interventions municipales envisageables, comme cela sera détaillé plus loin dans ce chapitre, on peut citer l'amélioration de l'accès aux financements pour les petites entreprises, la constitution de groupes d'épargne, ainsi que la création d'opportunités de développement des compétences (voir tableaux 4A.3 - 4A.6). L'association de mesures destinées à favoriser la création d'emplois par le biais d'un environnement des affaires favorable et à renforcer les infrastructures, les avantages absolus et les interventions ciblées peut permettre aux maires de miser sur les densités de population de leurs villes (notamment celles faisant suite à des migrations) pour enclencher une dynamique positive d'effets d'agglomération, comme l'indiquent les données récentes de la section intitulée « Les marchés urbains à l'œuvre : une perspective dynamique » dans le chapitre 2.

Adopter une approche genrée

Une attention globale portée à l'inclusion des femmes et des autres groupes vulnérables est susceptible de bénéficier aux migrants comme aux non-migrants. Dans les chapitres précédents, les témoignages issus des études de cas sur les villes révèlent les difficultés auxquelles sont confrontées les femmes migrantes sur le plan de la discrimination et du harcèlement. Les entretiens menés avec des femmes migrantes de Jendouba et de Kairouan tendent à suggérer que les usines préfèrent recruter des femmes célibataires n'ayant aucune personne à charge. Par ailleurs, le harcèlement sexuel des femmes dans le secteur agricole est un problème endémique, alors que les femmes qui travaillent en usine subissent des violences verbales et des situations de harcèlement de la part de leurs employeurs, voire de leurs collègues masculins. Afin de réduire les discriminations faites aux femmes, aux migrants ou à d'autres groupes vulnérables, les villes peuvent renforcer la qualité de leurs systèmes de protection sociale en coordination avec les gouvernements nationaux. L'investissement dans des dispositifs destinés à mieux sensibiliser à différentes formes de discrimination et de violence, en collaboration avec la société civile, peut permettre de lutter contre les discriminations de manière générale et de briser les tabous, notamment afin de réduire les cas d'harcèlement sexuel sur le lieu de travail. Des campagnes d'information et d'éducation définissant clairement les responsabilités des employeurs peuvent permettre de lutter contre les discriminations et de protéger à la fois les travailleuses migrantes et non-migrantes.

Un meilleur aménagement spatial

Compte tenu de la diversité des espaces résidentiels et économiques traversés par les migrants dans le cadre de leur trajectoire pour s'intégrer dans le tissu urbain, des stratégies ciblant des quartiers spécifiques peuvent être nécessaires afin de répondre efficacement aux besoins des migrants. La capacité à aider les migrants à surmonter les obstacles et les difficultés qui se dressent devant eux peut être cruciale pour qu'ils puissent s'intégrer rapidement et efficacement dans l'économie et dans les espaces de travail de la municipalité. En outre, en se concentrant sur les espaces où les migrants vivent et travaillent, les pouvoirs publics locaux pourront établir des politiques et des programmes d'intervention destinés à améliorer les conditions et les opportunités pour l'ensemble des migrants et des non-migrants, tout en se focalisant davantage sur les migrants. Le capital social des migrants influe sur leur destination, ce qui souligne l'importance de la dimension spatiale en tant qu'élément essentiel de l'inclusion sociale.

La dimension spatiale ou physique de l'inclusion englobe l'accès aux infrastructures, les services publics de base, l'amélioration du réseau routier, le logement et le foncier (Serageldin, 2016). Elle englobe également la planification spatiale des activités économiques, dont le but est de faciliter l'accès à l'emploi. De manière générale, dans leurs procédures de planification spatiale et d'aménagement du territoire, les gouvernements locaux d'Afrique sont confrontés à des difficultés dues à des plans et des stratégies de planification obsolètes, à des contraintes réglementaires, ainsi qu'à un manque de capital humain et de capacités de mise en œuvre. À Jinja, en Ouganda, bien que la planification spatiale soit inscrite dans la mission du gouvernement local, les capacités sont limitées tant au niveau du district que de la municipalité. Selon un employé appartenant au département des ressources naturelles dans le gouvernement local du district de Jinja, seuls trois planificateurs opèrent au niveau de la ville, et trois autres au niveau du district. Des actions à plus long terme ont été initiées afin d'améliorer l'efficacité de la planification et y inclure les problématiques sociales, économiques et environnementales. À mesure que la planification spatiale devient plus inclusive, plus stratégique et plus intégrée, des opportunités peuvent apparaître afin d'optimiser les stratégies favorisant l'intégration des migrants.

Les politiques visant à améliorer l'accessibilité des logements et des terres, ainsi qu'à renforcer la mobilité à l'intérieur de la ville, peuvent nettement favoriser l'intégration des migrants dans l'économie et le tissu urbains. Les analyses établies dans les précédents chapitres ainsi que les entretiens réalisés auprès de migrants révèlent que l'accès au logement et à la propriété représente l'un des principaux défis auxquels sont confrontés les individus lorsqu'ils migrent vers des grandes villes. En raison d'un accès limité à des logements abordables, les migrants ont souvent pour seule option de s'établir dans des communautés informelles, caractérisées par un accès restreint aux services de base et aux opportunités d'emploi, ou bien dans des centres-villes surpeuplés, à proximité des emplois.

L'adoption de bonnes pratiques afin de mieux relier la planification urbaine et les plans d'amélioration du capital physique peut permettre d'intégrer interventions municipales et logiques d'aménagement spatial. Des plans d'aménagement moins complexes, prenant en compte les conditions et les dynamiques du moment, peuvent être utilisés afin d'adapter l'offre de services et répondre à la demande présente et future. Des mesures visant à améliorer les droits de propriété, le régime foncier, ainsi que d'autres instruments destinés à faciliter les rouages du marché foncier, peuvent contribuer à améliorer la disponibilité de terres bien desservies afin de les aménager, augmentant ainsi l'offre de logements. Par ailleurs, la résolution des problèmes de fragmentation spatiale et organisationnelle des petites entreprises, ainsi que l'amélioration de l'accès aux infrastructures et la qualité de celles-ci, peut accroître les opportunités d'emploi susceptibles de bénéficier aux migrants. Les gouvernements locaux doivent créer des liens entre les plans d'aménagement locaux et les financements d'aide au développement économique à destination des investissements locaux, et rendre ces liens opérationnels.

Se fonder sur des données et des budgets adéquats

Toute lacune en matière de gestion des données et de l'information peut sérieusement entraver l'élaboration, la mise en œuvre et le suivi des politiques et des programmes visant à répondre aux besoins des migrants et de la société dans son ensemble. Ces insuffisances peuvent également nuire à l'efficacité de la planification de la croissance urbaine. À Jijiga (Éthiopie), par exemple, les autorités locales ont clairement évoqué la nécessité de disposer de données de meilleure qualité concernant le volume et la composition des flux migratoires. Les informations relatives à la disponibilité et à l'utilisation des terres peuvent représenter une étape importante dans la constitution d'ensembles de données cadastrales qui pourront permettre de mieux planifier et de mieux gérer la croissance urbaine. L'absence de système adéquat de gestion des données et de l'information entrave davantage encore l'instauration d'échanges éclairés entre décideurs politiques, administrateurs, chercheurs et grand public concernant les migrations de main-d'œuvre, les expériences des migrants et les défis auxquels ils sont confrontés, les impacts positifs et négatifs de la migration de main-d'œuvre, ainsi que les potentielles orientations et interventions politiques.

Les municipalités doivent établir des procédures innovantes de collecte de données démographique et spatiales, et les mettre à jour fréquemment. Pour combler ces insuffisances en matière d'information, les gouvernements locaux peuvent établir des partenariats avec des organisations communautaires (OC), des organisations non gouvernementales (ONG) et des associations de défense d'intérêts collectifs ; des universités ; ainsi que des partenaires du développement. Les organisations de la société civile constituent également des acteurs importants pour s'assurer que la voix des groupes sous-représentés sera bien entendue, afin que personne ne reste sur le carreau (CGLU, 2019). Par exemple, les ensembles de données détaillés constitués par la jeune équipe de Chicoco Maps à Port Harcourt (Nigeria), témoignent d'une approche méthodologique réussie ainsi que de stratégies efficaces de collecte et de partage des données participatives auprès des établissements informels. Il est possible d'utiliser les ressources des syndicats et des groupes d'entreprises, particulièrement dans les secteurs informels, dans la mesure où ces organisations collectent déjà des informations sur leurs membres ou leurs utilisateurs. Enfin, bien qu'il soit important de rechercher de nouvelles sources de données, un changement durable est également nécessaire au niveau des outils et des processus existants, afin d'y intégrer pleinement les problématiques relatives au statut des migrants.

Sans les ressources nécessaires à l'accomplissement de leur mission, les villes ne seront pas en mesure de répondre à l'évolution des besoins des migrants, quelle que soit l'origine de ces derniers. Dans le cas de l'Afrique, les niveaux de décentralisation des gouvernements locaux sont faibles, de même que leurs fonds propres, ce qui a conduit à un consensus concernant le niveau médiocre de la décentralisation fiscale des pays d'Afrique subsaharienne (Paulais, 2012). En Éthiopie, par exemple, les transferts intergouvernementaux se fondent sur une formule utilisant comme principal paramètre la taille de la population. En tant que groupe mobile et non enregistré, les migrants sont sous-représentés dans les statistiques officielles et ne sont donc pas pris en compte dans l'élaboration des budgets ou dans la planification de la prestation de services. Ces contraintes sont particulièrement pesantes pour des municipalités telles Jendouba et Kairouan, en Tunisie, dont la superficie a été élargie en 2014. À Jendouba, le territoire de la municipalité a été multiplié par cinq, intégrant dans la ville des zones auparavant rurales et dépourvues d'infrastructures de base. L'annexion de nouvelles zones à desservir à l'intérieur des frontières municipales, en l'absence de ressources budgétaires suffisantes, a créé une charge supplémentaire pour les municipalités. Compte tenu de la difficulté à augmenter les revenus des gouvernements locaux via l'imposition locale, les transferts des gouvernements centraux demeurent des éléments cruciaux dans le budget.

Dans la majorité des pays d'Afrique, les subventions accordées par les gouvernements centraux ont tendance à constituer l'immense majorité des sources de revenus infranationales. La part des transferts du gouvernement central dans les revenus des gouvernements locaux atteint au moins 85 % en Éthiopie, au Kenya, au Rwanda, en Tanzanie et en Ouganda. Les transferts intergouvernementaux interviennent dans le cadre de subventions conditionnelles, inconditionnelles ou de péréquation[4], les quantités étant déterminées de différentes façons. Le manque de transparence et de prévisibilité rend difficile la planification et l'exécution des projets pour les gouvernements locaux (CGLU, 2019). En outre, l'assistance du gouvernement central favorise par nature les secteurs verticaux, tels que la santé et l'éducation, et favorise des mises en œuvre sectorielles entreprises à l'échelon national (via des ministères), au détriment d'approches plus territoriales (Paulais, 2012). Or, les approches sectorielles s'interrogent rarement sur les zones où vivent les migrant et où ils génèrent une demande de services.

Entreprendre des réformes fiscales de façon à augmenter les sources de revenus locales est un processus qui exige un engagement à long terme des gouvernements locaux et centraux. Dans le cadre de ces réformes à plus long terme, le défi pour les gouvernements locaux consiste à mettre en place des procédures pratiques et efficaces afin d'établir des politiques et proposer des services qui auront un impact direct ou indirect sur l'intégration des migrants. Le renforcement des outils et des données visant à mieux gérer les terres peut constituer une première étape dans la création de cadastres à usages multiples, qui permettront de prendre des mesures liées à la collecte des taxe foncières – une ressource importante pour les gouvernements locaux. Par ailleurs, afin de résoudre les problèmes liés à des capacités fiscales insuffisantes, les gouvernements locaux peuvent réfléchir à la possibilité de mobiliser les financements des partenariats public-privé dans le cadre de programmes d'investissements ciblés et plus réduits, qui bénéficieront aux migrants. Parmi les potentiels cas d'application, on peut citer les partenariats public-privé pour les marchés, les stations de bus, le revêtement routier, des points de transit intégrant des activités commerciales, ainsi que le financement d'infrastructures de distribution de services aux communautés, notamment des micro-réseaux, des installations sanitaires et des réseaux de distribution d'eau. Les personnes propriétaires peuvent également contribuer à ces programmes ; il existe de nombreux exemples de partage des coûts organisés par les migrants et les non-migrants au niveau de la rue ou du voisinage.

Voix des migrants et capacités municipales

Faciliter la participation au processus de définition des politiques constitue souvent un moyen efficace pour veiller à ce que les points de vue et les préoccupations des différentes parties prenantes soient entendues et prises en compte, ainsi que pour renforcer la cohésion sociale (Lee et coll., 2022). Les documents relatifs à la planification municipale et à la budgétisation font le plus souvent écho aux besoins des migrants, des non-migrants et des entreprises pouvant accéder aux forums consultatifs. Bien souvent, cependant, les migrants sont exclus de facto de la participation populaire ainsi que des processus de planification. Par exemple, à Jinja (Ouganda), les décisions en matière de planification et de budgétisation doivent être prises selon une approche ascendante au niveau du village, du quartier et de la division, pour ainsi renseigner la planification du développement au niveau du conseil municipal, puis du conseil de district. De nombreux migrants ou non-migrants ne sont pas au courant de ces réunions et n'y participent pas. Des stratégies inclusives peuvent également contribuer à entretenir des échanges constructifs. Par exemple, à Kairouan (Tunisie), comme de nombreux migrants et non-migrants avaient du mal à régler leurs factures d'électricité, les police a procédé à des coupures d'électricité, ce qui a généré du mécontentement et a nui aux relations entre les autorités locales et les communautés. Il est nécessaire de créer des outils de communication efficaces et des mécanismes intégrés de retour d'informations, dans le cadre d'une approche sensible aux valeurs culturelles et prenant explicitement en compte l'accès à l'information des groupes marginalisés. Compte tenu de leurs insuffisances sur le plan des données et des ressources, les gouvernements locaux peuvent travailler avec des partenaires stratégiques pour améliorer la participation des migrations ainsi que la sensibilisation des communautés à l'existence de ces programmes.

L'intégration des problématiques de migration et leur accompagnement dans les départements des gouvernements locaux peuvent se faire via des formations, un partage des connaissances, ainsi que des groupes de travail se focalisant sur les solutions à apporter. Les programmes de formation et de sensibilisation doivent correspondre aux réalités changeantes des villes africaines, ainsi que les types d'espaces et d'emplacement où les migrants bien établis ou récemment arrivés s'établissent et travaillent, afin de contrer les préjugés et les idées reçues liés à la migration. Par exemple, conformément à des recherches antérieures sur les migrations internes en Éthiopie, les autorités municipales de Jijiga ont essentiellement mis l'accent sur les défis que présentent la migration, plutôt que d'en relever les bénéfices. Parmi les défis qu'elles ont évoqués, citons l'augmentation du taux de chômage et la concurrence pour les emplois rares entre migrants et résidents plus anciens, l'expansion des quartiers informels et du commerce illégal, la flambée des prix des loyers et les menaces à la sécurité telles que les vols et les cambriolages.

Le partage des connaissances constitue un autre moyen de davantage sensibiliser les responsables aux défis et aux solutions les plus fréquents au sein d'une même municipalité, ainsi qu'entre différentes municipalités et différents niveaux de gouvernance. En raison de l'impact important du COVID-19 (coronavirus), les villes secondaires bénéficieraient de cette approche, afin de travailler efficacement sur différentes agences sectorielles et différentes associations non-gouvernementales engagées dans des actions auprès des migrants et d'autres groupes vulnérables (Cities Alliance, 2021). En outre, afin de promouvoir des changements systémiques plus généraux, renforcer les capacités décisionnelles des principaux responsables politiques peut permettre d'harmoniser et de coordonner les politiques, les programmes et les projets des ministères et des agences en matière de stratégies de migration.

Enfin, aux niveaux locaux et régionaux, des groupes de travail dédiés aux questions ou aux projets affectant les migrants peuvent contribuer à éliminer les obstacles bureaucratiques à la coopération et répondre aux besoins de planification transversaux, tels que les corridors de transport ou d'infrastructures et les établissements périphériques. Les gouvernements locaux peuvent établir des partenariats avec les OC et les ONG afin de fournir des formations professionnelles et un accès aux microcrédits, afin de mobiliser les ressources existantes et augmenter la responsabilisation, la transparence et la durabilité des programmes publics dans les communautés locales.

Se concentrer sur les migrants via l'aménagement du territoire

Si une meilleure planification de la croissance urbaine constitue le meilleur moyen d'améliorer l'intégration des migrants dans les villes, dans certains cas, cependant, des actions ciblées peuvent être nécessaires. Comme cela a été évoqué plus haut, une planification proactive ainsi qu'une disponibilité générale des services constituent le meilleur outil dont les gouvernements locaux disposent pour répondre aux défis posés par la croissance des populations et exploiter au mieux les opportunités offertes par les flux migratoires. Cependant, lorsque les divisions entre les non-migrants et les migrants sont profondes, que ce soit pour des raisons historiques, culturelles ou linguistiques, des actions ciblant des espaces spécifiques peuvent être requises. Lorsque cela est nécessaire, il peut être utile de se concentrer sur les espaces où vivent et travaillent les migrants, afin d'améliorer les conditions et les opportunités pour tous les citoyens, migrants et non-migrants confondus. Une approche holistique est nécessaire pour veiller à ce que les améliorations puissent répondre aux besoins des plus vulnérables - comme les migrants - et ne créent pas de barrières supplémentaires qui les sépareraient du reste de la ville, mais facilitent leur intégration, par exemple en créant des espaces où migrants et non-migrants pourront partager les mêmes activités, notamment en matière de sport, d'éducation ou de commerce.

Dans la majorité des villes, on peut identifier des tendances d'établissement s'inscrivant dans une évolution spatiale similaire à toutes les aires urbaines. Ces typologies peuvent contribuer à définir des politiques et des stratégies d'intervention potentielles qui favoriseront de façon proactive l'intégration des migrants dans l'économie et dans le tissu social des municipalités. Un tel cadre n'a pas pour but d'établir des généralités quant à la morphologie des villes africaines, mais plutôt de faire office de point de départ pour mieux identifier les domaines d'interventions potentiels, ainsi que les modalités de celles-ci. Il pourrait être utile, pour les municipalités, d'établir des typologies d'établissement représentatifs des dynamiques de croissance urbaine, des conditions de vie, ainsi que des quartiers où vivent et travaillent les migrants. La section suivante présente certains exemples d'interventions pouvant être mises en œuvre en fonction des typologies d'emplacements où vivent et travaillent les migrants.

Lieux de résidence des migrants

La qualité des logements ainsi que leur coût déterminent les choix des migrants en matière d'emplacement ; ces facteurs ont un impact à long terme sur la viabilité de leur établissement ainsi que sur leur accès aux opportunités (voir tableau 4A.7). Cette focalisation spatiale s'appuie sur les recherches plus anciennes menées par Beauchemin et Bocquier (2004) concernant les dynamiques de migration dans différentes villes d'Afrique de l'Ouest au cours des années 1980 et 1990. Les auteurs en concluaient que les trajectoires des migrants sont plus complexes que ce qui avait été projeté initialement, les migrants s'établissant souvent dans des zones proches du centre, où ils pourront être hébergés par des amis ou de la famille, voire louer un logement, avant d'aller s'établir dans les banlieues de la ville, où il peut être possible pour eux d'acheter des parcelles de terrain, bien que ces terres soient souvent accessibles uniquement via les marchés informels et qu'elles soient déconnectées des réseaux de services.

De même, une étude portant sur des familles migrantes à Arusha (Tanzanie), a révélé que les migrants, à l'instar des non-migrants nés en ville, ont souvent tendance à naviguer d'un lieu à un autre dans les quartiers du centre de la ville, soit en vivant chez des parents, soit en louant un logement. Ils sont nombreux à finir par déménager après quelques années, et par acquérir une propriété où établir leur famille. Les auteurs identifient trois types d'établissements où les migrants résident à Arusha : les quartiers densément peuplés du centre-ville ; les zones périphériques rattachées à la ville ; et les nouveaux établissements périphériques en plein développement (Andreasen et coll., 2017). Des dynamiques similaires ont été observées dans les villes étudiées.

Les zones du centre ville densément bâties sont attractives pour les migrants car elles proposent tout un éventail d'options de location à bas à prix, ainsi qu'un accès relativement satisfaisant à des opportunités génératrices de revenus (voir tableau 4A.8). Bien que ces quartiers soient surpeuplés, la valeur du foncier y est élevée, ce qui reflète l'emplacement et la potentielle génération de revenus associés à la location ou aux activités informelles. Pour les zones où les revenus sont plus faibles, la nature non réglementée du marché de la location privée (tout particulièrement des sous-locations) contribue à augmenter la densité de population et la densité de logements dans les quartiers du centre, accentuant les pressions sur l'environnement local. Il est fréquent que les propriétaires s'intéressent davantage au nombre de chambres qu'ils arriveront à louer plutôt qu'à la qualité de celles-ci. Ces quartiers sont souvent plus anciens, plus densément peuplés et présentent des infrastructures limitées ou peu adaptées. Cependant, par rapport aux zones péri-urbaines ou périphériques de la ville, les établissements situés dans l'enceinte même de la ville bénéficient souvent d'une meilleure offre de services. Ce type de tendances d'établissement des migrants a par exemple été observé chez les migrants ruraux-urbains de Jinja, en Ouganda. Les migrants y sont davantage susceptibles de vivre dans le centre-ville que les non-migrants, et moins dans les banlieues. Ils paient leur loyer moins cher (–27 %) et occupent des logements plus abordables situés dans des établissements informels du centre-ville.

À un moment ou un autre de sa trajectoire dans la ville, un migrant peut être amené à vivre dans ce qu'on peut appeler une zone périphérique consolidée (voir tableau 4A.9). Ces communautés, qui se situaient dans des zones limitrophes à la ville, ont fusionné avec le tissu urbain ; elles peuvent également inclure des villages qui ont été incorporés à la ville. Par ailleurs, ces communautés peuvent rejoindre le centre-ville relativement facilement via différentes options de transit. À mesure que ces espaces périphériques sont intégrés au territoire urbain, les propriétaires qui occupaient leur propriété foncière peuvent devenir des bailleurs du fait d'un marché locatif en pleine croissance. Ces communautés peuvent se composer d'une combinaison entre propriétaires anciens et locataires récents (ces derniers étant souvent des migrants). Par rapport aux quartiers densément peuplés du centre-ville, le parc locatif peut être constitué de logements plus spacieux et de meilleure qualité, tout en permettant de travailler dans le centre-ville. Ces quartiers auparavant périphériques présentent différents niveaux d'aménagement physique ; en fonction de l'expansion des infrastructures urbaines, ils peuvent bénéficier de certains services. L'établissement des migrants dans les quartiers déjà consolidés de zones périphériques a pu être observé à Jendouba (Tunisie). Les migrants qui sont arrivés à Jendouba après 2011 ont acheté à bas prix de petites parcelles de terrains non bâtis appartenant à des particuliers afin d'y construire leur maison ; n'étant pas planifiée, cette fragmentation du foncier a cependant conduit à un manque de services publics. Ces communautés peuvent rejoindre le centre ville relativement facilement via différentes options de transit. En revanche, les groupes analysés à Kairouan, en Tunisie, suggèrent que les migrants de cette ville ont tendance à louer des logements dans des quartiers centraux plus consolidés et relativement mieux équipés. La location constitue une option de transition pour les migrants lorsqu'ils s'établissent dans la ville et mettent de l'argent de côté pour faire l'acquisition d'un logement dans les quartiers en pleine expansion situés en périphérie, où le foncier et les logements sont plus abordables.

La recherche par les migrants de loyers ou de terrains moins onéreux se fait souvent en dehors des quartiers du centre-ville, dans des établissements périphériques en plein développement (voir tableau 4A.10). En dépit de leur faible densité de population, ces zones connaissent une croissance très rapide et généralement non planifiée. Elles sont souvent habitées par des migrants plus anciens, des non-migrants, ainsi que de nouveaux arrivants. Les familles ont tendance à quitter les quartiers du centre-ville dans le cadre d'un processus d'accès à la propriété. Plus migrants sont implantés depuis longtemps, plus ils ont tendance à déménager en périphérie, où les logements coûtent moins chers et où le taux d'accès à la propriété est par conséquent plus élevé. À Jinja (Ouganda), par exemple, seuls 10 % des migrants arrivés dans la ville il y a trois ans ou moins possèdent un logement, contre 22 % de ceux arrivés il y a trois à dix ans et 46 % de ceux arrivés il y a plus de dix ans. L'acquisition de terres abordables et non aménagées en périphérie de la ville permet aux futurs propriétaires d'y bâtir leur propre maison progressivement, sur une durée de plusieurs années. Du fait de ce processus d'auto-construction, ces établissements ne sont souvent pas officiellement reliés aux réseaux de distribution d'eau ou d'électricité. Une grande partie des infrastructures, telles que les latrines à fosse ou les latrines à trou foré, sont installées par les familles à titre individuel ou partagées avec d'autres membres de la communauté, les actions coordonnées à l'échelle de la communauté étant rares, sauf lorsque le quartier absorbe des établissements ruraux existants. Au sein de ces communautés, la majorité des migrants disposent encore d'un emploi local ou effectuent des déplacements pendulaires vers des zones plus centrales.

Cette typologie, constituée de centres urbains, de quartiers consolidés et de quartiers périphériques, est utile pour établir des politiques et des stratégies d'intervention potentielles. Ces stratégies orientées sur le plan spatial ont le potentiel de favoriser de façon proactive l'intégration des migrants en se basant sur leurs besoins de services et de logements, tout en s'inscrivant dans une approche d'urbanisme s'appliquant à l'ensemble de la ville et susceptible de bénéficier aux migrants comme aux non-migrants. Les études de cas portant sur les villes suggèrent que les migrants qui s'établissent dans les zones périphériques des villes peuvent avoir plus de mal à s'intégrer dans la vie économique et sociale de la ville. Les migrants résidant en périphérie de Jinja (Ouganda) travaillent moins d'heures que ceux du centre-ville, tandis que ceux résidant à Jendouba (Tunisie) ont fait part d'importantes difficultés pour accéder aux services de base, étant encore déconnectés des réseaux de distribution urbains. La définition de stratégies évolutives, répondant à des priorités à la fois immédiates et à plus long terme, peut améliorer l'intégration des migrants ainsi que la qualité de vie de l'ensemble des migrants, des non-migrants et des entreprises appartenant à ces communautés.

Compte tenu des limites budgétaires, la mise en œuvre d'améliorations évolutives *in situ* peut constituer une approche réaliste dans les zones densément peuplées situées dans la ville *intra muros*. Si la complexité des régimes fonciers et des droits de propriété représente souvent un obstacle important à l'amélioration des infrastructures et des services, elle peut cependant être résolue par le biais de stratégies évolutives. En améliorant certains aspects propres au domaine public, comme l'éclairage urbain, la collecte des déchets solides, ainsi qu'en répondant aux problèmes de circulation à des points d'entrée et de sortie cruciaux, il est possible de renforcer l'économie locale et d'améliorer la sécurité et la mobilité pour les migrants et les non-migrants. Un des défis sera d'étendre les actions aux ménages et aux communautés de migrants, afin d'identifier leurs besoins et leurs priorités. Compte tenu de l'importance du marché locatif pour les migrants de ces zones, il sera crucial de répondre aux problématiques sous-jacentes en matière de logement, de régime foncier et de zonage. Par exemple, il peut être nécessaire d'apporter de nouvelles améliorations aux droits des sous-locataires, lesquels sont susceptibles d'affecter les migrants. À plus long terme, la résolution des problèmes de droits de propriété peut inciter les propriétaires à réaliser des investissements graduels dans leurs logements, eux-mêmes susceptibles d'accroître le parc locatif, et donc de fournir des alternatives de logement à destination des plus vulnérables.

Dans des quartiers plus consolidés, la municipalité doit identifier les réseaux internes d'infrastructures et de circulation existants et futurs afin d'encourager la densification du parc immobilier existant et favoriser de nouveaux plans d'aménagement. Des interventions plus ciblées peuvent également permettre d'améliorer l'accessibilité et augmenter la mobilité interne ainsi que l'accès aux services sociaux et aux opportunités d'emploi au sein des communautés concernées ou dans les communautés voisines. L'amélioration des réseaux de circulation peut être associée à des programmes de restructuration des quartiers précaires (*re-blocking*), en coopération avec la communauté et en lien avec les programmes d'enregistrement des ménages, en fonction des régimes fonciers en vigueur dans la région concernée. Favoriser l'amélioration des espaces et des infrastructures publiques peut conduire à une bonne gestion de l'utilisation des terres et de la densification urbaine. Les réglementations relatives au zonage et au bâti peuvent promouvoir un développement à usage mixte ainsi que des entreprises locales adaptées. Il sera essentiel de travailler en collaboration avec la communauté pour identifier comment réserver certaines terres, ou en faire l'acquisition, afin d'y établir les installations publiques nécessaires, telles que des écoles, des marchés, des centres de santé, des maisons des jeunes, ainsi que des espaces non bâtis pour les loisirs, et ce avant que le quartier ne se densifie complètement.

Dans les établissements périphériques, il est à la fois possible et souhaitable d'orienter l'urbanisme de façon proactive avant que différents types d'établissements soient consolidés. Une mauvaise gestion des zones périurbaines a conduit à la perte de certains corridors stratégiques sur le plan des services publics urbains, à un coût élevé des solutions compensatoires sous la forme d'acquisition de terres et de relocalisations, à un manque d'espace pour les infrastructures publiques telles que les écoles et les hôpitaux, ainsi qu'à un nombre élevé de litiges fonciers. L'impact général génère de l'incertitude sur les marchés fonciers (Roberts, 2014). Afin de résoudre ces problématiques, il peut être utile d'établir des réseaux de circulation et des plans d'infrastructures qui influenceront le développement futur de la communauté et réduiront le coût des infrastructures sur la durée. En outre, en indiquant les investissements qu'ils comptent faire sur le plan des infrastructures au sein de leur établissement, les propriétaires peuvent être encouragés à appliquer des normes agréées, quand bien même ces précisions sont communiquées de façon informelle. Par ailleurs, la mise en œuvre de dispositifs permettant de préserver les « droits de passage » – réservation des terres pour les corridors de transit et de services publics, marchés, écoles et autres utilisations publiques – pourrait également s'avérer cruciale.

Lieux de travail des migrants

Les migrants travaillent essentiellement dans des secteurs présentant peu de barrières à l'entrée. Par conséquent, le secteur informel, où ont tendance à travailler un grand nombre de migrants, domine l'économie des aires urbaines africaines. Des discordances importantes entre d'une part les aspirations de la ville et les dispositifs de planification, et d'autre part le caractère informel généralisé, conduit souvent à des pratiques d'exclusion (Chen et Carré, 2020). En raison de la nature flexible d'un grand nombre d'emplois et de moyens de subsistance des migrants, cette étude se concentre sur les espaces où les migrants travaillent, ainsi que sur les politiques et les programmes susceptibles d'améliorer les conditions et les opportunités d'emploi, en prenant en compte à la fois les migrants et les non-migrants. Une revue de la littérature sur le sujet a permis d'identifier quatre catégories spatiales différentes, de nature souvent informelle, où travaillent les migrants : (1) la rue ; (2) le marché et les groupes d'entreprises ; (3) les entreprises à domicile ; (4) les zones cachées ou temporaires. Il s'agit d'espaces où de nombreux migrants viennent s'insérer dans le marché du travail, ce qui révèle les défis auxquels les travailleurs migrants vont être confrontés dans ces lieux et dans ces secteurs. À Jijiga (Éthiopie), par exemple, les migrants ruraux sont moins susceptibles d'occuper un emploi salarié permanent dans le secteur public ou privé ou d'avoir un travail indépendant dans le secteur formel, et davantage susceptibles d'accepter des postes temporaires ou d'exercer une activité indépendante informelle. À Jinja (Ouganda), le secteur urbain informel constitue une stratégie de repli via laquelle les migrants peu qualifiés peuvent utiliser leurs compétences limitées pour gagner leur vie. Ces emplois informels se caractérisent par des conditions de travail, une intensité du travail, ainsi qu'une mobilité entre travail salarié et travail indépendant qui sont relativement médiocres. Une femme migrante a ainsi indiqué dans le cadre d'un entretien qu'elle avait changé d'emploi quatre fois.

Lorsque des données sont disponibles concernant la main-d'œuvre, on constate que le commerce ambulant représente une part importante de l'emploi urbain (voir tableau 4A.3). Dans les villes africaines, environ deux tiers des femmes qui travaillent dans le secteur informel sont employées dans le cadre du commerce ambulant, ce qui représente environ 10 % à 20 % de la main-d'œuvre totale et fournit un moyen de subsistance crucial, du fait de barrières peu importantes à l'entrée (Roever et Skinner, 2016). Par ailleurs, les recherches soulignent également l'importance du commerce informel pour la sécurité alimentaire des villes africaines (Giroux et coll., 2020), ainsi que son importance croissante au cours de la crise sanitaire liée au COVID-19. Les recherches portant sur les villes secondaires nigérianes suggèrent que les défis relatifs au manque de services, ainsi qu'à un environnement général peu favorable, constituent des contraintes qui pèsent sur les commerçants informels du secteur alimentaire (Resnick et coll., 2019). Voici une liste des politiques et des interventions potentielles :

- *Encourager un dialogue initié par le gouvernement auprès des associations de commerce formel ou informel, ce qui est essentiel pour établir et mettre en œuvre des réglementations et des interventions en matière d'aménagement spatial.* Ces interventions doivent être définies en s'appuyant sur les retours des commerçants et inclure des mesures de pilotage, ainsi que la possibilité de les remanier. L'instauration d'un dialogue ouvert et continu avec les associations de commerçants peut bénéficier à la fois aux municipalités et à ces associations de commerçants. Par exemple, la capacité à travailler avec les associations de commerçants pour collecter des données et des informations à leur sujet, ainsi que sur leurs besoins, permettra d'accompagner le processus de planification et d'adaptation des politiques à plus long terme. Pour que ce dialogue soit fructueux, il sera nécessaire d'envisager des mesures visant à renforcer la confiance.
- *Privilégier les mesures de réglementation et de gestion du secteur informel, plutôt que celles visant à faire respecter la loi et à criminaliser les contrevenants.* Un défi important au moment d'élaborer et de mettre en œuvre des réglementations et des procédures d'octroi de licences consiste à prendre en compte les barrières à l'entrée auxquelles sont confrontés les groupes marginalisés, et notamment les migrants. À Jijiga (Éthiopie), par exemple, une carte d'identité rattachant la personne au *kébélé* est exigée pour pouvoir obtenir un permis de conduire ou une licence d'exploitation commerciale qui permettrait d'accéder à l'emploi formel en tant que travailleur indépendant. Comme l'ont expliqué certains migrants, cela signifie qu'ils ne peuvent pas accéder à des activités plus lucratives exigeant des permis et des licences officiels. De manière plus générale, les revenus et les marges des vendeurs ambulants doivent être pris en compte lorsqu'on évalue leur capacité à payer des frais de licence.
- *Améliorer la sécurité et l'offre de services publics dans les rues, ce qui peut avoir un impact positif sur les moyens de subsistance ainsi que sur les niveaux généraux de santé et de bien-être.* L'amélioration de l'accès au réseau de distribution d'eau et à la collecte de déchets, par exemple, peut permettre de réduire les coûts ainsi que les moments où les vendeurs doivent s'absenter. L'amélioration de l'éclairage public et des toilettes publiques peut tout particulièrement bénéficier aux femmes commerçantes.

Les marchés, qu'ils soient de nature formelle ou informelle, constituent des nœuds d'activités dynamiques facilitant les échanges de biens et de services (voir tableau 4A.4). Sur l'ensemble du continent, les marchés peuvent abriter tout un éventail de métiers, y compris des filières spécialisées telles que le tissu, les denrées alimentaires et les matériaux de construction. Ils peuvent également revêtir différentes formes urbaines, depuis l'assemblage d'étals surmontés de parasols au bord de la route, à des structures officielles à plusieurs étages dont les box sont ouverts à la location. Voici une liste des politiques et des interventions potentielles :

- *Bien que des améliorations du marché et de l'offres de services réalisées* in situ *soient jugées préférables par de nombreux commerçants, on estime souvent que la relocalisation est nécessaire lorsque les marchés débordent leur espace, en générant parfois des conditions d'insécurité.* Lorsque la relocalisation devient nécessaire, de nouveaux espaces doivent être dédiés aux marchés dans des quartiers centraux. À Kampala (Ouganda), la proximité des marchés et des clients est cruciale pour la viabilité des entreprises du secteur informel. De façon plus importante, les politiques visant à encourager les entreprises informelles à changer d'emplacement sont peu susceptibles de réussir, dans la mesure où tout éloignement par rapport à un nombre importants de clients et de passants risque d'affecter les profits de l'entreprise (Banque mondiale, 2017). Parallèlement à la croissance de leur superficie, les villes secondaires doivent planifier de manière proactive de nouveaux marchés, et prévoir leur création autour de nœuds de transports, ou d'autres pôles cruciaux. Par ailleurs, la pandémie a fourni l'opportunité de créer de nouvelles modalités d'organisation du commerce, via des processus collaboratifs entre commerçants et communautés, ce qui a permis l'émergence de systèmes de logistique inclusifs et plus résilients (Cities Alliance, 2021).
- *Un processus de conception participatif dans le cadre des mesures d'amélioration des marchés peut permettre de déterminer les besoins et les priorités des différents groupes de commerçants.* Le regroupement des petites entreprises artisanales et la création d'une pépinière d'entreprises disposant de services dédiés peuvent permettre de mieux accompagner les travailleurs. L'offre de services doit être adaptée aux spécificités des différents corps de métier. Le processus de formalisation des marchés affecte souvent négativement de nombreux commerçants à niveau de revenus relativement faibles et ne pouvant se permettre de payer un loyer pour obtenir un étal dans le marché. L'instauration de différentes catégories d'étals ou d'espaces, adaptées aux différents types de commerce et présentant différents niveaux de tarifs, est une solution pouvant être envisagée.
- *Les programmes destinés à accompagner les industries artisanales doivent être mis en œuvre en partenariat avec les ONG, les OC, ainsi que les institutions de microfinancement qui travaillent déjà dans ce domaine.* Des programmes de ce type incluent des formations professionnelles constituées de programmes adaptés au marché ou à l'association de commerçants de l'industrie artisanale concernée. Cette approche pourrait être particulièrement avantageuse pour les migrants souhaitant bénéficier de davantage d'instruction et de formation.

Les secteurs d'activités à domicile représentent une part importante et souvent négligée de l'économie informelle, tout particulièrement pour les femmes (voir tableau 4A.5). Les entreprises à domicile peuvent concerner différents types de métiers, notamment la préparation des aliments et la restauration ; la couture ; le petit commerce ; l'artisanat ; ou encore, l'industrie légère. La main-d'œuvre travaillant à domicile est souvent qualifiée d' « invisible », dans la mesure où ces personnes travaillent seules, sont isolées et souvent dispersées en différents endroits de la ville, et enfin parce qu'elles sont confrontées à des défis sur le plan de l'organisation. Voici une liste des politiques et des interventions potentielles :

- *Améliorer l'offre de services dans ces communautés.* Des services de meilleure qualité auront un impact important sur ces entrepreneurs souvent peu visibles. De nombreuses personnes travaillant à domicile sont logées dans des établissements informels dont les infrastructures sont limitées, peu fiables, ou fragmentées. Pour un coiffeur, par exemple, un approvisionnement fiable en électricité peut nettement augmenter son potentiel de revenus et réduire les dépenses de son entreprise, en faisant l'économie de l'utilisation d'un générateur.
- *Favoriser le développement à usage mixte, qui doit constituer une priorité pour les autorités locales, tout particulièrement dans l'accompagnement du développement de la croissance dans les zones périurbaines et périphériques.*
- *Mettre les travailleurs à domicile en relation avec des partenaires d'accompagnement.* Les personnes travaillant à domicile, qui sont en grande partie des femmes, ne sont souvent pas organisées sous la forme d'un réseau de commerçants et peuvent rencontrer des difficultés au moment de solliciter un emprunt auprès des institutions financières officielles. Ces barrières peuvent être résolues grâce à l'accompagnement des ONG, des OC et des institutions de microfinancement.

Par ailleurs, les migrants peuvent également trouver un emploi dans des espaces moins visibles et sur lesquels on ne dispose que de peu d'informations (voir tableau 4A.6). Les travailleurs domestiques ne sont pas toujours couverts par le droit du travail ni par les politiques ou dispositifs de protection sociale. Les emplois journaliers ou occasionnels, par exemple dans le secteur du bâtiment, ne sont souvent que temporaires, n'exigent qu'une formation minimale, et se caractérisent donc par une protection sociale limitée. Dans l'étude de cas portant sur l'Éthiopie, la majorité des migrants ont trouvé un emploi temporaire dans le travail journalier et le secteur du bâtiment, et pour les jeunes femmes, dans le travail domestique. Les migrantes travaillant à domicile ont indiqué avoir subi des violences domestiques, des heures travaillées plus longues, et des mauvais traitements de la part de leurs employeurs. Le secteur des déchets constitue pour les migrants un autre espace d'emploi moins visible et souvent stigmatisé. Ce type d'emploi secret ou temporaire génère des situations de protection sociale limitée pour ces groupes, qui sont déconnectés des autres groupes de communautés locales et souvent ignorés dans les politiques et les programmes officiels. Voici une liste des politiques et des interventions potentielles :

- *Accompagner ces travailleurs dans le cadre de communications des gouvernements locaux et de campagnes de sensibilisation orientées vers les plus vulnérables.* Une grande partie des personnes travaillant dans ces secteurs, tout particulièrement les migrants nouvellement arrivés dans la ville, n'ont pas connaissance de leurs droits et sont susceptibles d'être exploités.
- *Programmes bénéficiant aux récupérateurs de déchets, qui reconnaissent leur rôle crucial et les intègrent au système officiel.* Les programmes de transformation des déchets en produits utilisables, par exemple, sont de plus en plus fréquents dans le Sud global. Ces travailleurs ne disposant pas de sites dédiés ni d'équipement, ils se situent souvent bien en-deçà des normes internationales, se mettant, eux-mêmes ainsi que leurs familles, en danger.

En se concentrant sur les espaces où les migrants travaillent, les responsables municipaux peuvent établir des politiques et des programmes qui vont améliorer les conditions de travail spécifiques à ces différents secteurs, ainsi que les différents espaces et quartiers de la ville, notamment les rues, les marchés et les regroupements d'entreprises, les entreprises familiales, ainsi que les espaces peu visibles et temporaires.

Conclusion

Les responsables municipaux peuvent mobiliser les bénéfices apportés par la migration à des fins de développement urbain. De nombreuses recherches suggèrent que, lorsque l'intégration est réussie, les migrations génèrent des bénéfices importants pour les migrants, les non-migrants et les responsables municipaux. C'est pourquoi, plutôt que de redouter l'afflux de migrants, les responsables municipaux doivent prendre des mesures proactives qui faciliteront l'intégration de ces derniers dans la ville et amélioreront la qualité générale de la vie dans leur municipalité. Cela peut permettre de transformer la densité de population provoquée par l'afflux de migrants en une force positive générant des effets d'agglomération et des emplois.

Une gestion urbaine efficace constitue l'élément clé pour garantir l'intégration des migrants dans le tissu socioéconomique des villes, ce qui représente une condition cruciale pour la croissance et pourra bénéficier à tous les résidents, indépendamment de leur statut migratoire. L'absorption des migrants dans la ville s'inscrit dans une problématique plus générale de gestion des services proposés à une population de migrants et de non-migrants en constante augmentation. Bien que les migrants puissent affecter le volume et la rapidité de la croissance des villes secondaires ainsi que la demande de services dans celles-ci, les municipalités peinent souvent à bien identifier la composition et l'intensité de cette croissance. Une bonne compréhension des principales dynamiques migratoires et de leur influence sur la croissance et le développement de la municipalité est crucial pour définir les priorités au niveau des services qui auront l'impact le plus positif sur l'intégration des migrants. Un leadership efficace à l'échelon local, ainsi qu'une coopération avec d'autres agences gouvernementales et non gouvernementales peut permettre aux autorités locales d'accroître leur marge de manœuvre lorsqu'elles établissent des programmes. Il est également important de mettre en œuvre des politiques démographiques efficaces, en donnant notamment davantage de pouvoir d'agir aux femmes et en élargissant l'accès aux moyens de contraception.

Des interventions ciblées à destination des migrants peuvent également être nécessaires lorsque des points de blocage existent. Afin de s'assurer que les migrants ont connaissance de leurs droits et de leurs responsabilités, des campagnes de communication peuvent être établies afin de s'assurer que les ménages de nouveaux arrivants disposent de toutes les informations nécessaires pour agir en tant que membres de la communauté à part entière.

Une attention particulière portée aux besoins des migrants, dans le but d'améliorer la qualité de vie dans la ville de manière générale, permettra d'éclairer la définition des interventions politiques ainsi que les choix d'investissement. Ce chapitre montre qu'une focalisation sur les espaces où les migrants vivent et travaillent peut permettre d'identifier les obstacles à une intégration réussie dans les activités économiques et sociales de la ville. Cependant, les politiques et les investissements qui ciblent ces espaces, tout en prenant en compte les besoins des migrants, doivent être déterminés dans le cadre d'une approche holistique, afin de s'assurer qu'aucune barrière supplémentaire ne viendra enfermer les migrants dans des espaces leur étant réservés. Ces interventions doivent plutôt viser à créer des espaces qui faciliteront l'intégration ainsi que les interactions entre les différents groupes présents dans la municipalité.

Annexe 4A Tableaux supplémentaires

Actions du gouvernement local

Tableau 4A.1 Placer les migrants au cœur des politiques urbaines nationales

Secteur d'intervention politique	Recommandations pour les politiques urbaines nationales	Impact potentiel sur les migrants
Collecte et analyse de données	Collecter des données et des éléments probants incluant le secteur informel, afin de mieux prendre en compte les groupes marginalisés et à faibles revenus dans l'attribution des financements.	Des informations de meilleures qualités sur les lieux de vie et de travail des migrants et des non-migrants peuvent permettre aux gouvernements de mieux identifier les défis et améliorer la définition de politiques dans l'intérêt de tous.
Financement et budget	L'adoption d'une stratégie fiscale d'augmentation des budgets publics, à tous les niveaux de gouvernement, permettra de clarifier la capacité des agences infranationales à engager différents mécanismes de financement.	Renforcer la prévisibilité des transferts du gouvernement central et des opportunités, pour les municipalités, d'augmenter leurs fonds consacrés au développement peut améliorer la capacité des gouvernements locaux à créer des propositions de financements pour des projets qui auront un impact sur les migrants.
Infrastructures	Établir des stratégies d'infrastructures qui concordent avec les plans d'aménagements et privilégient des solutions qui seront menées par les communautés concernant les principaux services publics et les opportunités économiques.	L'existence d'infrastructures distributives et mises en réseau, intégrant de nouvelles technologies en matière d'énergies renouvelables ainsi que des solutions sanitaires locales, peut permettre de réduire le coût des services pour les communautés à faibles revenus, notamment les communautés migrantes.
Droits et régimes fonciers	Lier planification spatiale et stratégies foncières, afin de générer des opportunités de financement pour les propriétés foncières, et améliorer la sécurité du foncier en renforçant les niveaux de productivité et de résilience des groupes marginalisés à faibles revenus, notamment les migrants.	Les droits et régimes fonciers sont des éléments cruciaux, les secteurs informels étant souvent le point de départ des migrants dans leur trajectoire de migration, tant sur le plan économique que spatial.
Cadre pour la prestation de services	Augmenter la capacité et les ressources des gouvernements urbains et inscrire les engagements dans la législation.	En clarifiant les missions et les responsabilités au sein d'une structure de multi-gouvernance, il est possible d'améliorer l'accès à des services assurés par des agences publiques centrales, régionales ou locales, et ce tant pour les migrants que pour les non-migrants.
Justice sociale et droits de l'homme	Créer une culture de droit et de justice sociale afin de mieux gérer la concurrence inévitable pour l'espace, les marchés et les services.	Une définition claire des droits juridiques des migrants s'avère cruciale pour leur capacité à accéder aux services de base, notamment aux prestations de santé, à l'éducation, ainsi qu'à la poursuite de leur éducation lorsqu'ils ont quitté leur région d'origine.
Planification spatiale	Des politiques urbaines nationales peuvent permettre de clarifier les stratégies de planification spatiale aux différents échelons gouvernementaux, ainsi que les modalités d'acquisition des terres, dans l'intérêt public et parallèlement à la croissance de la ville.	La définition et la clarification des responsabilités en matière de planification spatiale peuvent permettre d'améliorer nettement la gestion du développement spatial des municipalités.

Sources : Cartwright et coll., 2018 ; Banque mondiale.

Tableau 4A.2 Quels leviers au niveau municipal ?

Programmes et interventions	Bénéfices pour les migrants	Défis pour la municipalité	Diagnostics et outils
Outils d'aménagement spatial : planification, infrastructures et services			
• Incorporer des données démographiques et des projections de croissance réalistes prenant en compte l'impact de la migration dans différentes zones de la municipalité • Réaliser des auto-évaluations et des audits urbains • Intégrer les établissements informels dans le processus de planification • Améliorer la multimodalité des déplacements, y compris ceux effectués à pied • Envisager la mise en place d'infrastructures distribuées et mises en réseau (énergies, eau, déchets) dont les communautés seraient co-propriétaires, ainsi que des accords d'entretien de celles-ci avec la municipalité	• Aménagement spatial plus réaliste prenant en compte les pressions démographiques liées à différentes phases de migration • Amélioration des services et des infrastructures • Réduction du coût des déplacements pendulaires et du temps nécessaire pour les réaliser	• Mettre à jour les données pour mieux identifier les tendances actuelles et les tendances récurrentes • Collaborer avec les structures communautaires existantes, établir des priorités d'investissement et élaborer des cadres réglementaires flexibles pour améliorer les établissements informels • Créer des cadres réglementaires alternatifs et des mécanismes de financement pour les réseaux distributifs ou spécifiques à des communautés	• Voir Farvacque-Vitkovic et Kopanyi, 2019, pour des outils d'auto-évaluation comprenant un audit urbain • L'outil City Resilience Action Planning Tool (CityRAP), ONU-Habitat, https://unhabitat.org/city-resilience-action-planning-tool-cityrap
Budget et financements			
• Réaliser des auto-évaluations • Améliorer le financement des dépenses d'investissement alimenté par les fonds propres de la municipalité • Établir des priorités en matière de projets et leur associer des financements ciblés provenant de sources internes ou externes • Partenariats public-privé pour les marchés où travaillent les migrants • Financements ciblant le foncier incluant les établissements informels	• Création d'emplois et mesures permettant d'aboutir à des revenus stables • Création d'opportunités de location ainsi que d'accès à la propriété, et options de logement permanent • Interventions ciblées répondant aux besoins des migrants	• Intégration des secteurs formels et informels • Coordination et entretien des infrastructures des différents secteurs • Solliciter, mobiliser et budgétiser des financements provenant de différentes sources	• Voir Farvacque-Vitkovic et Kopanyi, 2019, pour des outils d'auto-évaluation comprenant un audit urbain

(suite page suivante)

Tableau 4A.2 Quels leviers au niveau municipal ? (suite)

Programmes et interventions	Bénéfices pour les migrants	Défis pour la municipalité	Diagnostics et outils
Développement inclusif : inclusion économique			
• Partenariats public-privé pour les infrastructures économiques de la municipalité (pôles de transports, espaces de travail et marchés) • Échanges réguliers avec les associations et les groupes existants et actifs du secteur privé, afin d'améliorer l'environnement des affaires et alléger les contraintes auxquelles sont confrontées les entreprises locales • Impliquer la communauté ainsi que les associations du secteur privé dans la production de plans de développement locaux • Améliorer les connaissances concernant les sources de financement disponibles au niveau local pour les petites entreprises • Fournir des services de développement commercial pour les entreprises informelles, par exemple des formations visant à renforcer les compétences financières, des développements du plan d'affaires, des coopératives, des conventions collectives, ainsi que des recommandations pour monter en gamme	• Amélioration des opportunités d'emploi et des services (si l'emplacement géographique est avantageux) • Augmentation de la visibilité et de la connaissance des besoins des migrants dans l'environnement des affaires • Amélioration des compétences des migrants et augmentation des opportunités d'emploi • Accès aux microfinancements pour développer les entreprises dirigées par des migrants	• Modèles de financement et de mise en œuvre d'un cadre réglementaire • Établir un contact avec les entreprises formelles et informelles • Création de processus et de personnel de formation afin d'impliquer les entreprises locales dans la création de plans locaux	• « Informal Economy Budget Analysis », Réseau Women in Informal Employment: Globalizing and Organizing (WIEGO), https://www.wiego.org/informal-economy-budget-analysis • « Local Economic Development in Practice », ONU-Habitat, https://unhabitat.org/local-economic-development-in-practice • « Circle City Scan Tool », Conseil international pour les initiatives écologiques locales, https://iclei.org/circle_city_scan_tool

(suite page suivante)

Tableau 4A.2 Quels leviers au niveau municipal ? (suite)

Programmes et interventions	Bénéfices pour les migrants	Défis pour la municipalité	Diagnostics et outils
Outils spatiaux : régimes fonciers et administration foncière			
• Le renforcement des systèmes d'administration foncière, notamment via l'application des nouvelles technologies afin d'améliorer la documentation, le stockage et la récupération des données, ainsi que l'évaluation des terrains • Identifier et résoudre les défis auxquels sont confrontés les municipalités pour regrouper des terres et financer des infrastructures susceptibles de générer un développement économique local • Optimiser et généraliser le système d'enregistrement • Utiliser les systèmes fonciers communautaires et coutumiers	• Améliore l'accès à la propriété foncière ainsi qu'à différentes opportunités de logement • Génère de la demande de main-d'œuvre dans des secteurs qui emploient des migrants • Identification des établissements existants où vivent les migrants et amélioration de l'accès au foncier	• Assurer la mise en œuvre opérationnelle de nouvelles technologies dans le cadre des dispositifs réglementaires existants • Limites de capacités et corruption • Structurer différentes sources de financement et différents partenariats public-privé innovants au niveau des communautés pour les infrastructures distributives et mises en réseau • Modifier les cadres juridiques ainsi que les politiques d'enregistrement foncier qui affectent le développement local	• Différents outils visant à renforcer l'administration foncière par exemple le modèle d'enregistrement et de sécurisation des terres intitulé Social Tenure Domain Model, fourni par le Global Land Tool Network, https://stdm.gltn.net
Développement inclusif : capacités institutionnelles			
• Renforcement des capacités des fonctionnaires et du personnel en matière de compétences techniques sur des postes relatifs à la prestation de services sociaux ou à la collecte de données, qui affectent les politiques et les projets relatifs aux migrants • Partage d'informations sur les bénéfices et les défis de la migration pour l'économie locale et l'environnement urbain	• Intégration des migrants aux programmes municipaux • Amélioration de la perception des migrants dans la population, ainsi que des connaissances relatives aux programmes des gouvernements locaux et centraux bénéficiant aux migrants et favorisant leur intégration	• Taux de rotation important du personnel • Financer les programmes, identifier les cursus et les partenaires de formation • Créer des cursus et des contenus de formation adaptés au contexte local • Identifier les plateformes les plus efficaces pour échanger des bonnes pratiques pertinentes	• Voir Blaser Mapitsa et Landau, 2019

(suite page suivante)

Tableau 4A.2 Quels leviers au niveau municipal ? (suite)

Programmes et interventions	Bénéfices pour les migrants	Défis pour la municipalité	Diagnostics et outils
Développement inclusif : coordination et partenariats			
• Harmoniser les programmes, les projets et les budgets des gouvernements locaux et centraux, afin de prendre en compte les tendances migratoires ainsi que les besoins des populations migrantes • Établir des partenariats avec les universités afin d'améliorer les recherches et les enseignements concernant la migration • Accompagner les services des OC et des ONG en matière de formation professionnelle et de programmes de micro-crédit	• Mise en œuvre de programmes intégrés et décloisonnant • Mobiliser les rares sources de financement disponibles • Accès à des recherches-actions, des capacités supplémentaires, coordination et mobilisation de différents programmes de recherche incluant les migrants, comme des recherches sur les terres, les infrastructures, le logement, le développement économique local, etc. • Durabilité et harmonisation des programmes entres différentes OC, meilleure communication des gouvernements locaux auprès des groupes marginalisés, amélioration de la portée des programmes et de la mobilisation des fonds et des ressources	• Coordonner et harmoniser les intérêts de différentes parties prenantes • Sources de financement pour impliquer les universités • Intégrer dans les programmes des éléments communs à différents quartiers et secteurs, afin d'améliorer la rentabilité, les capacités institutionnelles et les impacts • Gérer les intérêts politiques afin d'éviter l'accaparement par des groupes spécifiques	• Voir Blaser Mapitsa et Landau, 2019

(suite page suivante)

Tableau 4A.2 Quels leviers au niveau municipal ? (suite)

Programmes et interventions	Bénéfices pour les migrants	Défis pour la municipalité	Diagnostics et outils
Outils d'aménagement spatial : santé et éducation			
• Intégrer les enfants des ménages migrants dans les écoles primaires et secondaires • Améliorer l'accès aux services de santé et créer des systèmes de prestation de soins innovants à destination des groupes marginalisés, notamment les migrants	• Amélioration du niveau d'instruction et de la mobilité • Accès à des soins de santé plus ciblés, plus préventifs et plus abordables	• Harmoniser les réglementations locales et nationales en matière de scolarisation • Financement des dépenses d'investissement et de personnel, accès aux terres et aux services • Barrières existantes telles que le système d'enregistrement et d'identification	• Voir ONU-Habitat et OMS, 2020
Développement inclusif : inclusion sociale et consultation			
• Communications et enquêtes ciblant les migrants au sein de la communauté, par exemple via des groupes de discussion les soirs et les week-ends • Partenariats avec les OC et les ONG travaillant avec les communautés et les associations de migrants • Améliorer l'information et la transparence concernant des services tels que la santé, la formation professionnelle, les programmes d'accès au crédit, etc.	• Les priorités et les contributions potentielles des migrants sont incluses dans les projets • Sensibiliser et agrandir les capacités municipales pour créer et mettre des programmes bénéficiant aux migrants • Amélioration de l'accès aux services	• Personnel, temps et ressources nécessaires aux communications supplémentaires • Reconnaître la valeur des cadres collaboratifs et travailler avec la société civile • Ressources et disponibilité des informations, compétences de ciblage des groupes marginalisés	• « Community-Driven Development Toolkit: Governance and Accountability Dimensions, » Banque mondiale • Voir ONU-Habitat, 2021

(suite page suivante)

Tableau 4A.2 Quels leviers au niveau municipal ? (suite)

Programmes et interventions	Bénéfices pour les migrants	Défis pour la municipalité	Diagnostics et outils
Accès aux données et gestion des données			
• Intégrer la migration dans les enquêtes et les collectes de données • Établir des partenariats avec des associations professionnelles, les ONG et les OC qui collectent des données sur la pauvreté urbaine • Coordonner la collection des données entre les ministères des gouvernements centraux et les départements des gouvernements locaux, notamment concernant les données migratoires • Améliorer la transparence des réglementations, des redevances et des taxes instaurées à l'échelon local	• Intégration et inclusion des besoins et des priorités des migrants dans la planification spatiale et dans les programmes • Prise en compte et identification du rôle des économies et des établissements informels où vivent et travaillent les migrants • Inclusion des migrants dans les questions de planification et de budgétisation • Amélioration des connaissances relatives aux processus et aux redevances réglementaires	• Renforcer les compétences et assurer des formations à destination des municipalités et des communautés en matière de collecte de données • Mettre les nouvelles technologies à la disposition des municipalités et des ONG • Favoriser la confiance et la transparence en matière de partage de données • Assurer un accès actualisé via différentes plateformes (Internet, numériques et papier)	• Suivi de la croissance urbaine - Africapolis ; Global Rural-Urban Mapping Project (GRUMP) ; Atlas of Urban Expansion ; projet WorldPop • Campagne « Know Your City », Slum Dwellers International

Source : Banque mondiale.
Remarque : OC = organisation communautaire ; ONG = organisation non gouvernementale.

Tableau 4A.3 Améliorer les espaces publics : la rue

Composant	Bénéfice pour les migrants	Défis pour la municipalité
Espaces de commerce		
• Espaces dédiés pour les vendeurs de rue, avec l'ajout de cabanes, de parasols ou d'auvents • Envisager des interventions complètes de réaménagement des rues de façon à inclure les vendeurs de rue, pour l'ensemble des modes de transport	• Création d'espaces sécurisés pour les vendeurs, tout particulièrement les migrants récents, afin qu'ils puissent y travailler et y entreposer leur stock	• Développer des protocoles de gestion et de financement
Réglementations		
• Établir des réglementations relatives au commerce de rue afin de créer des espaces de vente sécurisés à proximité des lieux de transport et des places publiques • Établir des équipes d'agents chargés de vérifier l'application des réglementations en toute neutralité, ainsi que des procédures d'appel simplifiées	• Formalisation et sécurité pour les vendeurs de rue et augmentation des opportunités de revenus	• Développer des protocoles transparents de mise en œuvre et de surveillance
Portée et communication		
• Favoriser le dialogue des gouvernements locaux avec les associations de vendeurs de rue • Créer un espace institutionnel afin que les associations de commerçants puissent jouer un rôle actif dans la gestion des licences et des réglementations, ainsi que dans la résolution des litiges ou des problèmes susceptibles de survenir au quotidien	• Améliorer la confiance vis-à-vis du gouvernement local et établir des échanges orientés vers des solutions auprès des acteurs avec lesquels les contentieux sont fréquents	• Développer une politique de communication proactive et systématique
Accompagnement financier		
• Organiser l'accès au crédit et les groupes d'épargne	• La disponibilité de capitaux flexibles et souvent à court terme pour les commerçants permet de créer un filet de protection social et financier	• Recherche de partenaires parmi les organisations non-gouvernementales, les organisations communautaires et les institutions de microfinancement

(suite page suivante)

Tableau 4A.3 Améliorer les espaces publics : la rue (suite)

Composant	Bénéfice pour les migrants	Défis pour la municipalité
Sécurité		
• Améliorer l'éclairage public	• Améliorer la sécurité et l'intégrité physique des commerçants et des migrants, tout particulièrement des femmes, ce qui permet d'augmenter le nombre d'heures travaillées ainsi que les opportunités d'emploi	• Entretien et gestion de l'éclairage public
Infrastructures publiques et services		
• Augmenter l'offre de toilettes publiques et de points de points publics de distribution d'eau	• Améliore la santé et le bien-être des commerçants, tout particulièrement des femmes. Réduction des coûts et du temps non consacré à la vente	• Entretien et gestion des infrastructures
Octroi de licences et de permis		
• Encourager la mise en place de licences et de permis afin de réglementer les espaces de commerce, et non afin de criminaliser les vendeurs dépourvus de licence • Établir des systèmes de paiement dématérialisés, avec des reçus lorsque cela est possible	• Sécurité des activités commerciales et possibilité de fournir des formations et des informations sur les droits et responsabilités • Informations transparentes et accessibles sur les réglementations et les droits, ainsi que sur la soumission de réclamations	• Application des permis sans criminalisation des vendeurs • Création et gestion d'un système de permis • Définir des redevances proportionnelles aux revenus et aux ventes des vendeurs de rue, ainsi que de leur capacité à les payer
Collecte de données		
• Réaliser des études de marché et des collectes de données concernant les différents types de vendeurs de rue et leurs emplacements	• Élaboration de programmes de soutien plus réactifs, reconnaissance sociale des vendeurs, et liens avec l'économie locale	• Développer et gérer des instruments de sondage ; mobiliser les données

Source : Banque mondiale.

Tableau 4A.4 Améliorer les espaces publics : marchés et groupements d'entreprises

Composant	Bénéfice pour les migrants	Défis pour la municipalité
Amélioration du marché		
• Encourager un programme participatif d'améliorations, afin de créer des marchés et des groupements d'entreprises dynamiques, salubres, accessibles et sécurisés	• Concevoir de façon collaborative des marchés et des groupements d'entreprises afin de répondre aux besoins des vendeurs, des fabricants, des clients et des autorités municipales	• Processus chronophages • Inclusion des vendeurs dans des échanges non hostiles et orientés vers des solutions
Sites des marchés		
• Prévoir et réserver des terrains pour les marchés à des nœuds stratégiques	• Marchés accessibles et bien situés accompagnant le développement de l'aire urbaine	• Inclure des utilisations temporaires afin de protéger les sites des situations d'empiètement
Transports et mobilité		
• Prévoir des espaces optimisés pour les transports ou la mobilité des taxis à proximité des marchés et des groupements d'entreprises	• Diminution des conflits relatifs à l'utilisation de l'espace, baisse des embouteillages en périphérie des marchés et amélioration de la mobilité pour les vendeurs et les clients	• Intégrer les logiques de mobilité et identifier des sites idéalement situés
Offre de services		
• Améliorer une prestation de services à destination des marchés qui soit adapté aux besoins spécifiques des secteurs concernés	• Accès à l'eau, à l'électricité et à des services de collecte des déchets solides ciblant les activités des marchés (ex. : préparation d'aliments, habits, couture, etc.)	• Financements et continuité des investissements
Accessibilité		
• Proposer des étals de marché à des tarifs accessibles, par exemple en intégrant différents niveaux d'étals ou d'espaces, en fonction des secteurs d'activités ou des coûts	• Autoriser l'accès à tous les niveaux, particulièrement pour les migrants	• Développer un système tarifaire prenant en compte les revenus et les ventes des commerçants, ainsi que leur capacité à payer
Services publics et sociaux		
• Augmenter l'offre d'installations publics et de services sociaux, par exemple des toilettes publiques et des garderies	• Particulièrement bénéfique pour les femmes	• Financements • Conception adaptative et entretien

(suite page suivante)

Tableau 4A.4 Améliorer les espaces publics : marchés et groupements d'entreprises (suite)

Composant	Bénéfice pour les migrants	Défis pour la municipalité
Sécurité		
• Améliorer le stockage, l'éclairage et la sécurité	• Sécurisation des marchandises • Renforcement de la sécurité pour les vendeurs et les clients • Permet aux marchés de rester ouverts une fois la nuit tombée	• Financements • Conception adaptative et entretien
Formations et programmes de renforcement des compétences		
• Proposer des formations professionnelles composées d'enseignement adaptés en fonction du marché ou du groupement d'entreprises artisanales	• Accès aux formations pour monter en compétences et augmenter les opportunités d'emploi	• Faire correspondre les programmes de formation aux besoins des entreprises locales (formelles et informelles)
Communication et portée		
• Promouvoir le dialogue entre le gouvernement et le marché ou les associations d'entreprises artisanales	• Engagement proactif de collecter des informations sur les besoins et les priorités	• Établir un programme de communication systématique et identifier les associations concernées
Accompagnement aux micro-entreprises		
• Mise en œuvre de programmes à destination des micro-entreprises (incubateur d'entreprises, accompagnement et regroupement d'entreprises présentant un profil similaire)	• Des emplacements sûrs, protégés et bien desservis • Opportunité d'accès au crédit et aux formations, notamment marketing	• Financements • Sélectionner des emplacements bien situés et accessibles • Proposer des programmes
Microfinancement		
• Étendre l'accès au crédit à destination des migrants et des petits fabricants qui emploient des migrants	• Évolutivité et augmentation des opportunités d'emploi	• Financements • Trouver des partenaires de microfinancement • Gérer le programme
Collecte de données		
• Réaliser des études de marché et des collectes de données concernant les différents types d'entreprises et leurs emplacements (formelles et informelles)	• Programmes d'accompagnement plus réactifs, reconnaissance des entreprises, liens en amont et en aval dans l'économie locale	• Développer et gérer des instruments de sondage ; mobiliser les données

Source : Banque mondiale.

Tableau 4A.5 Améliorer la gestion urbaine pour aider les entreprises familiales

Composant	Bénéfice pour les migrants	Défis pour la municipalité
Zonage et utilisation des terres		
• Encourager le zonage pour les entreprises familiales situées dans des établissements formels ou informels • Établir des zones à usage mixte	• Potentiel de génération de revenus directs • Accès à l'emploi et à des activités génératrices de revenus à proximité du domicile	• Chercher des bonnes pratiques afin de mettre en œuvre un zonage adapté et éviter des conflits avec les problématiques de santé et de sécurité
Infrastructures		
• Améliorer l'offre de services (électricté et eau)	• Accès aux services de base, notamment les services d'électricité et de collecte des déchets solides	• Financement et entretien • Se concentrer sur l'offre de services et les infrastructures à destination des établissements informels
Microfinancement		
• Étendre l'accès au crédit et aux groupes d'épargne	• La disponibilité de capitaux flexibles et souvent à court terme pour les commerçants permet de créer un filet de protection social et financier	• Recherche de partenaires parmi les organisations non-gouvernementales, les organisations communautaires et les institutions de microfinancement
Collecte de données		
• Réaliser des enquêtes sur les ménages et des collectes de données concernant les différents types d'entreprises familiales et leurs emplacements	• Programmes d'accompagnement plus réactifs, reconnaissance des entreprises familiales, liens en amont et en aval dans l'économie locale	• Développer et gérer des instruments de sondage ; mobiliser les données

Source : Banque mondiale.

Tableau 4A.6 Améliorer les systèmes de traitement des déchets

Composant	Bénéfice pour les migrants	Défis pour la municipalité
Espaces de travail		
• Établir des espaces adéquats pour les récupérateurs de déchets, afin qu'ils puissent trier et stocker les matériaux collectés	• Créer des espaces sécurisés pour trier et stocker les déchets hors du foyer	• Identifier des espaces sécurisés et accessibles, et les réserver aux tâches de traitement des déchets
Formalisation		
• Encourager les programmes qui reconnaissent et valorisent le rôle des récupérateurs de déchets dans le système de recyclage officiel (**waste to wealth**)	• Atténue la stigmatisation de leur travail Accroît les revenus et l'accessibilité aux dispositifs officiels	• Établir et gérer un système de traitement des déchets n'excluant pas les groupes marginalisés
Communication et portée		
• Créer des programmes de communication des gouvernements locaux qui encouragent le dialogue avec les récupérateurs de déchets et les associations de travailleurs informels • Établir des programmes à destination des travailleurs domestiques afin qu'ils aient connaissance de leurs droits	• Engagement proactif de collecter des informations sur les besoins et les priorités • Informations transparentes et accessibles sur les droits et la protection sociale	• Établir un programme de communication systématique et identifier des associations • Définir une stratégie de communication accessible ainsi qu'une plate-forme pour les plus vulnérables
Collecte de données		
• Réaliser des enquêtes et des collectes de données sur les secteurs informels marginalisés	• Programmes d'accompagnement plus réactifs, reconnaissance des secteurs informels, liens en amont et en aval dans l'économie locale	• Développer et gérer des instruments de sondage ; mobiliser les données

Source : Banque mondiale.

Tableau 4A.7 Typologie des établissements où s'établissent les migrants

Composant	Zone du centre ville densément bâties	Zone périphérique consolidée	Nouvel établissement périphérique en développement
Ancienneté de l'établissement	Bien établi : 20 ans ou plus	15 ans ou plus	Moins de 10 ans
Emplacement	Proche du centre-ville et des quartiers commerçants Marché central pouvant être rejoint à pied	Relative proximité avec le centre ville : 15 minutes en voiture ou en transports en commun ; 45 minutes à pied	En général en bordure de la municipalité : au moins 20 minutes en voiture ou en transport en commun ; au moins une heure de marche
Densité de population	Faible	Moyenne	Forte
Taux de croissance	Faible ou stable	Moyen à élevé (5 % ou plus)	Élevé (10 % ou plus)
Marché du logement	Essentiellement des locations à rotation élevée	Mixte : propriétaires de longue date et locataires cherchant des locations de meilleure qualité	Essentiellement de nouveaux propriétaires qui vont également louer leur bien
Transports	Chemins internes denses et étroits, accès réduit aux engins à moteur Proche des nœuds de transit et de transports publics	Chemins internes denses et étroits, avec plusieurs voies d'accès motorisées Transports en commun accessibles à pied	Un moins une voie d'accès constituant une artère principale, traversant la communauté ou adjacente à celle-ci, ainsi qu'un réseau de circulation interne non planifié
Infrastructures	Offre d'infrastructures publiques et communautaires	Offre fragmentée avec un accès limité aux réseaux publics	Offre limitée et autonome
Écoles	Accessibles mais surchargées	Accessibles mais surchargées	Insuffisantes
Centres de santé	Bon accès	Accès limité	Insuffisants

Source : Andreasen et coll., 2017 ; Banque mondiale.

Tableau 4A.8 Améliorer les zones de centre-ville densément bâties

Composant	Bénéfice pour les migrants	Défis pour la municipalité
Améliorations des établissements		
• Encourager l'amélioration *in situ* des quartiers urbains, afin de mobiliser les investissements existant en capital fixe, notamment les logements du secteur privé et les logements locatifs	• Agrandir l'offre de logements et les opportunités de location pour les migrants proches des opportunités d'emploi • Réduit la surpopulation	• Gentrification, exclusion des migrants de la zone avec le temps en raison de prix trop élevés • Identifier des sources de financement dans la municipalité et la communauté • Relocalisation potentielle d'entreprises ou de foyers pour permettre d'améliorer les infrastructures
Infrastructures		
• Promouvoir des améliorations graduelles en matière d'infrastructures • Toilettes publiques, puits, latrines à trou foré, égouts, déchets solides • Électrification, y compris via l'électricité solaire (bénéficie au développement économique local ainsi qu'aux opportunités d'éducation à domicile) • Laveries et buanderies • À développer en partenariat avec la communauté, les ONG et les migrants ; le sentiment d'appartenance communautaire est crucial pour permettre des améliorations durables	• Améliore la santé et le bien-être de la communauté	• Coordination avec la communauté des actions d'amélioration, et partage des coûts avec celle-ci, afin d'augmenter l'accès aux services de base • Faire en sorte que les interactions avec les migrants aient lieu lorsque ces derniers sont chez eux, tout particulièrement pour les migrants qui viennent d'arriver ou qui ne sont pas des résidents permanents
Transports et trafic routier		
• Améliorer les transports ainsi que les voies d'entrée et de sortie de la communauté. Identifier de petites interventions permettant de renforcer l'accessibilité, d'améliorer la sécurité routière et de désengorger les réseaux de circulation ; goudronnage des rues ; améliorer l'évacuation des eaux usées ; localiser – et réserver à cet effet – des espaces pour les arrêts de bus et les nœuds de transit • Travailler avec la communauté pour identifier les goulots d'étranglement pouvant faire l'objet d'améliorations tant pour les piétons que pour les véhicules, ce qui inclus les engins motorisés et non motorisés spécifiques au milieu urbain (scooters, camions, bateaux, vélos)	• Réduire le coût et le temps des déplacements pendulaires visant à rejoindre des opportunités d'emploi Permet un accès plus sécurisé des piétons aux centres d'emploi, aux marchés et aux nœuds de transports	• Indemnisations et frais de relocalisation dans les communautés les plus densément peuplées

(suite page suivante)

Tableau 4A.8 Améliorer les zones de centre-ville densément bâties (suite)

Composant	Bénéfice pour les migrants	Défis pour la municipalité
Sites des marchés		
• Réserver des terrains pour y établir le marché de la communauté, qui devra disposer des infrastructures de base (eau, électricité et collecte des déchets solides)	• Améliore l'accès aux denrées alimentaires et à l'emploi	• Trouver des emplacements et des équipements ; entretenir les installations
Services éducatifs, sociaux et culturels		
• Création et entretien de centres de formation professionnelle, de maisons de jeunes proposant des opportunités de formation, ainsi que d'écoles • Partenariats systématiques avec les ONG et les OC existantes dans le cadre de l'offre et de la gestion des services	• Opportunités de renforcement des compétences • Répondre aux insuffisances des gouvernements locaux en matière de livraison de services	• Trouver des emplacements et des équipements ; entretenir les installations
Sécurité		
• Améliorer l'éclairage public	• Améliorer la sécurité et l'intégrité physique des commerçants et des migrants, tout particulièrement des femmes, ce qui permet d'augmenter le nombre d'heures travaillées ainsi que les opportunités d'emploi	• Rénovation des infrastructures électriques existantes et entretien continu
Réglementations en matière de zonage et d'urbanisme		
• Reconnaître l'existence des établissements informels dans les stratégies d'urbanisme et d'améliorations sectorielles	• Protège les quartiers où viennent s'établir les migrants	• Capacité à entreprendre une planification à long terme
• Promouvoir les usages mixtes, tout particulièrement au niveau des rues commerciales, ainsi que les entreprises familiales	• Augmente les opportunités d'emploi à domicile, particulièrement pour les femmes	• Volonté politique nécessaire pour transformer les pratiques d'urbanisme et inclure les établissements informels dans les stratégies urbaines
Marché locatif		
• Créer ou améliorer certaines réglementations en matière de locations, et établir des marchés locatifs plus transparents	• Sécurité et qualité des logements, cadre amélioré afin de responsabiliser davantage les propriétaires	• Appliquer les réglementations au sein des marchés informels

(suite page suivante)

Tableau 4A.8 Améliorer les zones de centre-ville densément bâties (suite)

Composant	Bénéfice pour les migrants	Défis pour la municipalité
Propriétés foncières et régimes fonciers		
• Envisager des solutions provisoires et communautaires qui assurent une sécurité du foncier et stimulent les investissements dans les logements, afin d'accroître l'offre locative	• Préserve les quartiers où vivent les migrants et améliore les solutions de logement	• Exige une coordination avec les ministères centraux • Développement de solutions provisoires • Déplacement potentiel de migrants marginalisés, en particulier les locataires et sous-locataires

Source : Banque mondiale.
Remarque : OC = organisation communautaire ; ONG = organisation non gouvernementale.

Tableau 4A.9 Améliorer les zones périphériques consolidées

Composant	Bénéfice pour les migrants	Défis pour la municipalité
Améliorations des établissements		
• Encourager une amélioration proactive in situ des quartiers afin de stimuler les investissements dans le capital fixe et le développement du bâti, tout particulièrement au niveau des revenus générales par la location et le logement	• Augmenter l'offre et la diversité des opportunités de location pour les migrants proches des opportunités d'emploi • Réduit la surpopulation	• Gentrification, exclusion des migrants de la zone avec le temps en raison de prix trop élevés • Relocalisation potentielle de certaines entreprises ou de certains foyers pour permettre d'améliorer les infrastructures
Infrastructures		
• Améliorations complémentaires et progressives des infrastructures afin de loger les densités de population prévues • Compléter les investissements existants en matière d'infrastructures, rediriger et réorganiser les infrastructures d'eau et d'assainissement à petite échelle entre les parcelles • Promouvoir les investissements en établissant des partenariats entre la communauté, les gouvernements locaux, les ONG et les migrants, le sentiment d'« appartenance » de la communauté étant un élément crucial pour que les améliorations soient durables	• Améliore la santé, le bien-être et les solutions de logement	• Problèmes techniques associés à l'existence d'infrastructures fragmentées sur des territoires relevant d'instances différentes ou sur des territoires se chevauchant • Défis de financement et d'entretien • Impacts ou améliorations sur les locations disponibles pour les migrants
Transports et trafic routier		
• Améliorer le réseau de transports et les voies d'entrée et de sortie de la communauté, en la reliant aux artères principales et aux corridors de transports • Encourager les petites interventions contribuant à améliore l'accessibilité, désengorger les réseaux de circulation, goudronner les rues, améliorer les infrastructures de drainage, planifier (réserver des espaces) pour les arrêts de bus et les nœuds de transit • Travailler en collaboration avec la communauté afin d'identifier les goulots d'étranglement pouvant être améliorés tant pour les piétons que pour les véhicules	• Réduit le coût et le temps de trajet des déplacements pendulaires permettant de bénéficier d'opportunités d'emploi, en améliorant l'accès aux sites d'emploi centraux • Permet un accès plus sécurisé des piétons aux marchés et aux nœuds de transports	• Indemnisations et frais de relocalisation

(suite page suivante)

Tableau 4A.9 Améliorer les zones périphériques consolidées (suite)

Composant	Bénéfice pour les migrants	Défis pour la municipalité
Sites des marchés		
• Réserver des terrains pour y établir le marché de la communauté, qui devra disposer des infrastructures de base (eau, électricité et collecte des déchets solides)	• Améliore l'accès aux denrées alimentaires et à l'emploi	• Trouver des emplacements et des équipements ; entretenir les installations • Veiller à ce que les tarifs restent abordables pour les commerçants marginalisés
Services éducatifs, sociaux et culturels		
• Création et entretien de centres de formation professionnelle, de maisons de jeunes proposant des opportunités de formation, ainsi que d'écoles • Partenariats systématiques avec les ONG et les OC existantes afin de répondre aux besoins	• Opportunités de renforcement des compétences • Répondre aux insuffisances des gouvernements locaux en matière de livraison de services	• Réserver de l'espace pour les installations futures et permettre des utilisations temporaires • Manque de financement
Sécurité		
• Améliorer l'éclairage public	• Sécurité et intégrité physique des commerçants et des migrants, tout particulièrement des femmes, ce qui permet d'augmenter le nombre d'heures travaillées ainsi que les opportunités d'emploi	• Rénover les infrastructures électriques existantes, entretien
Réglementations en matière de zonage et d'urbanisme		
• Reconnaître l'existence des établissements informels dans les stratégies d'urbanisme et d'améliorations sectorielles • Promouvoir les usages mixtes, tout particulièrement au niveau des rues commerciales, ainsi que les entreprises familiales • Réfléchir à des stratégies de régularisation destinées à améliorer les réseaux de circulation ; envisager une restructuration des quartiers précaires gérée par la communauté, des enregistrements préliminaires, et éventuellement l'octroi de titres de propriété	• Protège les quartiers où viennent s'établir les migrants, ou bien vers où ils déménagent • Augmente les opportunités d'emploi à domicile, particulièrement pour les femmes	• Capacité des gouvernements locaux à mettre en œuvre une planification à long terme • Changer de pratiques afin d'inclure les établissement informels et récents dans la planification urbaine

(suite page suivante)

Tableau 4A.9 Améliorer les zones périphériques consolidées (suite)

Composant	Bénéfice pour les migrants	Défis pour la municipalité
Marché locatif		
• Créer ou améliorer certaines réglementations en matière de locations, et établir des marchés locatifs plus transparents	• Sécurité et qualité des logements, cadre amélioré afin de responsabiliser davantage les propriétaires	• Appliquer les réglementations au sein des marchés informels
Propriétés foncières et régimes fonciers		
• Optimiser le processus d'enregistrement afin de garantir la sécurité des droits de propriété et stimuler les investissements dans le logement • Résoudre les retards en matière d'enregistrement, prendre une longueur d'avance et inscrire les propriétés sur les rôles d'imposition • Créer des programmes d'incitation à la restructuration des quartiers précaires, notamment via la fragmentation informelle de leurs terrains par les grands propriétaires, par exemple ; préserver les droits et servitudes de passage	• Préserve les quartiers où viennent s'établir les migrants	• Coordination avec les ministères centraux • Développement de solutions provisoires • Déplacement potentiel de migrants marginalisés, en particulier les locataires et sous-locataires

Source : Banque mondiale.
Remarque : OC = organisation communautaire ; ONG = organisation non gouvernementale.

Tableau 4A.10 Améliorer les nouveaux établissements périphériques en développement

Composant	Bénéfice pour les migrants	Défis pour la municipalité
Infrastructures		
• Établir des stratégies progressives de prestation de services, afin de répondre aux besoins des densités futures • Organiser les réseaux d'eau et d'assainissement de petite ou moyenne échelle • Créer ou renforcer les liens de la communauté	• Améliore la santé et le bien-être • Augmente la diversité des options de logement pour les migrants	• Problèmes techniques liés à l'existence de réseaux fragmentés • Défis de financement et d'entretien • Équilibrer l'impact sur marché locatif
Transports et trafic routier		
• Anticiper les besoins du réseau de transports et les voies d'entrée et de sortie de la communauté, en la reliant aux artères principales et aux corridors de transports	• Réduit le coût et le temps de trajet des déplacements pendulaires permettant de bénéficier d'opportunités d'emploi, en améliorant l'accès aux sites d'emploi centraux • Permet un accès plus sécurisé des piétons aux marchés et aux nœuds de transports	• Identifier les zones de croissance et réserver des espaces pour les nœuds de transports et les arrêts de bus
Sites des marchés		
• Réserver des terrains pour y établir le marché de la communauté, qui devra disposer des infrastructures de base (eau, électricité, collecte des déchets solides)	• Améliore l'accès aux denrées alimentaires et à l'emploi	• Trouver des emplacements et des équipements ; entretenir les installations • Veiller à ce que les tarifs restent abordables pour les commerçants marginalisés
Services éducatifs, sociaux et culturels		
• Améliorer l'accès aux installations existantes potentiellement situées hors du quartier, et réserver des espaces pour les installations futures, notamment les écoles, les maisons de jeunes et les foyers municipaux, ainsi que les institutions proposant des formations professionnelles	• Opportunités de renforcement des compétences • Répondre aux insuffisances des gouvernements locaux en matière de livraison de services	• Réserver des espaces pour les installations futures et y établir des utilisations temporaires • Financement

(suite page suivante)

Tableau 4A.10 Améliorer les nouveaux établissements périphériques en développement (suite)

Composant	Bénéfice pour les migrants	Défis pour la municipalité
Sécurité		
• Planifier des aménagements d'éclairage public	• Améliorer la sécurité et l'intégrité physique des commerçants et des migrants, tout particulièrement des femmes, ce qui permet d'augmenter le nombre d'heures travaillées ainsi que les opportunités d'emploi	• Rénover les infrastructures électriques existantes, entretien
Réglementations en matière de zonage et d'urbanisme		
• Reconnaître l'existence des établissements informels dans les stratégies d'urbanisme et d'améliorations sectorielles • Anticiper les usages mixtes, notamment en matière d'agriculture de subsistance et d'entreprises familiales • Anticiper et planifier les réseaux de circulation ; envisager, le cas échéant, des procédures de restructuration des quartiers précaires menées par la communauté ; ouvrir la voie à l'enregistrement et éventuellement à l'obtention de titres de propriété	• Protège les quartiers où viennent s'établir les migrants, ou bien vers où ils déménagent • Opportunités de génération de revenus, par exemple en matière d'agriculture à petite échelle (femmes particulièrement concernées)	• Capacité à entreprendre une planification à long terme • Changer de pratiques afin d'inclure les établissement informels et récents dans la planification urbaine
Propriétés foncières et régimes fonciers		
• Optimiser le processus d'enregistrement afin de garantir la sécurité des droits de propriété et stimuler les investissements dans le logement • Créer des programmes d'incitation aux processus de subdivision des terres, par exemple via une fragmentation informelle de leurs terrains par les grands propriétaires ; préserver les droits et servitudes de passage	• Préserve les quartiers où viennent s'établir les migrants • Accompagne les migrants dans l'accès à la propriété	• Coordination avec les ministères centraux • Développement de solutions provisoires • Déplacement potentiel de migrants marginalisés, en particulier les locataires et sous-locataires
Coordination entre les municipalités voisines		
• Entreprendre des initiatives de planification coordonnées afin d'identifier l'offre potentielle d'installations et d'infrastructures partagées • Veiller à bien relier les différents réseaux routiers, afin d'assurer une circulation efficace au niveau local et régional • Coordonner les plans d'utilisation des terres le long des corridors de développement et identifier les pôles de développement	• Disponibilité des services • Améliore l'accès aux emplois et fait diminuer les frais de transport	• Coordination des politiques et partage des ressources

Source : Banque mondiale.

Notes

1. Le système du *hukou* en Chine, qui empêche les migrants ruraux-urbains d'accéder aux services sociaux publics dans leur ville d'arrivée, constitue un frein à l'accumulation de capital humain représenté par les enfants des migrants (Sieg, Yoon et Zhang, 2020).
2. S'inscrivant dans les recommandations politiques formulées dans Habitat III en 2016, les politiques urbaines nationales (PUN) ont été élaborées pour servir d'outils de mise en œuvre dans le cadre du Nouvel agenda urbain ; en Afrique, les PUN ne sont qu'à leurs premières phases de développement. En 2020, on comptait 38 pays africains ayant mis en œuvre des PUN ; 21 pays disposaient de stratégies urbaines nationales clairement établies, tandis que 17 autres en étaient à des phases préliminaires (Pieterse, Haysom et Crush, 2020). Dans de nombreux pays d'Afrique de l'Ouest, les PUN prennent rarement en compte les différentes fonctions des villes et des quartiers urbains – et tout particulièrement des établissements informels – dans les questions de mobilité humaine (Dick et Schraven, 2021).
3. Bien qu'en général, on associe la formalisation à des volumes produits plus importants ainsi qu'à une productivité accrue, il arrive également que de nombreuses entreprises des pays en développement demeurent petites et peu productives, tandis qu'un certain nombre d'entreprises informelles sont à la fois productives et prometteuses. L'élément clé en ce sens est d'opter pour des formes d'organisation plus efficaces, que ce soit par une internalisation des interactions avec les marchés d'intrants et les marchés de produits sous la forme d'entités économiques ou d'unités plus grandes et mieux structurées, comme le font les entreprises généralement ; ou bien sous d'autres formes d'organisations, telles que des associations, des coopératives, des plateformes en ligne, ainsi que le développement de chaînes de valeur plus inclusives, comme cela s'observe souvent dans le secteur agricole (Saliola et coll., à paraître).
4. En Ouganda, 85 % des transferts totaux prennent la forme de subventions conditionnelles (Dillinger et White, 2018).

Bibliographie

AGRA (Alliance pour une révolution verte en Afrique). 2019. *Africa Agriculture Status Report—The Hidden Middle: A Quiet Revolution in the Private Sector Driving Agricultural Transformation*. Nairobi, Kenya : AGRA.

Andreasen, Manja Hoppe, Jytte Agergaard, Robert Kiunsi et Ally Namangaya. 2017. « Urban Transformations, Migration and Residential Mobility Patterns in African Secondary Cities. » *Geografisk Tidsskrift—Danish Journal of Geography* 117 (2).

Awumbila, M. 2015. « World Migration Report 2015 Background Report: Linkages between Urbanization, Rural-Urban Migration and Poverty Outcomes in Africa. » Centre for Migration Studies, Université du Ghana. Accra.

Beauchemin, Cris et Philippe Bocquier. 2004. « Migration and Urbanization in Francophone West Africa: An Overview of the Recent Empirical Evidence. » *Urban Studies*, vol. 41, n° 11, pp. 2245-2272.

Beegle, Kathleen et Tom Bundervoet. 2019. « Moving to Jobs Off the Farm. » In *Accelerating Poverty Reduction in Africa*, sous la direction de Kathleen Beegle et Luc Christiaensen, pp. 155-186. Washington : Banque mondiale.

Blaser Mapitsa, Caitlin et Loren Landau. 2019. « Measuring Municipal Capacity to Respond to Mobility. » *SAGE Open*, vol. 9, n° 1. https://doi.org/10.1177/2158244019829565.

Bundervoet, Tom. 2018. « Internal Migration in Ethiopia: Evidence from a Quantitative and Qualitative Research Study. » Banque mondiale, Washington.

Cartwright, Anton, Ian Palmer, Anna Taylor, Edgar Pieterse, Susan Parnell et Sarah Colenbrander. 2018. « Developing Prosperous and Inclusive Cities in Africa—National Urban Policies to the Rescue? » Coalition for Urban Transitions, Londres et Washington. http://newclimateeconomy.net/content/cities-working-papers.

Chen, Martha et Francoise Carré. 2020. *The Informal Economy Revisited: Examining the Past, Envisioning the Future*. Londres : Routledge. https://doi.org/10.4324/9780429200724.

Cities Alliance. 2021. *Secondary Cities Post COVID-19: Sustainable and Regenerative Development of Secondary Cities in Emerging Economies*. Bruxelles : Cities Alliance/UNOPS.

Davis, Austin, Eric Hsu et Mitchell VanVuren. 2023. « Self Employment, Micro-Entrepreneurship, and Development. » STEG Pathfinding Paper 12, Centre for Economic Policy Research, Londres.

Dick, Eva et Benjamin Schraven. 2021. « Rural-Urban Migration in West Africa: Contexts, Trends, and Recommendations. » Policy Brief 13, KNOMAD, Washington.

Dillinger, William et Roland White. 2018. « The Organization and Financing of Urban Infrastructure Services in Sub-Saharan Africa. » Inédit.

Duranton, Gilles et Anthony J. Venables. 2018. « Place-Based Policies for Development. » Document de travail n° 24 562, Bureau national de la recherche économique, Cambridge, É.-U.

Farvacque-Vitkovic, Catherine et Mihaly Kopanyi. 2019. *Better Cities, Better World: A Handbook on Local Governments Self-Assessments*. Washington : Banque mondiale.

Giroux, Stacey, Jordan Blekking, Kurt Waldman, Danielle Resnick et Daniel Fobi. 2020. « Informal Vendors and Food Systems Planning in an Emerging African City. » *Food Policy*, n° 103 : p. 101 997.

Lee, Hyunji, Sohaib Athar, Jesper Steffensen, Roland White et Ayah Mahgoub. 2022. « Performance-Based Fiscal Transfers for Urban Local Governments: Results and Lessons from Two Decades of World Bank Financing. » Banque mondiale, Washington. http://hdl.handle.net/10986/38342.

Minten, Bart, Thomas Woldu Assefa, Girum Abebe, Ermias Engida et Seneshaw Tamru. 2016. « Food Processing, Transformation, and Job Creation: The Case of Enjera's Markets. » Document de travail EESP II n° 96, International Food Policy Research Institute, Washington.

Newfarmer, Richard, John Page et Finn Tarp. 2018. *Industries without Smokestacks: Industrialization in Africa Reconsidered.* UNU-WIDER, Studies in Development Economics. Oxford : Oxford University Press.

Nico, Gianluigi et Luc Christiaensen. 2023. « Jobs, Food and Greening: Exploring Implications of the Green Transition for Jobs in the Agri-Food System. » Banque mondiale, Washington.

Paulais, Thierry. 2012. *Financing Africa's Cities: The Imperative of Local Investment.* Collection « L'Afrique en développement ». Washington : Banque mondiale. https://openknowledge.worldbank.org/handle/10986/12480.

Pieterse, Edgar, Gareth Haysom et Jonathan Crush. 2020. *Hungry Cities Partnership: Informality, Inclusive Growth, and Food Security in Cities of the Global South: Final Project Report: Period May 2015–August 2020.* Hungry Cities Partnership.

Resnick, Danielle, Bhavna Sivasubramanian, Idiong C. Idiong, Michael A. Ojo et Likita Tanko. 2019. « The Enabling Environment for Informal Food Traders in Nigeria's Secondary Cities. » *Urban Forum*, n° 30 : pp. 385-405. https://doi.org/10.1007/s12132-019-09371-7.

Roberts, Brian. 2014. *Managing Systems of Secondary Cities.* Bruxelles : Cities Alliance /UNOPS.

Roever, Sally et Caroline Skinner. 2016. « Street Vendors and Cities. » *Environment and Urbanization*, vol. 28, n° 2 : pp. 359-374.

Saliola, Federica, Sahar S. Hussain, Elwyn Davies, Maho Hatayama, Jonathan Stöterau, Theresa Osborne et Andreas Eberhard-Ruiz. À paraître. « The Organizational Dimension. » In *Jobs for Development,* sous la direction de Andreas Eberhard-Ruiz, Dino Merotto et Federica Saliola. Washington : Groupe Banque mondiale.

Serageldin, Mona. 2016. « *Inclusive Cities and Access to Land, Housing, and Services in Developing Countries.* » Série Développement urbain, Knowledge Paper n° 22. Banque mondiale, Washington.

Sieg, Holger, Chamna Yoon et Jipeng Zhang. 2020. « The Impact of Migration Controls on Urban Fiscal Policies and the Intergenerational Transmission of Human Capital in China. » Document de travail n° 27 764, Bureau national de la recherche économique, Cambridge, É.-U.

Tacoli, Cecilia, Gordon McGranahan et David Satterthwaite. 2015. « Urbanisation, Rural-Urban Migration and Urban Poverty. » Document de travail, Institut international pour l'environnement et le développement, Londres.

CGLU (Cités et gouvernements locaux unis). 2019. *The Localization of the Global Agendas: How Local Action Is Transforming Territories and Communities.* Cinquième rapport de l'Observatoire mondial sur la démocratie locale et la décentralisation. Barcelone : Cités et gouvernements locaux unis.

Ulyssea, Gabriel. 2018. « Firms, Informality, and Development: Theory and Evidence from Brazil. » *American Economic Review*, vol. 108, n° 8 : pp. 2015-2047.

ONU-Habitat. 2021. *HER City – A Guide for Cities to Sustainable and Inclusive Urban Planning and Design together with Girls.* Genève : ONU-Habitat.

ONU-Habitat et OMS. 2020. *Integrating Health in Urban and Territorial Planning: A Sourcebook.* Genève : ONU-Habitat et Organisation mondiale de la santé.

Banque mondiale. 2015. *East Asia's Changing Urban Landscape: Measuring a Decade of Spatial Growth.* Urban Development Series. Washington : Banque mondiale. doi:10.1596/978-1-4648-0363-5.

Banque mondiale. 2017. *From Regulators to Enablers: Role of City Governments in Economic Development of Greater Kampala.* Washington : Banque mondiale.

www.ingramcontent.com/pod-product-compliance
Lightning Source LLC
Chambersburg PA
CBHW041307020426
42333CB00001B/1

* 9 7 8 1 4 6 4 8 2 0 8 3 0 *